AF648455

Bibliografische Information der Deutschen Nationalbibliothek
Die Deutsche Nationalbibliothek verzeichnet diese Publikation in der Deutschen Nationalbibliografie. Detaillierte bibliografische Daten sind im Internet über http://dnb.d-nb.de abrufbar.

Für Fragen und Anregungen:
info@finanzbuchverlag.de

Originalausgabe, 1. Auflage 2020

© 2020 by FinanzBuch Verlag, ein Imprint der Münchner Verlagsgruppe GmbH
Nymphenburger Straße 86
D-80636 München
Tel.: 089 651285-0
Fax: 089 652096

Alle Rechte, insbesondere das Recht der Vervielfältigung und Verbreitung sowie der Übersetzung, vorbehalten. Kein Teil des Werkes darf in irgendeiner Form (durch Fotokopie, Mikrofilm oder ein anderes Verfahren) ohne schriftliche Genehmigung des Verlages reproduziert oder unter Verwendung elektronischer Systeme gespeichert, verarbeitet, vervielfältigt oder verbreitet werden.

Redaktion: Anne Büntig
Korrektorat: Anja Hilgarth
Umschlaggestaltung: Sonja Vallant
Umschlagabbildung: shuttertstock/Jon Bilous, WDG Photo
Satz: Daniel Förster, Belgern
Druck: GGP Media GmbH, Pößneck
Printed in Germany

ISBN Print 978-3-95972-303-9
ISBN E-Book (PDF) 978-3-96092-560-6
ISBN E-Book (EPUB, Mobi) 978-3-96092-561-3

Weitere Informationen zum Verlag finden Sie unter

www.finanzbuchverlag.de

Beachten Sie auch unsere weiteren Verlage unter www.m-vg.de.

Zum Gedenken an Gotthold Ephraim Lessing (1729–1781)

Gotthold Ephraim Lessing wurde 1771 in die Loge »Zu den drei Rosen« zu Hamburg aufgenommen, einer Tochterloge der Großen Landesloge der Freimaurer von Deutschland/Freimaurerorden. In seinem 1778 erschienenen Werk »Ernst und Falck. Gespräche für Freimaurer« wollte Lessing offensichtlich gerade den im 18. Jahrhundert lebenden Freimaurern eine Orientierung für ihr Handeln geben.

Der Hauptsatz, der Lessings Ausführungen dominiert, ist: »Die Freimaurerei war immer.«

Die Freimaurerei hat die Form, unter der sie in Erscheinung getreten ist, mehrfach im Laufe der Zeit gewechselt, sie hat auch nicht immer den Namen »Freimaurerei« geführt, aber das unnennbare Etwas ist immer tätig gewesen, seit Menschen in Gemeinschaften leben, und hat die treibende Kraft gebildet zur Entwicklung des Ganzen.

Dieses Buch ist Dr. Leo Müffelmann (1881–1934) gewidmet, der für die Freiheit, den Humanismus und die Freimaurerei unermüdlich gekämpft hat.

INHALT

Hinweis: Im Folgenden sind alle Begriffe, die im Glossar erklärt werden, beim ersten Erscheinen kursiv gesetzt.

GELEITWORT

VON PROF. DR. HANS PETER MEINZER, BIOINFORMATIKER UND FREIMAURER

Sapere aude! – Habe Mut, dich deines eigenen Verstandes zu bedienen. Und natürlich geht es dabei um Persönlichkeitsentwicklung. Großartig. Das vorliegende Werk vermittelt einen entmystifizierten, ganzheitlichen und gerade deshalb spannenden Einblick in die Freimaurerei und ihr gesellschaftlich vernetztes wie auch persönliches Wirken, wie es gegenwarts- und zukunftsbezogen in dieser Modernität, Frische und Vollkommenheit noch nie zu lesen gewesen war. Zwar bleibt das eine oder andere offen – und trotzdem oder gerade deshalb bleibt die gespannte Neugier des Lesers auch nach erfolgter Lektüre erhalten. Das ist von den Autoren so gewollt.

In jedem Kapitel spürt man die Autorität der vier Autoren, die ihre insgesamt über 100 Jahre freimaurerische Erfahrung von Ursprung, Gehalt und Anwendung des freimaurerischen Traditionsgutes in dieses Buch einbringen.

Auch werden bisher wenig bekannte historische, politische und inhaltliche Zusammenhänge aufgelöst und in Zusammenhang mit einigen bekannten außergewöhnlichen Persönlichkeiten gebracht. Aber es wird sich eben nicht nur auf die Geschichte und Vergangenes beschränkt, wie bei dem Thema Freimaurerei sonst üblich, sondern unsere aktuellen Probleme werden aufgenommen und mit der Vision einer zweiten Aufklärung Lösungsmöglichkeiten vieler aktueller und gerade auch persönlicher Probleme sowie der Weg in eine bessere und angstfreie Zukunft aufgezeigt.

Die Autoren beschreiben die Zukunft unserer Gesellschaft als eine klare Herausforderung an unsere Bewusstseins- und Persönlichkeitsentwicklung und machen uns hierfür mit freimaurerischen Methoden und Werkzeugen vertraut. Unmissverständlich klar wird hierbei, dass es zu den Menschenrechten auch »Menschenpflichten« gibt und jeder sich seiner moralischen und ethischen Verantwortung bewusst werden muss, um Individualität mit Intuitionsfähigkeit zu entfalten. Daher entsteht die Idee einer von den persönlichen Interessen erweiterten Schicksalsgemeinschaft verantwortlich Handelnder, mit Tugenden wie Empathie und Respekt, die die Voraussetzung für ein friedliches Miteinander bilden.

So werden wir in diesem Buch auf lebendige Weise mit dem ältesten und preiswertesten Persönlichkeitsentwicklungs-Programm vertraut gemacht, das durch Mitgliedschaft lebenslang gebucht werden kann – und nicht zuletzt ist es eine Liebeserklärung an die deutsche Freimaurerei.

Prof. Dr. Hans Peter Meinzer

Der auch international bekannte Medizin- und Bioinformatiker Hans Peter Meinzer ist seit mehr als drei Jahrzehnten als Freimaurer aktiv, als Meister vom Stuhl und sogar als Gründungsmitglied von zwei Logen.

VORWORT

VON PROF. DR. CHRISTOF WINGERTSZAHN, DIREKTOR DES GOETHE-MUSEUMS, DÜSSELDORF

Im Oktober 1785 hielt einer der originellsten Schriftsteller der deutschen Literatur in Berlin vor seiner *Loge* »Zur Beständigkeit« eine mitreißende Rede über den Zweck der Freimaurerei:

> […] was giebt es wohl für ein edleres Ziel des Maurers,
> Als, den höchsten Grad
> Der Mäßigkeit und Standhaftigkeit,
> Einer weisen Unerschrockenheit,
> Einer unerschütterlichen Rechtschaffenheit,
> Und einer unüberwindlichen Wahrheits Liebe, zu erlangen?*

Der Redner hieß Karl Philipp Moritz, einige seiner Vorträge sind erhalten, weil der Autor sie in seinem Todesjahr 1793 unter dem Titel »Die große Loge« drucken ließ. Sie galten den Zeitgenossen als musterhaft darin, den »schönen Kern«** der Freimaurerei zu enthüllen.

* Karl Philipp Moritz: Die Beständigkeit. In: Die große Loge, oder der Freimaurer mit Wage und Senkblei. Von dem Verfasser der Beiträge zur Philosophie des Lebens, Berlin 1793, zitiert nach der kritischen Ausgabe: Karl Philipp Moritz: Schriften zur Pädagogik und Freimaurerei. Hrsg. v. Jürgen Jahnke, Berlin 2013, S. 306. Vgl. zur Datierung ebenda Jürgen Jahnke, S. 770.

** So Moritz' erster Biograph Karl Friedrich Klischnig in seiner Schrift »Erinnerungen aus den zehn letzten Lebensjahren meines Freundes Anton Reiser. Als ein Beitrag zur Lebensgeschichte des Herrn Hofrat Moritz«, Berlin 1794; hier zitiert nach der Ausgabe: Moritz: Schriften zur Pädagogik und Freimaurerei, S. 720.

Ein Kritiker stellte fest: »Die Freimaurerreden zeichnen sich vorzüglich durch Grundsätze der reinsten *Humanität* aus. In dieser großen Loge ist jeder wahre Mensch willkommen. Christ, Jude, Türk' und Heide genießen hier gleiche Rechte.«*

Moritz hat sich genauso wie sein enger Freund und Freimaurer *Goethe* – der diesen als seinen jüngeren Bruder bezeichnete – ausgiebig literarisch und philosophisch mit Freimauerei auseinandergesetzt. Der Versuch, sich dem Kern der Freimaurerei nicht über die Autorität Goethe anzunähern, sondern über einen Schriftsteller, der gleichfalls von der Freimaurerei angezogen war, obwohl er ursprünglich einer ganz anderen Schicht angehörte als der aus gutbürgerlichem Elternhause stammende und zur zweiten Person im Herzogtum Carl Augusts von Sachsen-Weimar-Eisenach aufgestiegene nobilitierte Geheimrat Goethe, ist interessant. Die Bedeutung freimaurerischen Gedankenguts wird an dem sozialen Aufsteiger Moritz noch deutlicher.

Denn: Die Freimaurerei war für das 18. Jahrhundert von besonderem Interesse – als Einrichtung sozialer und politischer Gleichheit wie als Geheimbund. Die maurerische Grundidee einer symbolischen Suche nach dem Licht der Wahrheit hat Goethe genauso in den Bann gezogen wie seinen Freund Karl Philipp Moritz. Beide waren von den »ahnungsvollen«** Symbolen der Freimaurerei fasziniert. Die »leuchtenden Ideen«*** der Freimaurer haben deutliche Spuren in Goethes Werk hinterlassen: die Motive des Wanderns, der Veredelung des Menschen und des ethischen Bemühens, »an dem

---

* Karl Friedrich Klischnig: Erinnerungen aus den zehn letzten Lebensjahren meines Freundes Anton Reiser. Als ein Beitrag zur Lebensgeschichte des Herrn Hofrat Moritz, Berlin 1794, S. 266.

** Goethe: Zu brüderlichem Andenken Wielands 1813. In: Goethes Werke, I. Abt., 36. Bd., Weimar 1893, S. 344.

*** Ebenda.

öden Strand des Lebens« sich »ein Ziel des Strebens« zu setzen. Das berühmteste Gedicht zu diesem Thema sieht das Handeln der Freimaurer als Sinnbild des menschlichen Lebens: »Des Maurers Wandeln, / Es gleicht dem Leben«.

Wer war nun dieser Moritz, den Goethe besonders geschätzt hat, was nicht selbstverständlich bei dem Weimarer Klassiker ist?

Für zeitgenössische Verhältnisse hat Moritz einen sehr bewegten Lebenslauf, der ganz in die Zeit sich auflösender Standesgrenzen, in eine Sattelzeit passt. Der Theologiestudent Friedrich Münter fasste Anfang der 1780er Jahre verwundert die Biografie Moritz' zusammen:

> »Moriz ist ein ganz origineller Mensch. von armen Eltern geboren. erst Hutmacher Gesell in Braunschweig. von da läuft er weg, weil s[ein] Herr ihn Maltraitirt, u. geht auf Schulen. sodann wird er Schauspieler. verbindet sich mit Ifland. da gefälts ihm auch nicht. er geht also nach Wittenberg u. studirt. wird Armenschulm[eister] in Pozdam, u. Conrektor zu letzt am Gr[auen] Kloster in Berlin – [...] ein Mensch der einen erstaunenden Kopf hat. sehr spekulativisch ist, u. sehr tief nachdenkt, wenn er über eine Sache herfällt.«*

Die Spannweite von Moritz' Beschäftigungen – vom Hutmacherburschen bis zum Akademieprofessor, in dessen öffentlichen Vorlesungen sich die Adelsgesellschaft die Plätze streitig machte – lässt erahnen, dass dieser gebrochene Lebenslauf seine Dynamik aus einem bestimmten Konflikt bezog. Moritz stammte aus kleinen Ver-

* S. den Kommentar in: Karl Philipp Moritz: Anton Reiser. Hrsg. v. Christof Wingertszahn. Tübingen 2006, Bd. 1.2, S. 565.

hältnissen und hatte es sich zum Lebensziel gemacht, die sozial Benachteiligten zu fördern. Bei der Ausbildung der eigenen Persönlichkeit spielte Moritz' Aufnahme in die Berliner Johannis-Loge »Zur Beständigkeit« eine große Rolle, brachte gar, wenn man dem ersten Biografen Klischnig glauben will, eine »Revolution« hervor.* Sein Denken wie sein literarisches Schaffen – letztlich seine gesamte Persönlichkeitsentwicklung – wurden dadurch nachhaltig geprägt.

Goethes Gedicht »Symbolum«, das sich mit dem freimaurerischen Zeremoniell beschäftigt, lässt sich Moritz' Rede »Die Symbole der Maurerei« an die Seite stellen, worin er feststellte, die freimaurerischen Zeichen seien »schöne Einfassungen großer Gedanken« der »weisesten Menschen«.** Beide Texte sind Aussagen zu einer Philosophie des Lebens, die sich nicht auf eine bloße »Selbstsorge« begrenzt, sondern die Gemeinschaft im Blick behält. Kein Fatalismus, sondern eine Lebensanschauung, die sich über die Unverfügbarkeit äußerer Umstände im Klaren ist. Bei Moritz heißt es: »Und kömmt nicht alles darauf an, dies Leben, das jeder unter uns besitzt, bis zu dem *Grade* zu veredeln, wo es die angestammte Würde der Menschheit ganz in sich entwickelt, und von den Fesseln, die es hemmten, sich muthig loßreißt?«*** Humanität und Persönlichkeitsentwicklung sind eng miteinander verschwistert.

Bei Goethe wie bei Moritz findet sich Anziehung durch den sittlichen Ernst und die ethische Dimension der Logenarbeit: der Maurer als Mensch, der sich zu edler, uneigennütziger Tätigkeit verpflichtet, wobei die Unterwerfung unter das Unabänderliche aller

---

* So Karl Friedrich Klischnig in seinen »Erinnerungen«, hier zitiert nach der Ausgabe: Moritz: Schriften zur Pädagogik und Freimaurerei, S. 720.

** Moritz: Die Symbole der Maurerei, in: Moritz: Schriften zur Pädagogik und Freimaurerei, S. 350.

*** Ebenda, S. 351.

Furcht des Lebens die Grundlage nehmen soll. Nicht auf das Finden spektakulärer Kleinodien in einer geheimnisvollen Höhle kommt es an, sondern auf Persönlichkeitsbildung in einem geschützten Raum des Vertrauens, einem außerstaatlichen Innenraum. Das Geheimnis selbst ist je individuell zu erfahren, die Rituale der Logenarbeit sind ein Gerüst. In der Forschung hat man von einer »Leere im Zentrum« der Freimaurerei gesprochen, um das Ausmaß der Arbeit am eigenen Ich hervorzuheben.* Solche Arbeit hat mit den Ideen des Wanderns, des Pilgerns, der Selbstfindung, gleichzeitig mit der Wendung in das Tätigsein in der Gesellschaft, deutliche maurerische Spuren im Werk Goethes wie Moritz' hinterlassen.

Die maurerischen Ziele betreffen ein Ideal von Persönlichkeitsentwicklung, das auch heute aktuell ist: nicht eine hemmungslos ausgelebte Individualisierung um jeden Preis, sondern eine persönliche Bildung, die immer auch die humane Verpflichtung gegenüber der Gemeinschaft im Blick hat.

Mit diesem Ziel ist Moritz ganz auf der Linie Goethes, des größten deutschen Schriftstellers.

Prof. Dr. Christof Wingertszahn ist Direktor des Düsseldorfer Goethe-Museums. Er war wissenschaftlicher Mitarbeiter der Stiftung Weimarer Klassik, danach leitete er die Arbeitsstelle »Kritische Moritz-Ausgabe« an der Berlin-Brandenburgischen Akademie der Wissenschaften. Er ist Mitherausgeber zweier großer Klassiker-Ausgaben und lehrte an Universitäten im Saarland, Düsseldorf, Berlin, Braunschweig und Tokio.

* Florian Maurice: Die Mysterien der Aufklärung. Esoterische Traditionen in der Freimaurerei? In: Aufklärung und Esoterik. Hrsg. v. Monika Neugebauer-Wölk unter Mitarbeit v. Holger Zaunstöck. Hamburg 1999, S. 274-287, hier S. 275.

PROLOG

Freimaurer bewahren – ganz allgemein ausgedrückt – ethische Werte. Diese werden erfahrbar und spürbar gemacht. Man erlebt sie im Ritual gemeinsam mit den Freimaurer-Brüdern oder -Schwestern und kann sie so verinnerlichen. Das ist das Besondere.

Freiheit, Gleichheit, Brüderlichkeit, Humanität und Toleranz kann man durchaus als erstrebenswerte Freimaurer-Tugenden bezeichnen. Und ja, es ist auffällig, dass wir ihnen zum Beispiel in Form der *Amerikanischen* oder *Französischen Revolution* offensichtlich wieder begegnen. Aber um hier gleich einem Missverständnis vorzubeugen: In den Logen gibt es keine Ideologie, die das eigenständige Denken ersetzt. Niemals kann somit etwas »im Namen der Freimaurer« geschehen. Nicht die Großloge, nicht die einzelne Loge vor Ort kann etwas bewegen. Es ist der einzelne Freimaurer, der sich engagiert, der etwas in der Gesellschaft oder in seinem direkten Umfeld verändert. Und ja, die Loge bietet einen geschützten Platz, einen Rückzugsort. In Zeiten von Absolutismus, Folter und Zensur war die Loge Keimzelle für freies Denken und Vernetzung unter den Brüdern und ist es natürlich mit anderen Vorzeichen auch noch heute. Kein Wunder, dass die freimaurerische Symbolik begeistert von der wachsenden Demokratiebewegung der frühen Aufklärung aufgenommen worden ist. Dichter und Philosophen wie *Johann Gottfried Herder* und *Gotthold Ephraim Lessing* waren überaus engagierte und sehr aktive Freimaurer, denen es gelungen ist, die Symbolik auf die Gesellschaft zu übertragen. Man baute dann im übertragenen Sinne am »Tempel der Humanität«, am »großen Bau der Menschheit«.

Dass Goethe, Mozart und *George Washington* sich in die Reihe der Freimaurer einordnen, ist allgemein bekannt. Gustav Stresemann, Reichskanzler und Außenminister der Weimarer Republik, erhielt gemeinsam mit seinem Freimaurer-Bruder Aristide Briand, französischer Ministerpräsident und Außenminister, 1926 den Friedensnobelpreis. Aristide Briand kritisierte die harten Bedingungen des Versailler Vertrages gegenüber Deutschland, während hingegen Gustav Stresemann sich für einen friedlichen Ausgleich mit Frankreich und für Deutschlands Aufnahme in den Völkerbund einsetzte. Erwähnt sei in diesem Zusammenhang: Als Deutschland 1926 tatsächlich in den Völkerbund aufgenommen wurde, kam bei Stresemanns öffentlicher Beitrittsrede freimaurerisches Vokabular zum Einsatz. So sprach er beispielsweise vom »göttlichen Baumeister der Erde«.

Überhaupt ist von Stresemann so einiges in diesem Zusammenhang der Nachwelt zum Nachlesen erhalten geblieben. Vor seiner Aufnahme schrieb Gustav Stresemann: »Schon lange war es mein Wunsch, in eine engere Beziehung zu einem Kreis gleichgesinnter Menschen zu gelangen, die in unserer an Materialismus, Hast und Unruhe sich zermürbender Zeit sich das Reich allgemeinen Menschentums, innerer Besinnlichkeit und Geistigkeit zu erhalten suchen. Im deutschen Freimaurertum hoffe ich, eine solche Gemeinschaft zu finden.«* Gustav Stresemann trat 1923 in Berlin in die Loge »Friedrich der Große« ein. Leider verstarb Stresemann bereits 1929 im Alter von nur 51 Jahren.

Gerade in einer Zeit, in der alles immer schneller geht, in der Menschen aufgrund von Anonymität und innerer Haltlosigkeit immer mehr nach Lebensinhalten und dem Sinn ihres Seins suchen,

---

* Oelckers, Karsten: Großmeister Leo Müffelmann, Salier Verlag, Leipzig, 1. Auflage, 2014, S. 28

bietet die Freimaurerei dem Einzelnen die Geborgenheit und das Vertrauen einer Bruder- oder Schwesternschaft. Dem Suchenden wird eine Fülle von Symbolen, Riten, Initiationen und Inspirationen dargeboten, mit denen er sich selbst und seine Umwelt besser begreifen und so letztlich hinter den Sinn des Lebens blicken kann. Man kann dabei von echter Persönlichkeitsentwicklung sprechen. Und gleichzeitig ist ein Freimaurer Mitglied im erfolgreichsten Netzwerk der Weltgeschichte. Freimaurer brauchen dabei grundsätzlich den freien Menschen. Daran knüpfen Freimaurer an. Und nicht Freimaurer verändern den freien Menschen, sondern er sich selbst – die Freimaurerei reicht nur Werkzeuge zur Selbsterkenntnis und Selbstverbesserung.

Ein Ziel dabei ist es, die humanistischen und damit auch christlichen Ideale unseres *Kulturellen Gedächtnisses*, wie sie bei den griechischen Philosophen und in der Bibel überliefert sind, in die Gesellschaft zu tragen und durch das Vorleben dieser Ideale die Welt – zumindest ein klein wenig – besser zu machen. Freimaurer sind sich ihrer humanistisch-abendländischen Wurzeln genauso bewusst wie den Jahrtausende alten Einflüssen antiker Mysterienbünde. Auf den Punkt gebracht trifft hier durchaus der Satz zu: »Behandle andere so, wie du von ihnen behandelt werden willst.«

Bezeichnend für die Freimaurerei ist, dass ausgerechnet der schottische Prediger der schottisch-presbyterianischen Kirche in London, *James Anderson*, und der Naturforscher *John Desaguliers* als ihre geistigen Gründungsväter gelten, zumindest was den Umstand und die Wirkung der Zusammenfassung von vier bereits in England bestehenden Logen zu einer Großloge anbelangt. Die sogenannten *Alten Pflichten* sind mehr oder weniger verbindliche Regeln für alle Logen, sie erschienen 1723 in Buchform und sind heute noch ausschlaggebend für Freimaurer. Anderson ist der offizielle

Autor, Desaguliers soll dabei »dessen Schreibfeder geführt haben«. Ein Mann der Kirche und ein Naturforscher stehen sinnbildlich für die Versöhnung von Religion und Naturwissenschaft, der man in der Freimaurerei durchaus so begegnen kann.

Der Vollständigkeit halber sei erwähnt, dass John Desaguliers diesen vermeintlichen Widerspruch auch selbst in seiner eigenen Vita verkörpert. Er war zum einen ein hervorragender Forscher und erhielt für seine Entdeckungen der Eigenschaften von Elektrizität die höchste Auszeichnung der Royal Society, also der nationalen Akademie der Wissenschaften für die Naturwissenschaften. Übrigens war Desaguliers mit Sir Isaac Newton befreundet und unterstützte ihn in seinen Experimenten. Zum anderen war er auch ein Geistlicher in der Church of England.

Ein Dritter im Bunde fehlt noch: John Herzog von Montagu, seinerzeit einer der reichsten Männer Englands, Mitglied der Royal Society und Freimaurer seit 1720. Er war der erste adlige englische Großmeister und darf wegen seiner aktiven Rolle gleich zu Beginn nicht unerwähnt bleiben.

Ein Geistlicher, ein reputierter Naturforscher und ein reicher Adliger, der als Lord Justice des Königreiches und bei Hof eine große Rolle spielte, stehen also am Start des bis zum heutigen Tage erhaltenen Großlogen-Systems in der Freimaurerei. Über alle Stände und über alle vermeintlichen Grenzen zwischen Religion und Naturwissenschaft hinweg besteht gleich am Anfang der modernen Freimaurerei das Bild dieser drei Persönlichkeiten, wie für einen programmatischen Zukunftsentwurf gemacht. In den Alten Pflichten heißt es dann auch: »... wenn er (Anmerkung der Red.: ein Freimaurer) die Kunst recht versteht, wird er weder ein engstirniger Gottesleugner noch ein bedingungsloser Freigeist sein.« Übrigens: Die Entwicklung eines Menschen ist aus freimaurerischer Sicht niemals abgeschlossen. Es gilt, sich dem Idealbild eines Freimaurers zu nähern und den Weg selbst bereits als Ziel zu betrachten.

Natürlich sind Freimaurer-Logen in Deutschland Vereine mit Satzung und gewählten Vorständen. Demokratische Wahlen sind eine Selbstverständlichkeit und die dazugehörige Transparenz mit Protokollen, Vereinsregisterauszügen und Tätigkeitsberichten ist Standard. Weltweit soll es etwa sechs Millionen Freimaurer geben, lediglich 15.000 Freimaurer findet man davon in Deutschland. Vor allem die Herrschaft der Nationalsozialisten und der Zweite Weltkrieg haben den deutschen Freimaurern einen fast vernichtenden Schlag versetzt, von dem sie sich bis heute nicht wirklich erholt haben, wenn man bedenkt, dass es vor 1933 einmal über 80.000 Freimaurer auf deutschem Boden gab.

Die sogenannten Service-Clubs wie Rotary, Lions oder Kiwanis haben an sich mit der Freimaurerei nichts zu tun. Ihr Motto ist eher dem »tue Gutes und rede möglichst viel darüber« geschuldet. Freimaurer sprechen lieber von der »stillen Hilfe« – man macht daraus »kein großes Ding«, sondern tut es einfach, eben im Stillen. Das passt besser zu einem Freimaurer. Aber es gibt natürlich Verbindungen zu Rotary, Lions & Co.: So war der Freimaurer Gustav Loehr Mitbegründer von Rotary 1905 und der Freimaurer Melvin Jones gründete Lions 1917. Dass sich manche Ideen der Freimaurer bei den Serviceclubs wiederfinden, ist dann reiner Zufall – oder eben auch nicht. Es ist letztlich für einen Freimaurer unbedeutend.

Wie wird man eigentlich Freimaurer? Ganz einfach: »Möchten Sie einer werden, fragen Sie einen!« Im Englischen heißt das dann: »To be one, ask one!« Kontakt zu einer Freimaurer-Loge vor Ort aufnehmen, einen Gästeabend besuchen und schon ist man im Gespräch mit Freimaurern. So einfach geht das.

I. DIE ENTWICKLUNG DES EUROPÄISCHEN KULTURELLEN GEDÄCHTNISSES

1. REVOLUTION, FREIHEIT UND FREIMAURER

»Die Menschenrechte beginnen, wo die Vorurteile enden.«

Marquis de Lafayette (1757–1834)

Für die Freiheit sterben: Diesem Ruf folgten die meisten Revolutionäre. Die Idee eines demokratischen und selbstbestimmten Volkes war in Europa zu Beginn der Französischen Revolution – der »Mutter aller Revolutionen« – zwar nicht neu, doch wurde sie vor allem durch die Revolution in Amerika Ende des 18. Jahrhunderts in die Alte Welt getragen. Einer der größten Verfechter dieser Bewegung war Marie-Joseph Mortier, auch bekannt als der Marquis de Lafayette. Er war überzeugt von den Werten der Aufklärung, Demokratie, Freiheit und Gleichheit. Als General machte er zeitlebens auf beiden Kontinenten von sich reden.

Lafayette, er stammte aus adeligem Geschlecht und verfügte über ein nicht unbeträchtliches Vermögen, verkehrte im vorrevolutionären Paris in einflussreichen und vor allen Dingen freigeistigen Kreisen. Als Offizier von Stand hatte er zudem eine gute Ausbildung genossen und war politisch und gesellschaftlich recht umtriebig. So wurde er Mitglied der Freimaurerloge »Les Neuf Sœurs« – der auch einer der berühmtesten Philosophen der Aufklärung nahestand: *Voltaire*. Beinahe zeitgleich residierte auch *Benjamin Franklin*, einer der Gründerväter der Vereinigten Staaten, in Paris. Er war neben seiner Leidenschaft für das angenehme Leben vor allem für seine guten Vernetzungen bekannt. Franklin war 1776 vom amerikanischen Kongress dorthin entsandt worden. Seine Tätigkeiten waren vor allem davon bestimmt, Frankreich als Verbündeten zu gewinnen und die revolutionäre Armee seiner Heimat mit Waffen und Material zu versorgen. Franklin war selbst bereits seit 30 Jahren Freimaurer.

Damals wie heute: Ein Freimaurer in einer fremden Stadt ist geneigt, Gesellschaft vor allem in den ortsansässigen Logen zu suchen. Es ist also denkbar, dass Voltaire, Franklin und Lafayette bei einer – vielleicht etwas weinseligen – Zusammenkunft im Logenhaus der »Neuf Sœurs« über die Amerikanische Revolution gesprochen haben. Ein Politiker, ein Philosoph und ein vermögender adeliger Offizier, vereint in ihrer Weltanschauung von Aufklärung und Freiheit. Diese Möglichkeit bleibt besonders von deutschsprachigen Historikern weitestgehend unbeachtet. Doch erscheint es einem Freimaurer mehr als nur wahrscheinlich, dass es sich so ereignet hat.

Das Ergebnis der Umtriebigkeit von Lafayette jedoch ist unstrittig: Er kaufte sich ein Schiff und segelte mit französischen Freiwilligen 1777 in die Neue Welt, sehr zum Unwillen seiner Frau und seines Schwiegervaters sowie seiner Bankiers. Seine freimaurerischen Verbindungen und seine Begabung für Sprachen öffneten ihm Tür und Tor. Er traf in Philadelphia auf George Washington, wurde als Generalmajor Mitglied im Stab des amerikanischen Oberkommandierenden und bekam somit Zugang zu den höchsten Kreisen der Amerikanischen Revolution. Washington sorgte dafür, dass der Marquis Mitglied der gleichen militärischen Freimaurerloge wurde wie er selbst. Lafayette war zu diesem Zeitpunkt gerade einmal 20 Jahre alt.

Dreh- und Angelpunkt dieser Clique von überzeugten Aufklärern, Glücksrittern und Romantikern war Benjamin Franklin. Frankreich war von den Unabhängigkeitsbestrebungen der Amerikaner bereits elektrisiert. Franklin gelang es, dem Ganzen Flair zu verleihen, und organisierte hintergründig zahlreiche Gespräche und Treffen, unterstützte aber auch die nur oberflächlich geheim gehaltenen Rüstungsunterstützungen Frankreichs nach Amerika. Bereits knapp 70 Jahre alt, von einer nicht zu verachtenden Hybris heimgesucht, dennoch charmant und listig, war es ihm geglückt, verschiedenste Akteure für seine Sache zu gewinnen. So gelang ihm auch die Rekrutierung einer weiteren beachtenswerten Person.

Friedrich Wilhelm von Steuben war ein ehemaliger preußischer Offizier, der kurzzeitig sogar von *Friedrich dem Großen* – ebenfalls Freimaurer – als sein Adjutant persönlich in militärischen Belangen unterrichtet worden war. Steuben hatte als Verbindungsoffizier in Russland gedient und Friedrich durch direkte Berichte treue Dienste erwiesen. Jedoch kam es zu Meinungsverschiedenheiten zwischen Steuben und dem Generaladjutanten des Königs, sodass der junge Steuben aus Friedrichs Armee entlassen wurde. Für den König war Steuben somit Geschichte. Steuben hatte seit jeher das Talent gehabt, Menschen von sich einzunehmen oder sie gegen sich aufzubringen.

Nach dem Siebenjährigen Krieg von Entlassungswellen in der Armee getroffen, musste auch er sich nach seiner Zeit beim Militär seinen Lebensunterhalt standesgemäß verdienen und arbeitete nach mehreren Stationen als Hofmarschall für den Fürsten von Hohenzollern-Hechingen auf der beschaulichen Schwäbischen Alb. Steuben galt als schwieriger Charakter – er beanspruchte mehr schlecht als recht den Titel eines Freiherrn –, der mehr aus sich machen wollte. Als Hofmarschall in Hechingen konnte er seinen Lebensunterhalt verdienen und seinen Anspruch des Titels eines Barons formulieren. Glücklich war er damit jedoch nicht. So manchen Abend verbrachte er bis spät in die Nacht in dicken Pfeifenrauch gehüllt damit, sich mit militärischer Lektüre weiterzubilden. Er wartete geduldig auf seine Zeit und diente weiterhin als Verwalter.

Es kam, wie es kommen musste: Steuben sah sich aufgrund seiner nicht gerade anpassungsfähigen Art allerlei Intrigen und Gehässigkeiten ausgesetzt. Vermutlich aber vor allem wegen des Vorwurfs der Homosexualität musste er sich nach einigen Jahren treuer Dienste für seinen Fürsten wieder nach neuen beruflichen Möglichkeiten umsehen. Der sparsame Hohenzollernfürst verbrachte 1777 einige Zeit in Paris, um in seiner Heimat keine Hofkosten zu haben. In seinem Geleit war auch Steuben.

Dort traf dieser über den üblichen Klüngel auf den emsigen Netzwerker Franklin, der bereits über seinen Kontaktmann aus Karlsruhe auf Steuben wartete. Steuben sagte seine Teilnahme an der Amerikanischen Revolution zu und forderte, mittellos, jedoch unbescheiden und ambitiös, wie er war, gleich den Rang eines höheren Offiziers. Der Rest ist Geschichte: Steuben leistete in Amerika ganze Arbeit. Als Profi machte er aus einfachen Bauern und Handwerksleuten eine professionelle Armee. Er trug somit maßgeblich zum Gelingen der Unabhängigkeit und der Gründung der Vereinigten Staaten bei. Steuben hatte am Ende bekommen, was er immer wollte: Er starb in der Neuen Welt als wohlhabender, berühmter und anerkannter Mann. Heute gibt es in New York jährlich eine Parade zu seinen Ehren. Bereits während des Unabhängigkeitskrieges trat er in seiner neuen Heimatstadt einer Freimaurerloge bei und war zeitlebens ein sehr aktives Mitglied der Bruderschaft.

Zufall oder nicht, die Verbindungen aller Beteiligten sind auch bei Steuben mehrere Blicke wert: Voltaire und der König von Preußen waren alte Bekannte. Voltaire war ein gern gesehener Gast der Salons, die Friedrich veranstaltet hatte. Die von Höhen und Tiefen,

Eifersucht und Bewunderung, aber auch von skurrilsten Ereignissen geprägte Männerfreundschaft zwischen dem Philosophen und dem König ist nicht nur unterhaltsam. Es ist ein verblüffender Zufall, dass Steuben, als ehemaliger Adjutant Friedrichs und als sein ehemaliger persönlicher Schüler, ausgerechnet in den Dunstkreis von Franklin trat, zu dem auch Voltaire als herausragende Persönlichkeit zu zählen ist, aber auch Lafayette als ein späterer Kollege Steubens im Stab Washingtons.

Unterschätzt werden darf Steuben trotz seiner Opportunität keinesfalls. Die wochenlange Überfahrt von Frankreich nach Amerika nutzte Steuben zur Lektüre. Als begeisterter Leser von Thomas Paine und Jean-Jaques Rousseau hatte er sich rasch der Freiheit verschrieben. Mit Unterstützung von Franklin hatte Paine sein Werk »Der gesunde Menschenverstand« verfasst – man fragt sich dabei, wie es seinen Weg in Steubens Reisekoffer gefunden haben mag –, indem er die britische Herrschaft über die amerikanischen Kolonien anprangerte. Die Denkschrift Paines hatte durchschlagenden Erfolg und verkaufte sich, für damalige Zeiten, ungeheuerlich stark – mehrere Hunderttausend Male – und prägte die Sicht der Dinge über Jahrzehnte. Steuben hatte sich, mit einem guten Gespür für Theatralik und höfisches Benehmen, gegenüber dem amerikanischen Kongress zunächst als Freiwilliger verpflichtet. Seine Hoffnung, durch seine Fähigkeiten zu beeindrucken und als General einen festen Sold zu beziehen, wurde nicht enttäuscht. Schon in seinen ersten Tagen bei der Revolutionsarmee Amerikas wurde ihm klar, was er vor sich hatte: Männer, die in zerlumpten Kleidern, krank, frierend und mit kaum nennenswerter Bewaffnung der mächtigen britischen Armee gegenüberstanden. Diejenigen, die nicht weggelaufen waren, wurden vor allem von einem angetrieben – dem Wunsch nach Freiheit. Steuben war von dieser Entschlossenheit so tief beeindruckt, dass er sagte, nie habe er bessere Soldaten gesehen. Er unterließ adeliges oder höfisches Gehabe, marschierte mit seinen Männern durch den Matsch und behandelte sie, so gut es Rang und Stand erlaubten, als seinesgleichen: freie Männer in einem nach Freiheit strebenden Land.

Eine Verschwörung war all dies jedoch nicht. Alle Beteiligten des Netzwerkes um Franklin hatten den damals sprühenden Geist der Aufklärung gemein. Ihr Wille und ihr Wunsch nach einer freiheitlichen Gesellschaft, die sie von den Zwängen der Monarchie erhob, war nicht etwa durch geheime Riten oder Absprachen entstanden, sondern durch freigeistige Foren, in welchen sie sich bewegten. Dies zeigte sich auch im Denken und Handeln Steubens.

Es geht um das abendländische Freiheitsbewusstsein, das in die Neue Welt exportiert wurde und dort auf fruchtbaren Boden fiel. Diese Weltanschauung ist die Grundvoraussetzung für die Freimaurerei. Es ist eine Sicht auf die Freiheit, die sich in Europa über Jahrtausende entwickelt hatte. Die Antike legt nach dem Philosophen *Karls Jaspers* die Grundlagen des Freiheitsbewusstseins in Europa. Es geht um die wirkliche Freiheit und die Freiheit im Denken. China und Indien kennen diese Freiheit im politischen Sinne Jaspers zufolge in dieser Art nicht.

Doch gerade diese Politisierung des Abendlandes war ausschlaggebend für den durchschlagenden Erfolg der Aufklärung: Der gesellschaftliche Austausch über standesmäßige Schranken hinweg war eine der Grundbedingungen für die Verbreitung freiheitlichen Gedankenguts. Die Menschenrechte, deren essenzielle Grundvoraussetzung die Anerkennung der Freiheit ist, wurden durch die Freimaurerlogen getragen und verbreitet, da das *humanitäre* Wirken des Individuums eine der tragenden Säulen freimaurerischen Denkens ist. Die Freimaurerei wirkt weniger als eine Organisation denn als eine Bewegung, ein Netzwerk Gleichgesinnter. Der Einfluss und die Durchschlagkraft humanitären und freiheitlichen Denkens manifestieren sich bis heute nicht durch etwa die Großlogen oder die einzelnen Vereinigungen, sondern durch das Handeln der einzelnen Mitglieder. Es ist ein dynamischer Prozess gegenseitiger Entwicklung: Freiheitliches Denken wird durch das Individuum in diese Bewegung eingebracht und miteinander verwoben, um schließlich wiederum durch das Individuum nach außen getragen zu werden.

Hier zeigt sich die Stärke der freimaurerischen Bewegung, der Freimaurerei. Das Individuum ist als Teil des Ganzen Dreh- und Angelpunkt des Geschehens. Dies zeigt sich auch im Ritual: Die Initiation fordert vom Einzelnen die Anerkennung gegenüber merkwürdig und anachronistisch scheinender Gesetze und Regeln, die Verpflichtung für die Gruppe und ihre Werte einzustehen – und doch bleibt der Einzelne selbst im Ritual stets der Mittelpunkt allen Handelns. So verhält es sich auch im Leben außerhalb der Logen: Keine Loge kann, soll und will das Leben eines Mitglieds bestimmen oder vorschreiben, kontrollieren oder sanktionieren. Viel eher geht es um den wechselseitigen Gewinn des Engagements des Einzelnen in der Gruppe. Ziel ist es nicht, das Leben der Logenmitglieder zu bestimmen, sondern ihnen bei der Entwicklung ihrer Geisteshaltung zu helfen. Dies kann nur in Anerkennung der Freiheit und Selbstbestimmtheit des Einzelnen funktionieren, damit ein Input von innen nach außen und von außen nach innen getragen werden kann. Salopp gesagt: Freimaurer sind gleichgesinnte Individualisten, die sich gerne in der Gruppe treffen – das ist kein Paradoxon, sondern die Folge der Veranlagung des Menschen als soziales Wesen.*

* Reinhalter, Helmut: Freimaurerei, Politik und Gesellschaft. Die Wirkungsgeschichte des diskreten Bundes. Böhlauer Verlag 2018, S. 118 f.

Die Werte der Aufklärung waren – und sind – der gemeinsame Nenner, unter dessen Vorzeichen sich die Beteiligten auf intellektueller Ebene der Amerikanischen Revolution trafen, in der Alten und in der Neuen Welt. Liberale Ideen, Menschen- und Bürgerrechte stehen in der Freimaurerei nicht etwa im Widerspruch zum Christentum und dem damit verbundenen Welt- und Menschenbild, sondern sind miteinander verbunden. Die Freimaurerei war das Forum, das den Austausch über solche Gedanken über nationale Grenzen erst ermöglichte. Sie ist ein originär europäisches Phänomen. Es lässt sich als ein dynamisches Geschehen beschreiben: In Logen und freimaurerischen Verbindungen treffen sich Menschen, die gemeinsame Wertesysteme und Ansichten über Freiheit teilen. Dort diskutieren sie darüber und entwickeln ihre Ideen weiter. Letztendlich haben sich somit auch die Logen selbst weiterentwickelt und internationalisiert. Voltaire und Lafayette, sie hätten Steuben oder Franklin vermutlich nie getroffen, wären sie nicht im Hause der »Neuf Sœurs« ein- und ausgegangen.

Doch ist heute nicht alles anders? Haben wir uns nicht Freiheit, Demokratie, Selbstverwirklichung und Gleichberechtigung längst erkämpft? Wozu braucht eine Gesellschaft ein Forum der Verschwiegenheit, des geschützten Austauschs untereinander, wenn Menschen- und Freiheitsrechte allgemein gültig sind?

Die Logen sind stets nicht mehr als ein Spiegel der Gesellschaft. Letztere hat sich weiterentwickelt, und somit auch die Logen. Während wir nicht mehr mit dem Feudalismus oder mit drohenden Weltkriegen konfrontiert sind, haben sich unsere gesellschaftlichen Interessen, Bedürfnisse und Nöte verändert. Die Ansprüche an die Freiheit sind andere als früher, in den Logen ist man sich darüber bewusst. Sie werden von den Mitgliedern der Logen in diese unweigerlich hineingetragen.

Viele Fragen hinsichtlich der Freiheit haben wir aus dem 20. Jahrhundert in das neue Jahrtausend mit uns getragen. Es sind Fragen der Gleichberechtigung, der Migration, der Integration und der Teilhabe, die wir seit Beginn der Moderne für jede Generation neu klären müssen und auf die wir immer wieder neue alte Antworten finden. Doch mit dem 21. Jahrhundert hat der Fortschritt noch einmal an Fahrt aufgenommen. Zu den alten Fragen kommen neue hinzu. Die neue Weltordnung des 21. Jahrhunderts hat sich frühzeitig als volatil erwiesen. Bereits vor zwölf Jahren hat der deutsche Philosoph Ralf Dahrendorf dieses neue System als »Welt ohne Halt« beschrieben. Die Ordnung der Blockkonfrontation ist ihm zufolge einer multiplen und heterogenen Politik- und Gesellschaftsordnung gewichen, in der wirtschaftliche Interessen gegenüber ordnungspolitischen Bestrebungen oftmals überwiegen.

Die globale nukleare Bedrohung ist scheinbar gebannt. Ein Krieg zwischen den großen Industrienationen erscheint nicht mehr möglich. Wir haben gesellschaftliche Errungenschaften im Sinne der Gleichberechtigung, Mitbestimmung und internationalen Kooperation geschaffen. Es gibt ferner keinen gesellschaftlichen Bereich mehr, der nicht mit den anderen Bereichen digital vernetzt ist. Ernteausfälle in Südamerika verteuern den Kaffee und den Tee in unseren Lokalen. Überschwemmungen in China wirken sich auf die Börsenkurse deutscher Unternehmen aus. Digitale Währungen torpedieren nationale Devisen. Es gibt etliche Beispiele. Multiple globale Verknüpfungen bergen jedoch die Gefahr, dass wir uns in verschiedensten Vernetzungen geradezu verfangen und Stück für Stück Freiheiten aufgeben, die in den Generationen davor mühevoll erarbeitet und erkämpft wurden. Wir reden also von nicht weniger als einer neuen Epoche der Menschheitsgeschichte, der sich die Freimaurer wie die Gesellschaft auf der Suche nach geistiger und direkter Freiheit stellen müssen. Der Austausch untereinander unter der Maxime der individuellen und unveräußerlichen Freiheit, Toleranz und Gleichberechtigung unter den Mitgliedern eröffnet nicht nur neue Horizonte. Es ist auch der geschützte Raum, der den Einzelnen gegenüber mehreren in der Loge als ebenbürtig aufbaut, der das Mitglied in seiner Entwicklung stärkt und fördert. Die Zusammenkunft der Logen unterscheidet nicht zwischen Herkunft, Vermögen, Stand oder Bildung. Die Brüder und Schwestern werden nach ihren Taten und Worten beurteilt.

Die Ideen der Aufklärung waren in der Gesellschaft des 18. Jahrhunderts besonders im Bürgertum und im Adel präsent, doch war die Gesellschaft gleichermaßen in ihren Strukturen und Herrschaftssystemen, die sich in Europa über Jahrtausende aufgebaut hatten, verhaftet. Es war also kein Zufall, dass Lafayette nach Amerika segelte. Die amerikanische Unabhängigkeitsbewegung hatte vor allem politische und wirtschaftliche Gründe. Die Menschenrechtserklärung der Virginia Bill of Rights von 1776 war dabei von enormer Bedeutung. Die Revolutionäre hatten keine andere Wahl: Die Loslösung von der britischen Herrschaft forderte ein neues Gesellschaftssystem. Diese Loslösung gelang nur mit dem Instrument der Aufklärung. Das Recht auf Freiheit, Leben und Glück für jedermann war eine radikale Idee, die aus Europa in die Neue Welt getragen worden war. Ihre Umsetzung jedoch konnte nur auf dem amerikanischen Kontinent gelingen, nirgendwo sonst. Es gab schlichtweg keine Alternative, auf die ein neues Gesellschaftssystem in Amerika kulturell oder historisch aufgebaut werden konnte, als die Demokratie. Wenden wir uns aber nicht von der Wahrheit ab: Alle Menschen sind gleich geschaffen mit unveräußerlichen individuellen Rechten, das galt damals nicht für alle. Die Folgen von Sklaverei und Rassismus trägt die Welt bis heute mit sich wie eine Hypothek.

Doch die Gelegenheit, die sich für die Freiheit bot, war in der Menschheitsgeschichte einmalig: die komplette Loslösung von einem monarchischen System, die Begründung einer eigenen Bürgerlichkeit und die Deklaration eines eigenen Freiheits- und Wertekanons, der den Menschen als Individuum in den Mittelpunkt des staatlichen Handelns stellt. Kurzum: Die Amerikaner des 18. Jahrhunderts haben Freiheit und Demokratie, so wie wir sie heute weltweit kennen und leben, in erster Linie für sich selbst erfunden. Dennoch war dies ein Schlüsselmoment der Menschheitsgeschichte, das die Französische Revolution maßgeblich bestimmen sollte. Die historische Herkunft der Erklärung der Menschen- und Bürgerrechte der Französischen Revolution ist im revolutionären Amerika in der Bill of Rights zu finden.

Nach dem Krieg in Amerika kehrte Lafayette nach Europa in das vorrevolutionäre Frankreich zurück. Als Kriegsheld und Freiheitskämpfer gefeiert, besaß der noch immer nicht einmal dreißigjährige Lafayette großen Einfluss. Er hatte in seinem Gepäck nicht nur Orden und Andenken, sondern auch sein Wissen um den Freiheitskampf in Amerika und den daraus entstandenen Staat, dessen Repräsentanten vom Volk frei gewählt wurden.

Jeder in Frankreich wollte ihn treffen: der Adel, die Nationalversammlung, die Presse und die Spekulanten, die an seinem Ruhm verdienen wollten. Reich an Kriegsjahren, doch jung an politischer Erfahrung, versuchte er die Revolution in Frankreich zu beeinflussen. Überzeugt von den Idealen der Freiheit, die er im Dienste Washingtons kennenlernen durfte, wurde er zu einer der bedeutendsten Personen der Französischen Revolution. Die Menschenrechte sollten nach dem Willen Lafayettes in der Verfassung formuliert werden, nach amerikanischem Vorbild. Lafayette träumte davon, dass auch seine Heimat eines Tages frei sein würde, ein selbstbestimmtes souveränes Volk. Doch auch er sollte die Wirren der Revolutionskriege, der napoleonischen Kriege und des Wiederaufbaus erleben. Der Traum einer friedlichen Revolution erfüllte sich für Lafayette nicht. Sein Traum der Demokratie lebt jedoch im Kulturellen Gedächtnis des Westens bis heute weiter.

Die Revolutionen der Zukunft sind hoffentlich nicht mehr gewaltsamer Natur. Wir finden uns momentan mit der digitalen Revolution konfrontiert, über deren Beginn, Verlauf und Ende wir uns noch nicht einmal einig sind. Sie wird Wegbereiterin dafür sein, was das 21. Jahrhundert für uns bereithält. Lafayette und Steuben wussten es: Niemand kann sagen, wie eine Revolution ausgeht. Und auf eine Revolution folgt gelegentlich gerne auch einmal eine nächste. Das gilt auch für uns heute. Wir werden die Freiheit dabei im Blick behalten, sie beschützen und weiterentwickeln müssen. Eines von vielen Foren dafür wird auch in Zukunft die Freimaurerei bieten. Als erfolgreichstes soziales Netzwerk der Welt ist es für die Freimaurerei Aufgabe und Hoffnung zugleich, Freiheit, Toleranz, Humanität und Menschlichkeit als Grundpfeiler des individuellen Handelns aufzustellen.

2. VERSCHWÖRUNGSTHEORIEN UND FREIMAURER – VERFOLGT, VERBOTEN, WIEDERAUFERSTANDEN

»Die wahre Freimaurerei erkennt aber heute ihre Aufgabe. Das Ziel der wahren Freimaurerei ist heute der Kampf gegen Bolschewismus, Faschismus und Nationalsozialismus.«

Leo Müffelmann (1881–1934)

Von der Weltverschwörung über geheime dunkle Praktiken bis hin zur Anbetung des Teufels selbst wird den Freimaurern allerhand unterstellt und zugeschrieben. Weltweit halten sich Vorbehalte, Abneigung und Abscheu gegen Freimaurer hartnäckig – traurigerweise insbesondere in Deutschland. In wenigen anderen Ländern der Welt werden mit dem Wort »Freimaurer« so viele negative Konnotationen verbunden, quer durch die Gesellschaft und die Medien. Dabei sind alle Bildungsstände und Gesellschaftsmilieus davon betroffen. Das Bild der gefährlichen, böse Ziele verfolgenden und Menschen hinter die Fichte führenden Freimaurer ist selbst in höchsten Kreisen der Medien bestehen geblieben.

Die Gründe dafür sind tatsächlich vor allem in der Propaganda des Nationalsozialismus zu finden, die tief in Gesellschaft und Kultur eingedrungen ist. Leider wissen die wenigsten davon, dass sie bis heute dieser Propaganda auf den Leim gehen. Das Verbot der Freimaurer in der ehemaligen DDR tat sein Übriges, sie aus dem Gedächtnis Ostdeutschlands geradezu auszulöschen. Doch reichen die geschichtlichen Gründe für die Anfeindungen gegen Freimaurer weit über das 20. Jahrhundert hinaus. Woran liegt das eigentlich?

Freimaurerei kann nur in freien Gesellschaften bestehen. Dort, wo Unfreiheit herrscht, sind Ressentiments gegen Freimaurer schnell auf der Tagesordnung. In den Logen werden Menschen zu Brüdern, die sich im profanen Leben wahrscheinlich nicht mal getroffen, geschweige denn kennengelernt hätten. Menschen werden so wirklich zusammengeführt. Manche sprechen von einem »Stück Kitt«, der Menschen verbindet. Nicht umsonst stellte der ehemalige Bundespräsident Horst Köhler am 15. Dezember 2008 bei einem Treffen mit führenden Freimaurern auf Schloss Bellevue fest: »Die Freimaurerei hat einen festen Platz in unserer freiheitlichen Gesellschaft.«* Dass Freimaurerei oft als eine Institution des Brückenbaus zwischen Kulturen und zwischen Menschen gesehen wird, ist sicherlich zutreffend, vor allem unter den Prämissen: Alle Menschen sind gleichwertig. Alle Menschen sind Brüder und Schwestern. Alle Menschen müssen frei sein.

Kein Wunder, dass man nur dort Logen findet, wo eine freiheitliche Grundordnung herrscht. Fundamentalismus und Diktatur vertragen sich einfach nicht mit Freimaurerei – um es einmal vorsichtig auszudrücken. Freimaurer sind nicht selten idealistische Menschen, die vor allem an sich selbst arbeiten wollen. Wirren fundamentalistischen Ideen zu folgen oder sich Diktaturen zu unterwerfen – das geht für einen Freimaurer nun wirklich nicht. Extremisten und Fanatiker können per se niemals echte Freimaurer sein.

---

* https://freimaurer-wiki.de/index.php/Klaus-M._Kott#Bundespr.C3.A4sident_Horst_K.C3.B6hler_empf.C3.A4ngt_deutsche_Freimaurer.

Es ist in der allgemeinen Debatte nicht unüblich, den ersten antifreimaurerischen Verschwörungsmythos in Deutschland zu verorten. Ab 1786 war ein Buch en vogue mit dem illustren Titel »Enthüllung des Systems der Weltbürger-Republik«. Das zunächst anonym verfasste Pamphlet konnte schnell Ernst August Anton Göchhausen als Autor zugeschrieben werden. Sehr wohlwollend könnte man hier von einem »gegenaufklärerischen Autor« sprechen. Gleich in der Vorrede behauptet dieser selbstbewusst: »Ich bin Freymaurer ...« Zumindest gehörte Göchhausen kurzzeitig dem *Illuminatenorden* unter dem Codenamen »Nahor« an. In seinem »Aufklärungswerk« kommt eine krude Mischung aus Freimaurern, Illuminaten und Jesuiten zum Vorschein, die allesamt für eine weltweite Verschwörung verantwortlich seien. Deren gemeinsames Ziel solle mit weltweiten Revolutionen verfolgt und umgesetzt werden. All dieses werde in der Horrorvision einer Weltbürger-Republik münden. Am Ende solle gar die Weltherrschaft des Papstes errichtet werden. Freimaurer, Illuminaten und Jesuiten – und am Ende sogar noch der Papst: Was auf den ersten Blick wie ein unterhaltsamer und belustigender, aber doch irgendwie schlechtgemachter Fantasy-Roman daherkommt, ist auf den zweiten Blick dann doch eher peinlich und Verfolgungswahn sowie Geltungsbedürfnis zuzuschreiben.

Göchhausens bizarre Schmähschrift kann als die Urmutter aller heute noch existierenden Freimaurer-Verschwörungstheorien gelten – von wegen Fake News sind ein modernes Phänomen! Wer aber glaubt, dass es nicht noch abstruser gehen kann, der muss an dieser Stelle enttäuscht werden.

Einer der Hauptautoren solcher Verschwörungstheorien war kein geringerer als *Erich Friedrich Wilhelm von Ludendorff*, einer der frühen prominenten Unterstützer des Nationalsozialismus in Deutschland und der Vater der »Dolchstoßlegende«. Ludendorff war ein ehemaliger deutscher General im Ersten Weltkrieg, gescheiterter Politiker und leidenschaftlicher Verschwörungstheoretiker. Nach dem Fehlschlag der Frühjahrsoffensive 1918 verlor Ludendorff immer mehr an Ansehen und Einfluss auf die deutsche Kriegsführung. Wegen seiner Unfähigkeit wurde er 1918 aus dem Generalstab entlassen – ein sicher nicht sehr rühmliches Ende für einen Berufsoffizier. Er war ein Unterstützer Hitlers, was in den Hitler-Ludendorff-Putsch 1923 mit dem Marsch auf die Feldherrenhalle in München gipfelte, der bekanntlich scheiterte. Nur sein Status als ehemaliger General schützte Ludendorff vor einer Inhaftierung. Stattdessen saß er für die Völkische Liste kurzzeitig im Reichstag, da die NSDAP in Folge des gescheiterten Putsches eine Zeit lang verboten war. Ludendorff kandidierte in jener Zeit als Reichspräsident, fuhr jedoch ein desaströses Ergebnis ein, sodass er sich aus der Politik zurückzog.

Seine gescheiterten Versuche, an die Macht zu kommen, hatte Ludendorff nie verkraftet. Die Gründe dafür suchte er jedoch nicht bei sich, sondern vor allem bei anderen: Die Juden, die Jesuiten, die Kommunisten, der Vatikan, der Dalai-Lama – als dessen Beauftragten er 1937 Josef Stalin verdächtigte – und natürlich die Freimaurer waren schuld an dem Ende seiner vermeintlich vielversprechenden Karriere. Das Weltjudentum und die Freimaurer steckten demnach unter einer Decke, hätten den Ersten Weltkrieg ausgelöst und die Niederlage Deutschlands zu verantworten. Dabei folgte Ludendorff dem Trend, in dem sich Deutschland befand, und als angeblicher Nationalheld fanden seine Worte durchaus Anklang. Mit seiner zweiten Frau Mathilde ging es für Ludendorff und seinen seltsamen Verschwörungsideen munter weiter: Beide sprachen von pseudo-kabbalistischen Hintergründen bei bestimmten Geschichtsdaten und bastelten so mit ihren pseudo-esoterischen Freunden auch an der Prognose des nächsten Weltkriegbeginns, den sie 1932 oder 1941 vermuteten. Göchhausen wäre vor Neid erblasst ob der wilden Ausschmückungen – man stelle sich nur Josef Stalin als Beauftragten des Dalai-Lama vor.

Auf Dauer jedoch wandte sich das Land von Ludendorff ab. An Absurdität war die Situation zudem kaum zu überbieten. Ludendorff war wegen seiner Persönlichkeit und Fehlschläge bei Hitler in Ungnade gefallen. Dies gipfelte sogar darin, dass Hitler behauptete, Ludendorff sei selbst Mitglied einer Freimaurerloge*. Immer mehr wurde Ludendorffs geistiger Zustand infrage gestellt. Selbst dem Führungszirkel um Hitler, dessen psychische Verfassung durchaus hinterfragt werden darf, war es mit Ludendorff zu viel.

Das Absurde an der Geschichte: Leider hat sich das Ludendorff'sche Verschwörungsbild um die Freimaurerei bis in die heutigen Tage erhalten und ist in so manchen Internet-Foren noch immer anzutreffen. Durch die vernetzte Welt werden seine Thesen in allen Sprachen um die Welt getragen, mit anderen Theorien vermengt und auf diversen Kanälen wiederum geteilt.

Ludendorff war ungewollt, und doch schlug sich seine Abneigung gegen die Freimaurer auch im System Hitlers nieder. Ein unter Freimaurern in Deutschland prominentes Beispiel ist *Leo Müffelmann*. Er war eine der bedeutendsten Persönlichkeiten und einer der prägendsten Brüder in der deutschen Freimaurerei zu Beginn des 20. Jahrhunderts. Sein Leben und sein Wirken stehen stellvertretend für diese einschneidende Epoche und sind vielleicht in vielen Punkten auch heute noch aktuell. Der Visionär und Reformer gründete weitsichtig im Jahr 1930 die *Symbolische Großloge von Deutschland*, um damit überzogenen nationalistischen Tendenzen

* https://de.wikipedia.org/wiki/Erich_Ludendorff#cite_note-62

in den Logen entgegenzuwirken. Völkerverständigung, Humanität und Friedenswillen begleiteten die Haltung Müffelmanns als Freimaurer und als Mensch. Für seine gelebte freimaurerische Haltung und seine damit verbundenen Aktivitäten kam Leo Müffelmann im September 1933 ins Konzentrationslager. Dort wurde er stark misshandelt, aber wegen einer schweren Erkrankung im November wieder entlassen. Er verstarb im August 1934. Leo Müffelmann stellte mit Logengründungen in Palästina die Weichen dafür, das Licht der deutschen Freimaurerei ins Exil zu bringen, und legte damit auch einen entscheidenden Grundstein für die heutige Freimaurerei in Israel. Das von ihm aus Deutschland in den 1930er Jahren nach Jerusalem gerettete Licht der Symbolische Großloge von Deutschland wurde schließlich feierlich am 19. Juni 1949 in die neu gegründete *Vereinigte Großloge von Deutschland* eingebracht. Das Wiederauferstehen der Freimaurerei in Deutschland war nur durch internationale Unterstützung möglich.

Durch gezielte Propaganda wurden die deutschen Logen vor allem ab 1933 ein Teil des NS-Feindbildes. Im Mai 1935 intervenierte Reichsbankpräsident *Hjalmar Schacht*, einziger Freimaurer in der NS-Regierung und freimaurerischer Pate Leo Müffelmanns, vergeblich bei Hitler. Am 17. August 1935 ordnete der Reichsminister des Innern Wilhelm Frick schließlich das endgültige Verbot der Freimaurerei in Deutschland an.

Aber auch in der Weimarer Republik war es bereits nicht einfach gewesen, als Deutscher ein Freimaurer zu sein. Leo Müffelmann und die mit seiner Person aufs Engste verbundene Symbolische Großloge von Deutschland zeigten, dass es trotzdem möglich war, Farbe im freimaurerischen Sinne zu bekennen. Die Zeitschrift der Symbolischen Großloge von Deutschland hieß »Die Alten Pflichten«. Ein Beispiel für die klaren Worte darin aus der Ausgabe von Dezember 1931:

> »Die wahre Freimaurerei erkennt aber heute ihre Aufgabe. Das Ziel der wahren Freimaurerei ist heute der Kampf gegen Bolschewismus, Faschismus und Nationalsozialismus. Sie steht hier trotz aller Gegensätze Seite an Seite mit der römischen Kirche als Kämpfer für die freie Persönlichkeit, für Humanität und Menschheit gegen die gewaltige Reaktion von Bolschewismus, Faschismus und Nationalsozialismus. Der Kampf hat begonnen. Es geht um die gemeinsame Verteidigung der abendländischen Kultur. Da müssen Rivalitäten zwischen Freimaurerei und Katholizismus verblassen gegenüber der größeren Idee von Freiheit und Menschlichkeit.«*

Bis heute wird mit Verschwörungstheorien gearbeitet, um andere Gruppen zu diffamieren oder auszuschalten. Meistens aber geht es um Erklärungsmodelle, die der Selbstverortung des Einzelnen dienen. Auch die westlichen Demokratien sind nicht davor gefeit. Ein Beispiel ist die wohl prominenteste Verschwörungstheorie der Welt, nämlich die der angeblich gefälschten Mondlandung. Obwohl diese Verschwörungstheorie sehr harmlos anmutet, zeigt sie, wie empfänglich Menschen für solche Theorien sind. Statistisch gesehen kennt jeder Mensch Freunde, Bekannte und Verwandte, die davon überzeugt sind, dass die Mondlandung nie in der Realität stattgefunden habe. Rational kann dieser Überzeugung nicht beigekommen werden.

Dazu kommt, dass unzählige Internetseiten diese Theorien stützen – obwohl das Internet das Fernsehen schon lange abgelöst hat, funktionieren auch hier ähnliche Mechanismen des Infotainments

* »Die Alten Pflichten«, Zeitschrift der Symbolischen Großloge von Deutschland, Dezember 1931, S. 25

und der Informationswahrnehmung. Es geht um die Deutungshoheit, was Wirklichkeit ist und was nicht.

Die Idee, dass es gar nicht möglich war, auf dem Mond zu landen, und dass deswegen Bilder und Fernsehaufnahmen gefälscht wurden, ist tief ins Gedächtnis der Weltgemeinschaft eingesickert. Gleichzeitig aber ist den meisten Menschen bewusst, dass Erklärungen, wie angeblich falsche Schatten auf den Fotos, kein echter Beweis für eine Verschwörung sind. Dennoch sind viele Menschen bereit zu glauben: »Etwas muss ja dran sein an der Verschwörungstheorie.« Zumal – der zweite Mensch auf dem Mond und viele der damaligen Astronauten waren Freimaurer, das allein mag ja schon verdächtig erscheinen.

Der freimaurerische Weg soll den Menschen dazu bringen, selbstständig zu denken. Es geht darum, dem eigenen Verstand zu trauen, systemisch zu denken und die eigene Position im Geschehen selbst richtig einzuschätzen. Jeder einzelne Mensch ist Teil des Ganzen, auch wenn er es niemals erfassen kann, was das Ganze eigentlich ist. Das ist jedoch nicht beunruhigend, denn der freimaurerische Weg führt dazu, sich selbst zu erkennen und so seinen eigenen Platz als Baustein im Tempel der Menschheit zu finden. Dieser Weg beinhaltet, anderen auf Augenhöhe begegnen zu können. Dies umfasst nicht nur das sich Auseinandersetzen mit Humanität und Menschenrechten, sondern erhebt das Individuum auf eine Ebene mit allen seinen Mitmenschen. Egal, welchen Beruf man ausübt oder woher man kommt, Brüder und Schwestern sollen sich ebenbürtig begegnen.

Das beinhaltet auch, den eigenen Standpunkt zu hinterfragen. Ein Beispiel: Ein Mitbruder glaubt nicht an die Echtheit der Mondlandung, man selbst jedoch schon. Sich hier im Streit zu trennen, wäre nicht im Sinne der Bruder- und Schwesterkette. Stattdessen gilt es, den anderen zu verstehen, nachzuvollziehen, woher seine Sicht auf die Welt kommt, und gemeinsam zu reflektieren, was das für das gemeinsame Miteinander bedeutet. Natürlich dürfen sich Freimaurer untereinander streiten – das geschieht genauso oft wie in anderen Vereinigungen. Jedoch wächst die eigene Persönlichkeit immer in der Auseinandersetzung mit dem Gegenüber, sofern sie auf Augenhöhe stattfindet. Diskurs und Debatte sind zwingend notwendig, um sich selbst zu verorten und eine eigene Identität herauszubilden.

Heute werden wir mit immer mehr Informationen, Nachrichten, Kommentaren und Kolumnen konfrontiert. Es ist nicht übertrieben, von einem digitalen und kognitiven Overflow zu sprechen. Umso wichtiger ist es daher, sich eine kritische eigene Meinung zu bilden und sie vor allem auch zu bewahren. Das kritische Hinterfragen gehört zum Rüstzeug, das der Freimaurer als »geistiges Werkzeug« mit auf seinen Weg bekommt. Und die innere Freiheit eines Freimaurers, die er sich mithilfe des Rituals und dem Einüben in der Loge mit anderen Freimaurern »erarbeitet«, ist ein gutes Bollwerk gegen das Anstürmen von so manchem Manipulationsversuch aus der Außenwelt. Diese innere Freiheit wird nämlich mehr denn je in unserer – vor allem digitalisierten – Welt benötigt. Es gibt keinen Bereich des Lebens mehr, der nicht mit dem Internet verbunden ist. Die Digitalisierung der Persönlichkeit als Konsumware ist längst Realität geworden. Wichtig ist, sich dabei nicht selbst zu konsumieren, indem man sich auf der Suche nach sich selbst buchstäblich aus den Augen verliert. Die immer wieder neuen Social-Media-Trends sind nur ein Beispiel dafür. Es geht darum, die eigene innere Anbindung aufrechtzuerhalten.

Nur wenn eine Gesellschaft frei ist, kann sie sich positiv entwickeln. Leo Müffelmann hatte dies erkannt und wurde auf schwerwiegendste Weise damit konfrontiert, was in einer unfreien Gesellschaft geschehen kann. Ein privater Tagebucheintrag Leo Müffelmanns macht das Thema »Freimaurerei-Verschwörung« auf eine sehr persönliche Art und Weise greifbar:

> »In der Gestapo wurde ich in die SS-Wache geführt. Da standen ungefähr 20 Menschen mit dem Gesicht zur Wand nebeneinander. Ich wurde dazugestellt, Mund zur Wand. Und stand und stand. Die Leute der Wache schimpften mit Einzelnen herum. ›Wollen Sie mal stramm stehen.‹ Nach ungefähr einer halben Stunde wurde ich abgeholt und zu B. gebracht. Es erfolgte die erste und letzte und einzige Vernehmung. Die Vernehmung führte Kriminalassistent B., unter zeitweiser Beteiligung zwei anderer Herren. Ein Schreibmaschinenmädchen schrieb das Protokoll sofort mit der Maschine. Die Vernehmung erstreckte sich ausschließlich auf Freimaurerei und meine Tätigkeit als Freimaurer. Die Freimaurerei stelle sich als international in Gegensatz zum Staat, sei vaterlandsfeindlich, sei jüdisch, von Juden abhängig – alle Behauptungen Ludendorffs wurden vorgebracht. Einwände meinerseits wurden als nicht stichhaltig abgewiesen. Ich wies auf die Freimaurer Kaiser Wilhelm I., Friedrich den Großen hin. Ich betonte, dass Dr. Schacht meiner Aufnahme beigewohnt habe, dass der Bruder Görings Freimaurer gewesen sei.«*

Sein Tagebucheintrag zeigt nicht nur den Irrsinn jener Diktatur, sondern auch, wie tief Verschwörungstheorien wirken können. Die Funktionäre und ausführenden Kräfte des Regimes haben Luden-

* Oelckers, Karsten, S. 252

dorffs wirre Theorien übernommen, weil sie in das Feindbild passten. Ob Einzelne sie hinterfragt haben oder nicht, spielt kaum eine Rolle, denn im Ergebnis wagte niemand zu widersprechen, und das aus bekanntem Grund – wer will schon selbst bei so einem Verhör landen? Das Verhör Müffelmanns mutet absurd an. Das Regime hat den freien Geist und das freie Denken beschnitten, so wie es jede Diktatur tut.

Sich frei zu entfalten, frei zu denken und frei zu leben ist ein Bedürfnis, das die meisten Menschen teilen. Eine der Grundvoraussetzungen dafür ist das Bekenntnis zur humanen Gesellschaft und zur Freiheit eines jeden Einzelnen. Ein System, das die Meinungsfreiheit und den freien Austausch von Gedanken einschränkt, wirkt diesem humanen Bekenntnis entgegen. Nur ein freier und gesunder Diskurs kann Werte und somit Inhalte schaffen. Eine inhaltsentleerte Debatte jedoch öffnet Tür und Tor für Populismus und Radikalismus, da nur noch Emotionen, aber keine Argumente zählen.

Freimauererlogen waren schon immer ein Ort freien und ungezwungenen Austauschs. Die Erkenntnis, dass sich ein freier Geist nur in einer freien Gesellschaft entwickeln kann, ist nicht neu. Doch ist es unzweifelhaft eine der Hauptaufgaben der Freimaurer, es sich Tag für Tag neu ins Gedächtnis zu rufen.

3. EUROPÄISCHES KULTURELLES GEDÄCHTNIS: DIE BIBEL UND DIE GRIECHEN

»Den Zufall aber gibt es nicht im Leben,
sondern nur Harmonie und Ordnung.«

PLOTIN (205–270)

Was bedeutet Kultur, wie kommt sie zustande und was bedeutet sie für die Identität des Einzelnen? Diesen Fragen widmen sich beispielsweise Wissenssoziologie und Kulturwissenschaft. Die Idee, einen interdisziplinären Ansatz zu verfolgen, also Geschichte, Kultur und Psychologie in die Lösung dieser Fragen einzubeziehen, ist nicht neu. Vereinfacht gesagt: Um zu verstehen, wer man ist und wohin man geht, muss man wissen, woher man kommt und wer man war – frei nach Wilhelm von Humboldt.

In diese Kerbe schlägt die Theorie des Kulturwissenschaftlers und Ägyptologen Jan Assmann. Sein Ansatz des Kulturellen Gedächtnisses geht davon aus, dass der Einzelne durch die Gesellschaft geprägt wird, deren Kultur sich historisch entwickelt hat. Demzufolge sind es Riten, Sprache, Bilder und Texte, welche die Zeiten nicht nur überdauern, sondern ganze Kulturen beeinflussen und somit die individuelle Identität prägen. Dabei wird das Rad nicht jedes Mal neu erfunden, ganz im Gegenteil. Es handelt sich dabei zum Beispiel um Bilder oder Traditionen, die über Jahrhunderte gelebt wurden, die sich dabei stets entwickelt haben und ein fester Bestandteil unseres Lebens und kulturellen Selbstverständnisses sind. Diese Erinnerungskultur ist ein essenzieller Bestandteil dessen, was Assmann als das europäische Kulturelle Gedächtnis beschreibt. Es ist die Basis unseres Selbstverständnisses und letztlich dessen, was die Kultur und Identität Europas ausmacht.

Dieses europäische Kulturelle Gedächtnis geht maßgeblich zurück auf die Griechen – gemeint sind hier natürlich vor allem ihre Philosophen – und auf die Bibel. Von keinen anderen Bereichen und Inhalten wurden wir Europäer mehr beeinflusst und geprägt.

Im Vordergrund steht dabei ein *Humanismus* der Einheit. Er gründet sich auf das, was allen Menschen gemeinsam ist – so verschieden Menschen im Übrigen als Angehörige partikularer Religionen, Nationen und Kulturen auch sein mögen. Das entspricht ziemlich genau dem freimaurerischen Menschenbild von Lessing, auf das wir später noch näher eingehen werden.

Bezogen auf die Griechen kann man von der platonischen Idee des Menschen sprechen und biblisch lässt sich das mit der Gottesebenbildlichkeit des Menschen ausdrücken. Das ist die Grundvoraussetzung für den Humanismus. Der gemeinsame Ursprung aller Menschen impliziert die gleichen Rechte, Pflichten und Privilegien für alle. Die Menschenrechte können beispielsweise nur dann Sinn ergeben, wenn sie allgemein gültig sind, ungeachtet von Religion, Herkunft oder Vermögen. Letztendlich kann auch nur Demokratie mit diesem Menschenbild, das seinen Ursprung in der Antike hat, von Bestand sein. Der Weg der Erkenntnis von *Platon* bis hin zu der Erklärung der Menschenrechte ist nicht in einzelnen Schritten begangen worden, sondern war ein durchgehender, fließender Prozess, indem das tief verankerte kulturelle Wissen lebendig abgerufen und gestaltet wurde.

Als einen wesentlichen Entwicklungsschritt und Höhepunkt unserer abendländischen Kultur, europäischen Geistesgeschichte und des sich daraus entwickelnden Humanismus erkennen wir immer noch die Zeit der *Renaissance* und der Aufklärung an. Sie leitet letztlich die Geburt der Revolutionen für die Erringung von Freiheit und Menschenrechten ein. Freimaurerei kann man hier durchaus als Kondensat dieser geistesgeschichtlichen Entwicklung betrachten.

Die geistige Heimat Europas bildet sich vor allem aus der hellenistisch-römischen Antike, den humanistischen Ideen des Christentums und letztlich der Aufklärung. Auf diese Weise wurden Demokratie, Menschenrechte und moderne Wissenschaften hervorgebracht.

Wir sollten also vom Vermächtnis der antiken, christlichen und aufgeklärten Tradition sprechen. Die erste Tugend dabei ist Verantwortung; Verantwortung für sich selbst, für die unmittelbare Umgebung, aber auch Verantwortung für die eigene Stadt oder Gemeinde, für das eigene Land und die eigene Gesellschaft. Freimaurern kommt das natürlich mehr als bekannt vor. Hierbei kommt manchem Betrachter aber auch das religiös orientierte Motto »Bewahrung der Schöpfung« in den Sinn. Das Wort »Bewahrung« erinnert an die Verantwortung des Menschen für seine Umwelt – natürlich eher in der Rolle eines Gärtners –, während der Begriff »Schöpfung« neben seinem metaphysischen Inhalt auch den Gedanken einer gemeinsamen Welt der Menschheit und aller Lebewesen ausdrückt.

Der Mensch sollte in jedem Fall nicht als Zerstörer der Schöpfung auftreten. Der Mensch als Teil der Natur ist verantwortlich für ihren Erhalt – das Verstehen, Schützen und Regenerieren der Ökosysteme und der Biodiversität ist die Basis für das Wohlergehen und das Überleben des Menschen und aller anderen Lebewesen.

Aber kommen wir wieder zurück zur Bibel und den Griechen und den von Jan Assmann in diesem Zusammenhang verwendeten Begriff der Zweistöckigkeit des europäischen Kulturellen Gedächtnisses. Was ist darunter im weiteren Sinne zu verstehen?

Entscheidend ist unter dieser Betrachtungsweise vor allem der Umstand, dass sowohl die Griechen als auch die Bibel in ihrem eigentlichen Kern als Ursprung auf Ägypten zurückblicken. Assmann beschreibt an dieser Stelle das, was die europäische Kultur weltweit so einzigartig macht: Es ist das Zusammenspiel von Tradition und lebendiger, durchgehender Weitergabe auf der einen Seite und die Kombination von zwei antagonistischen Weltanschauungen auf der anderen Seite. Er nutzt hierbei den Begriff der Zweistöckigkeit.

Was verbirgt sich hinter dieser Zweistöckigkeit? Sowohl die Bibel als auch die antike griechische Kultur bauen auf der Kultur des antiken Ägyptens auf. Bibel und Griechen interpretieren das Alte Ägypten aber vollkommen unterschiedlich: Auf den Punkt gebracht ist das biblische Bild von Ägypten ein negatives und das bei den griechischen Philosophen vorzufindende ein positives. Die Bibel versucht, sich mit aller Macht von der ägyptischen Kultur abzugrenzen und damit ihre Eigenständigkeit zu untermauern. Dabei kommt ein verzerrtes, polemisches Ägyptenbild zum Vorschein. Bei den Griechen hingegen zeigt sich stets ein Verhältnis zur ägyptischen Kultur, das von faszinierter Bewunderung geprägt ist. Das Verblüffende dabei ist: Diese beiden Bausteine, das Ägyptenbild der Griechen und das der Bibel, sind gleichermaßen die Basis des europäischen Kulturellen Gedächtnisses und somit der europäischen Kultur. Das Wiederaufleben der Antike durch die Renaissance war gleichzeitig das Wiederaufleben des antiken Bildes, das sich die Griechen von Ägypten gemacht hatten. Die Götter der antiken Ägypter haben die Zeiten überdauert, indem ihre Stereotypen als Ur-Formen weiterentwickelt und weiterverwendet wurden. Charakteristische Anteile in der Mythologie der ägyptischen Göttermutter Isis finden sich so in der christlichen Vorstellung der Mutter Gottes in Person von Maria wieder. Gerade die Mysterien im Zeichen von Isis und Mutter Natur finden sich in der Mysterien-Welt der Freimaurer, die christlichen Ursprungs ist, wieder.*

Aber was ist nun mit »unseren ägyptischen Wurzeln« genau gemeint? Auf den ersten Blick ist in unserer Kultur über ägyptische Wurzeln wenig bekannt – und das hat zunächst einmal ganz offensichtliche historische Gründe. Im Alten Testament werden Berührungspunkte mit dem Alten Ägypten proaktiv verdrängt – es gibt sogar eine gewisse Art der Feindschaft gegenüber dem Pharaonenreich.

Es liegt auf der Hand: Die Israeliten hatten viel Zeit in Ägypten verbracht; der Exodus beschreibt das Bild Ägyptens, mit dem das Volk Israels seine eigene Identität mitbegründete. Im Geisteskosmos des Judentums gibt es jedoch verschwiegene ägyptische Motive, die im Christentum vollends zum Durchbruch kamen und auf diese Weise nach Europa importiert worden sind. Jan Assmann ist überzeugt, dass im Christentum viel unbewusstes ägyptisches Erbe weiterlebt. Zum Beispiel entsprechen die biblischen zehn Gebote den Lebensregeln aus Ägypten – zum Teil wortgleich. Aber auch das Thema der Inkarnation ist ein altägyptisches. Die Fleischwerdung Gottes in Jesus Christus, so Assmann, hat ihr Vorbild in der Fleischwerdung des Horus in den Pharaonen; die ägyptischen Könige galten nämlich als Inkarnationen des Gottes Horus. Die christliche Idee von der Unsterblichkeit der Seele und auch die von einem Gottesgericht nach dem Tod stammen aus dem Pharaonenreich. Bis heute ist unsere Jen-

* Vgl. Assman, Jan: Weisheit und Mysterium. Das Bild der Griechen von Ägypten, C. H. Beck, München 2000

seitsvorstellung ägyptisch geprägt. Der im Alten Ägypten allgemein verbreitete Glaube an das sogenannte »Totengericht des Osiris« stützt sich auf die Hoffnung, dass der Strebsame und Gerechte im Jenseits gewissermaßen einen Ausgleich für die irdische Unvollkommenheit findet und so seinen »rechten Lohn« erhält. Hier findet sich unsere allgemeine Jenseitsvorstellung im Kulturellen Gedächtnis wieder. Im Mittelpunkt steht hier das Bewusstsein, für die eigenen Taten verantwortlich zu sein. Götter lassen sich eben nicht mehr durch irgendwelche Opfergaben bestechen. Der Mensch wird als Individuum vielmehr selbst zur Rechenschaft gezogen.

Wie sah nun aber konkret die ägyptische Jenseitsvorstellung aus? Der Tote wird hier im Jenseits in der Halle des Gerichts vor Osiris, den ägyptischen Gott des Jenseits, den obersten Richter des Totengerichts, geführt. Das Herz des Verstorbenen wird dann dort gegen die Wahrheit gewogen. Und die Alten Ägypter haben dies auf sehr anschauliche Art und Weise zum Ausdruck gebracht. Das Herz steht in Ägypten für das Gewissen; es leitet den Menschen und sein Urteil, es ist ein unabhängiges Wesen aus einem höheren Sein, das im Körper Wohnung genommen hat. Die Wahrheit wird beim Prozess des Wiegens als Feder dargestellt. Diese Feder steht symbolisch für den Wesenskern der ägyptischen Ma'at, den Zentralbegriff des altägyptischen Denkens – verkörpert als Göttin der Wahrheit und Gerechtigkeit. Ma'at lässt sich auch als »Gleichgewicht«, »Harmonie«, »Weltenordnung/Ur-Ordnung«, »Gerechtigkeit« oder »Gesetz« übersetzen. Die Feder symbolisiert insbesondere den luftigen und damit transzendenten Aspekt von Ma'at, der alle Formen des Seins zu durchdringen vermag. Das Herz des Verstorbenen wird also abgewogen, ob der Verstorbene mit der Ma'at übereinstimmt. Ist das Herz leicht und unbeschwert von Sünden, so wird sich beim Vorgang des Wiegens gegenüber der Ma'at-Feder ein Gleichgewicht einstellen. Symbolisch ausgedrückt befindet man sich also dann im Einklang mit der Ma'at. Im negativen Sinne führt ein von Sünden beschwertes Herz zu einem schlechten Ergebnis auf der Waage. Der ägyptische Gott Thot fungiert als der göttliche Schreiber und hält das Messergebnis fest. Thot verkörpert die Weisheit und die Wissenschaft und gilt als Begründer ägyptischer Geheimlehren, insbesondere auch was die Alchemie und die Regeln der Baukunst anbelangt.

Zugleich ist er der Gott der Intelligenz, der Anordner der gottesdienstlichen Gebräuche, der Lehrer der Künste und Wissenschaften, der Erfinder von Sprache und Schrift, der Schutzherr der Bibliotheken. Thot wurde in der griechischen Mythologie mit Hermes gleichgesetzt und später mit ihm zu Hermes Trismegistos verschmolzen.* Der Beiname Trismegistos bedeutet in der Übersetzung »der dreimal Größte«. »Allmächtiger Baumeister aller Welten«, »Großer Baumeister des Weltalls« oder »Dreifach Großer Baumeister der ganzen Welt« ist darüber hinaus ein symbolischer Begriff der Freimaurerei für das Schöpfungsprinzip.

Der altägyptische Mensch erlebt das Herz als inneren Gesprächspartner, der aber sehr wohl eine distanzierte Meinung haben kann. Es trifft oder korrigiert ethische Entscheidungen, deren Richtigkeit oder Fehlerhaftigkeit es anzeigt. Das Herz führte, so das Empfinden der Alten Ägypter, eine Art Eigenleben – es klopfte, es schmerzte oder raste – und wurde deswegen als eigenständiges Wesen betrachtet. Das ging sogar so weit, dass es in Ägypten ein verbreiteter Brauch war, das eigene Herz mit bestimmten Formeln so zu beschwören, damit es am Tag des »Jüngsten Gerichts« nichts von eventuellen Missetaten preisgäbe. Für die Ägypter war es scheinbar eine nicht angenehme Vorstellung, dass sich das Herz verselbständigt und wie das

* https://de.wikipedia.org/wiki/Thot

eigene, aber unabhängige Gewissen Zeugnis von den Untaten im persönlichen Leben gegenüber dem obersten Richter des Totengerichts gibt.

Das Streben nach der Richtigkeit im ethischen Sinn wird jedoch nicht nur im Hinblick auf das jenseitige Gottesgericht gefordert, sondern es findet seinen Lohn auch auf Erden: Als die Ägypter in der ersten Phase des Neuen Reiches, im 16./15. Jahrhundert vor Christus, den Gipfel ihrer Weltmachtstellung erreichten, bildete sich einerseits die Entfaltung der Persönlichkeit und andererseits die geistige Gleichberechtigung der Menschen untereinander heraus. Kein Wunder, schließlich wird das Herz eines jeden Menschen beim Totengericht gewogen und so zur Rechenschaft gezogen – ob als hochgestellter Beamter oder als einfacher Landarbeiter. Der Ägypter lernte auf diese Weise den Wert des Menschen als Einzelwesen erkennen und gelangte schließlich zur Entdeckung des Ich-Bewusstseins – und das bereits lange vor der *Achsenzeit* nach Karl Jaspers.

Was ist nun in diesem Zusammenhang unter den geschichtsphilosophischen Betrachtungen Karl Jaspers zu verstehen, die als Achsenzeit eine »Achse der Weltgeschichte« schlaglichtartig beleuchten? Karl Theodor Jaspers war ein deutscher Psychiater und Philosoph. In seinem epochalen Werk »Vom Ursprung und Ziel der Geschichte« schreibt er:

> »Diese Achse der Weltgeschichte scheint nun rund um 500 vor Christus zu liegen, in dem zwischen 800 und 200 stattfindenden geistigen Prozess. Dort liegt der tiefste Einschnitt der Geschichte. Es entstand der Mensch, mit dem wir bis heute leben.«*

* Vgl. Jaspers, Karl: Gesamtausgabe, Vom Ursprung und Ziel der Geschichte. Herausgegeben im Auftrag der Heidelberger Akademie der Wissenschaften und der Akademie der Wissenschaften zu Göttingen. Hrsg. Kurt Salamun, Schwalbe AG Verlag, Basel 2017

Aus der Achsenzeit gingen die ersten gestifteten Religionen wie der biblische Monotheismus mit den Propheten des Alten Israel, der Zoroastrismus mit Zarathustra in Persien oder der Buddhismus mit Buddha in Indien hervor sowie die ersten philosophischen und theoretischen Schriften der Philosophen in Griechenland und Konfuzius und Laotse in China. Für Jaspers war die Achsenzeit die Epoche, die das Menschsein bis heute geprägt hat. In dieser Zeit wurden die Grundsätze gelegt, die unser heutiges, modernes Denken prägen. Sie sind die Grundpfeiler der Philosophie und der Weltreligionen.

Wenn man so will, setzte ab der Achsenzeit gewissermaßen der systematische Gebrauch geistiger Werkzeuge ein – ein für den Lessing'schen »ersten Freimaurer« notwendiger Umstand. Man teilt die Anfänge der Menschheitsgeschichte in Steinzeit, Bronzezeit und Eisenzeit ein, entsprechend durch den Gebrauch der tatsächlichen Werkzeuge aus Stein, Bronze und Eisen. Im gleichen Sinne kann man also von der Achsenzeit nach Jaspers sprechen, in der dann geistige Werkzeuge wie »moralischer Universalismus«, »Transzendenzbezug« und »Einsicht in die Symbolizität der Symbole« erstmals fast zeitgleich und in mehreren Teilen in Form einer bestimmten Art des Denkens zum Einsatz kamen und auf diese Weise die großen Philosophien und Religionen, mit denen wir bis heute leben, entstanden sind. Die gesamte Menschheit machte einen Sprung – zeitgleich, überall auf der Welt. Jaspers nennt die Achsenzeit eine »geistige Grundlegung der Menschheit«*

Er sagt dazu: »Was mit diesem Ursprung gemeint ist, das ist nicht eine biologische Artung und Abstammung aus einer Wurzel, sondern das Menschsein als Einheit aus höherem Ursprung.«**

* Vgl. Jaspers, Karl
** Vgl. Jaspers, Karl

Wenn Jaspers vom Durchbruch und einer Einweihung des Menschseins schreibt, dann läuft damit seine Theorie auf folgende Grundannahme hinaus: Es gibt nur eine Wahrheit und nur eine Menschheit. Und dann befinden wir uns schon sehr nahe am freimaurerischen Geheimnis: Die Erfahrung von der Wesenseinheit von Geist (Gott), Seele und Natur – und das beschreibt Mystik. Mystik ist immer innere Erkenntnis. Sie kann nicht rationalistisch erklärt werden. Deswegen bezeichnet sich auch die Freimaurerei als ein Geheimnis, das nicht gelehrt und nicht gelernt werden kann. Es muss geahnt und erfühlt werden.

»Der Fromme der Zukunft wird ein Mystiker sein, einer, der etwas erfahren hat, oder er wird nicht mehr sein.«* Dieser zutreffende und viel zitierte Satz stammt von *Karl Rahner*, einem der größten Theologen des 20. Jahrhunderts. Der religiöse Mensch der Zukunft ist für den Jesuiten Rahner ein Mystiker. Er würde sich nicht mit vorgegebenen Glaubenswahrheiten aus dem Katechismus zufriedengeben. Er möchte etwas erfahren und seine Erfahrungen ernst nehmen dürfen. Für Rahner stehen also weder Lehrsätze im Mittelpunkt noch moralische Vorschriften. Es geht ihm um Erfahrung, um das alltägliche Leben und seine Gestaltung. Mystik ist somit nichts Abgehobenes oder gar Ausgeflipptes, es ist die Achtsamkeit für das Mysterium des Daseins, für das Geheimnis des Lebens.

Das archetypische Dreigestirn Isis – Osiris – Horus in Ägypten nahm, verkürzt formuliert, in der Heiligen Dreifaltigkeit Gottvater – Sohn – Heiliger Geist seine christliche Form an. Die Zahl drei spielt natürlich auch in der Bau- und Lichtsymbolik der Freimauer im übertragenen Sinne eine bedeutende Rolle und lebt in der Trias »Weisheit«, »Stärke« und »Schönheit« auf. Das Dreieck deutet in der

* Rahner, Karl: Frömmigkeit heute und morgen. In: Geist und Leben 39 (1966), S. 335

abendländischen christlichen Kultur von alters her auf die göttliche Dreieinigkeit – auch durch das Einfügen des Auges Gottes. Die Symbolik der Freimaurerei reflektiert die der gotischen Kathedrale: der Stein als Sinnbild für den Menschen, das Licht als Quelle des Lebens und der Wahrheit, der Bau in seiner vollkommenen Schönheit. Jeder Kathedrale liegt ein klares geometrisches Schema zugrunde und respektiert die Harmonie der Numerologie. Es besteht aus Kreis, Drei- und Viereck. Aus ihnen werden Sechs-, Acht- und Neunecke gebildet. Deutlich gehäuft tritt hier insbesondere die Zahl drei auf.

Grundsätzlich sei an dieser Stelle erwähnt, dass das Prinzip der Trinität in vielen Religionen eine Rolle spielt. Diese göttlichen Triaden lassen sich also im antiken Ägypten, im Hinduismus, im Christentum und ebenso im Zoroastrismus oder im Zen-Buddhismus finden. Auch hier lassen sich viele Zusammenhänge mit dem Überlieferungssystem eines Kulturellen Gedächtnisses erklären.

Kommen wir nun aber wieder explizit zurück zur Freimaurerei. Diese basiert nicht nur auf dem biblischen Thema vom Bau des Salomonischen Tempels, sondern sie steht eben auch in der literarischen Tradition der westlichen Esoterik. Die Strömungen aus der westlichen Esoterik, welche die Freimaurerei wohl am meisten beeinflusst haben, sind wahrscheinlich der *Neuplatonismus*, die Alchemie, die *Hermetik* und die christliche *Kabbala*.

Wenden wir uns zunächst noch einmal dem Neuplatonismus zu. Platon hatte schon geschrieben: »Der Schöpfer und Vater dieses Alls hat als Baumeister die Welt gebildet.« Sein philosophischer Nachfahre Plotin, der knapp 600 Jahre später gelebt hatte, meinte, das Ziel des Menschen sei die Vereinigung mit seinem göttlichen Ursprung – die *Unio mystica*. Dies sei nur über den »Weg nach innen«, die Via contemplativa, möglich: durch das Streben nach Wahrheit, nach Güte und Harmonie oder nach Schönheit.

Da nun ein »Freemason« kein Maurer war, sondern ein Steinmetz oder auch Bildhauer, hat der Freimaurer die größte Affinität zum Streben nach Schönheit. Goethe äußerte sich zum Mysterium des Schönen einmal mit den Worten: »Das Schöne ist eine Manifestation geheimer Naturgesetze, die uns ohne dessen Erscheinung ewig wären verborgen geblieben.«*

Die Alten Griechen hatten auf die Frage, was Schönheit ist, eine uns einfach erscheinende Antwort: Das griechische Wort für Schönheit ist »Kosmos«. Es heißt gleichzeitig aber auch Ordnung und Schmuck. Alles Existierende – unsere Welt, die Natur, der Mensch, eben alle Teile des Kosmos – gehörte für die Griechen zum Schönen, da es ein Teil der Ordnung ist. Heute erhalten wir dafür von den modernen Naturwissenschaften eine Bestätigung, da wir wissen, dass Leben nur durch Ordnung entstehen kann.** Die Ordnung wiederum spielt im Freimaurerischen Ritual eine besondere Rolle. Sowohl im Ablauf des Rituals als auch in dessen Rollenverteilung wird immer wieder zu der speziellen Ordnung aufgerufen, die den Freimaurern zu eigen ist. Die Rollenverständnisse unterscheiden sich zwar in den verschiedenen Ritualsystemen, das Prinzip der Ordnung jedoch hat immer Bestand. Das große Geheimnis des »Seins« umgibt uns alle. Jede konsequente Folge von Fragen berührt dieses Geheimnis über kurz oder lang. Die Religionen beginnen mit diesem Geheimnis, die Wissenschaften enden mit ihm. Elementare Fragen bezüglich der Endlichkeit oder Unendlichkeit von Raum und Zeit, zur Vergänglichkeit oder Unvergänglichkeit unseres seelischen Ichs und schlussendlich die Frage nach der Existenz Got-

* Goethe, Maximen und Reflexionen. Aphorismen und Aufzeichnungen. Nach den Handschriften des Goethe- und Schiller-Archivs hg. von Max Hecker, Verlag der Goethe-Gesellschaft, Weimar 1907. Aus Kunst und Altertum, 4. Bandes 2. Heft, 1823

** http://www.golden-section.eu

tes, all diese Fragen nach den Grundelementen unserer und aller Existenz können von uns zwar formuliert und als Fragen verstanden werden. Sie rational zu beantworten, klappt jedoch einfach nicht. »Nichts hindert die Seele so sehr an der Erkenntnis Gottes als Zeit und Raum«, wusste schon *Meister Eckhart.*[*] Das Thema »Zeit und Raum« spielt im freimaurerischen Ritual eine grundlegende Rolle.

Die Zahlensymbolik ist für Freimaurer ein wichtiger Schlüssel zum Verständnis der Welt. Auch Augustinus, einer der vier lateinischen Kirchenväter der Spätantike und ein wichtiger Philosoph an der Schwelle zwischen Antike und Frühmittelalter, sagte in diesem Zusammenhang: »Schau an den Himmel, die Erde, das Meer und alles, was von oben glänzt oder unten kriecht, fliegt oder schwimmt. Alles hat Formen, weil es Zahlen hat. Nimm sie ihnen weg und sie sind nichts. Von wem stammen sie also, wenn nicht vom Urheber der Zahl. Denn nur insoweit sind sie, wie sie durch Zahlen bestimmt sind. ... Betrachte die Schönheit der Körpergestalt: Zahlen sind im Raum eingefangen. Betrachte die Schönheit der körperlichen Bewegung: Zahlen sind wirksam in der Zeit (numeri versantur in tempore).«[**]

Natürlich ist auch Leonardo da Vincis »Mona Lisa« nach dem Goldenen Schnitt gemalt worden. György Dóczi, ungarischer Architekt und Buchautor, drückt das Geheimnis des Goldenen Schnitts wie folgt aus: »Die Macht des Goldenen Schnittes, Harmonie zu erzeugen, liegt in seiner einzigartigen Kapazität, Teile eines Ganzen so zu verbinden, dass jeder seine eigene Identität bewahrt und doch in ein größeres Muster eines einzigen Ganzen verschmilzt.«[***]

---

* Vgl. Meister Eckhart: Deutsche Predigten und Traktate, Carl Hanser Verlag München, 7. Auflage 1995

** https://www.augustinus.de/artikel/113-artikel-beitrag-vortrag/194-kunst-und-kunstgenuss

*** Vgl. Dóczi, György: Die Kraft der Grenzen. Harmonische Proportionen in Natur, Kunst und Architektur. Engel & Co., 1996

Bei Freimaurern spielt der fünfzackige Stern, das Pentagramm, eine bedeutende Rolle. Da man das Symbol in einem Zug zeichnen kann und am Schluss wieder zum Anfang gelangt, gilt es auch als Zeichen für den Kreislauf des Lebens, also der Verknüpfung von Anfang und Ende. Das Pentagramm war nicht nur schon seit dem klassischen Altertum – weil es den Goldenen Schnitt enthält – Symbol der perfekten Harmonie, sondern auch, weil man um jedes Pentagramm ein größeres und in jedem ein kleineres konstruieren kann, und das in endloser Wiederholung, Symbol der Unendlichkeit.

Harmonie und Ästhetik – im übertragenen Sinne auch »schöpfungsgerechte Gestaltungskraft«: Deren Zusammenwirken ist versinnbildlicht im Pentagramm, zum einen mit seinen fünf Umkehrpunkten als Erinnerung an die Harmonie der Quinte, zum anderen mit seinen im Goldenen Schnitt geteilten Strahlen als Erinnerung an die Ästhetik der Natur.

Prägend für die griechische Philosophie ist die starke Konzentration auf die Einheitsperspektive. Damit ist gemeint, die Welt von einem einzigen Ursprung abzuleiten. Das freimaurerische Konzept der Selbstverbesserung basiert letztlich auf der Veredelung des irdischen, natürlichen Seins nach einem vorbildlichen Muster – man könnte hier auch vom ursprünglichen, kosmischen Menschen sprechen. Etwas weiter gedacht und interpretiert kann man auch den Zusammenhang mit der göttlichen Vollkommenheit herstellen, um also so zu Gott zurückkehren zu können. »Ein Ding entspringt aus allen Dingen und alle Dinge entspringen aus einem.« So bringt es der vorsokratische Philosoph Heraklit auf den Punkt.

Übrigens haben die Alten Ägypter keine lineare Zeitvorstellung wie wir gehabt. Vergangenheit, Gegenwart und Zukunft waren in Ägypten nicht auf einer gedachten Linie von links nach rechts im übertragenen Sinn angebracht. Vielmehr sprach man von einer zyklischen, immer wiederkehrenden Zeit und von der ewigen Dauer als einer Folge und Wiederholung von Regelmäßigkeiten. Kein Wunder, dass man sich in Ägypten sehr stark mit dem Tod und der (Wieder-)Geburt auseinandergesetzt hatte.

Im Alten Ägypten werden in den Totentexten die Tagesfahrt mit dem Leben und die Nachtfahrt mit dem Tod symbolisch dargestellt. In der zyklischen Perspektive hängen diese beiden Existenzformen eng zusammen – nach dem Motto: Das Leben kommt aus dem Tod, und das Leben verwandelt sich wieder in den Tod. Für die Ägypter wurde im Osten das Leben neu geboren und im Westen ging das Leben unter – was aber gleichzeitig eine Konzeption des neuen Lebens bedeutet. Ma'at wird auch als Leiterin der beiden Hemisphären am östlichen und westlichen Horizont angesetzt. Auf die Frage, weshalb es den Tod überhaupt gibt, gab der Pythagoreer und Naturphilosoph Alkmaion von Kroton schon im 5. Jahrhundert vor Christus die Antwort: »Die Menschen gehen deshalb zugrunde, weil sie nicht die Kraft haben, den Anfang an das Ende anzuknüpfen. Wer das aber könne, der sei unsterblich.« Die unveränderliche, stetige Form gibt es nicht. Das, was sich stets frei und ungehindert wandelt und keine konstante Form besitzt, gibt es. Um es noch kürzer zu sagen: Das Fortdauernde gibt es nicht, das sich Wandelnde gibt es. Der Freimaurer Johann Gottfried Herder drückt das in einem Gedicht sehr treffsicher aus:

»Was geboren ward, muss sterben!
Was da stirbt wird neu geboren.
Mensch, du weißt nicht, was du warest;
Was du jetzt bist, lerne kennen.
Und erwarte, was du sein wirst.«

Herder gehörte zu den Vertretern der Weimarer Klassik. Als Schriftsteller, Philosoph und Theologe verkehrte er unter anderem mit Schiller und Goethe. Auch Georg Friedrich von Hardenberg, bekannt als Novalis, gehörte zu diesem Bekannten- und Freundeskreis. Der Austausch über die Gedanken und Ausrichtung der Epoche der Aufklärung fand zwischen den Vertretern der Weimarer Klassik auf verschiedenste Weise statt – es ist nicht verwunderlich, dass einige von ihnen die Freimaurerei prägten und umgekehrt.

Wenn man in diesem Kontext vom »Ewigen Menschen« spricht, dann bezieht sich das durchaus auch auf die Erkenntnis der Unsterblichkeit. Freimaurer könnten auf diese Weise dann von einer festen Führung in der Welt ausgehen. In jedem Fall versucht das Individuum, mit den Mitteln der Vernunft Kosmos, Gott, Natur und Sein zu ergründen, und es geht um die innerste Einsichtnahme in Gott, Natur, das Wesen der Dinge durch die Seele des Menschen. So nähert man sich dem freimaurerischen Geheimnis.

Man kann das Alte Ägypten durchaus als ersten »Zentralstaat« der Welt bezeichnen. Der gesellschaftliche Frieden hat dort auch so lange wie nirgendwo sonst gehalten. Einer der Erfolgsgaranten war sicherlich die Innenstabilisierung durch das Ma'at-Prinzip – für den Einzelnen selbst und auch für die Gesellschaft. Das ägyptische Erziehungsideal wollte den Einzelnen zum »Baustein im Ordnungsgefüge« machen – durch Verbindung des »Eigen-Sinns« mit dem »Gemein-Sinn«.

Jan Assmann drückt das in seinem Buch »Ma'at« so aus: »Mit dem Konzept der Ma'at hat eine vergleichsweise sehr frühe Kultur auf höchster Abstraktionsstufe einen Begriff geprägt, der menschliches Handeln und kosmische Ordnung miteinander verknüpft und damit Recht, Moral, Staat, Kult und religiöses Weltbild auf eine gemeinsame Grundlage stellt.«* Die Ma'at ist also ein gesamtheitliches Prinzip. Es vereinigt Staatswesen, Moral, Philosophie und Theologie. Erst in den folgenden Jahrhunderten gliederten sich die einzelnen Stränge heraus und traten einzeln hervor. Jedoch waren sie alle bereits in der Ma'at enthalten, sie entfalteten sich mit dem Fortschreiten der Kultur. Ihre Prinzipien waren also schon im Kulturellen Gedächtnis angelegt – es ist von Ägypten bis zum heutigen Tage zu uns weitergegeben worden.

In unserer übertrieben fortschrittsgläubigen Welt, in der eine technologische Erfindung nach der anderen dem Menschen eine Reaktions- und Anpassungsgeschwindigkeit abverlangt, die – vorsichtig ausgedrückt – herausfordernd ist, treten in diesem Zusammenhang allerdings existenzielle Probleme zum Vorschein.

Der deutsche Ökonom und Soziologe Alfred Weber sah das menschliche Dasein in drei Sphären gegliedert: die Zivilisationssphäre, die Kultursphäre und die Gesellschaftssphäre. Sie entwickeln sich aber nicht gleichmäßig. Schlimmer noch: Die Sphären verlieren die Verbindung zu einander. Technik und Wissenschaft entfernen sich zusehends von Kultur und Gesellschaft. Staat und Gesellschaftsstruktur wiederum werden zunehmend zum Selbstzweck, und die Zivilisation samt ihren Mythen, Ritualen, Kunst und Philosophie gerät ins Hintertreffen. Die fortschreitende Eigenständigkeit dieser Sphären macht den einzelnen Menschen letztendlich heimatlos, denn er braucht alle diese Sphären, um sein Dasein zu definieren, sich zu orientieren und eine eigene Identität aufzubauen.**

Und hier kann die Freimaurerei ein wichtiger »versöhnlicher« Kitt zwischen diesen Sphären sein.

---

* Assmann, Jan: Ma'at. Gerechtigkeit und Unsterblichkeit im Alten Ägypten. Becksche Reihe München, 2006, S. 17.

** https://de.wikipedia.org/wiki/Alfred_Weber

4. NEUPLATONISMUS, GOTIK UND DIE ENTSTEHUNG DER FREIMAUREREI

»Durch Wunderkraft erscheint allhier zur Schau, massiv genug, ein alter Tempelbau.«

Johann Wolfgang von Goethe (1749–1832)

Das Hochmittelalter war eine Zeit der Hochkultur, Innovation und des Erfindungsreichtums. Die Städte jener Zeit waren der Versammlungsort von so ziemlich allem, was das Abendland zu bieten hatte. Städte gab es schon immer, doch der Unterschied der Städte des Mittelalters zu ihren Vorgängern, wie etwa zu Zeiten des Römischen Reiches, war die Herausbildung einer neuen Organisationsform der Ständegesellschaft. »Stadtluft macht frei«, das galt nicht nur im Sinne der sich entwickelnden Stadt- und Bürgerrechte, sondern auch für den menschlichen Geist. Ein wichtiger Bestandteil für den Innovationsmotor Stadt waren das Handwerk, die Zünfte und die Gilden. Sie erwirtschafteten Wohlstand, schufen Gemeinschaften und finanzierten so manche Stadtmauer, um Besitz und Leben vor Neidern oder Feinden zu schützen. Und sie waren der Nahrboden, der notwendig für das Entstehen der ersten Logen war.

Ausgelöst wurde dieses mittelalterliche Wirtschaftswunder durch den Bau von Sakralbauten, nämlich große Kirchen, Dome und Kathedralen. Die Arbeiten an diesen Gotteshäusern versorgten gleich mehrere Generationen, Berufsstände und Regionen mit Arbeit und Einkommen. Sie waren eine Investition in die Städte und Klöster, denn um die Bauten zu finanzieren, wurden Märkte abgehalten, Wallfahrten organisiert und Spenden aus allen Schichten gesammelt. Vom Schuster, über den Bäcker bis hin zum Baumeister war eine ganze Gesellschaft mit dem Bau verbunden. Handwerker zogen in die Städte, brachten Wissen und Kenntnisse mit sich, mit den Händlern kamen Waren und Neuigkeiten, mit den Reisenden und Pilgern Geld und Prestige – der Kathedralenbau beschleunigte die Stärkung der Städte im hochmittelalterlichen Europa ungemein.

Über Jahrhunderte waren die christlichen Sakralbauten, welche neben Festungsanlagen die größten und anspruchsvollsten Bauwerke dieser Zeit waren, an der römischen Architektur orientiert. Doch im Frankreich des 12. Jahrhunderts geschah etwas vollkommen Einzigartiges. Plötzlich war sie da, die *Gotik*, und löste den bis dahin maßgeblichen Baustil der Romanik ab.

Die romanische Bauweise orientierte sich noch an den typischen Rundbögen und Kreuzgratgewölben. Die Gotik führte stattdessen die Spitzbögen und die Kreuzrippengewölbe ein. Die Fenster wurden größer und ließen damit mehr Licht durch. Der Kirchenraum wurde von nun an als Einheit konzipiert. Basilika, Langhaus, Seiten- und Querschiffe blieben vorhanden, waren aber nicht zuletzt durch die Konzepte hoher Säulen und Decken als ein Raum mit mehreren Nebenräumen gedacht. Dadurch, dass die hohen Säulen und Träger ein inneres Gerüst bildeten, konnten dünne und schmale Innen- wie Außenwände gebaut werden. Die Folge: Offene Wände, hohe Gewölbe und das Konzept eines zusammenhängenden Kirchenraumes ermöglichten es, dass das durch die großen Fenster eingebrachte Licht den gesamten Raum erfüllen konnte. Die farbenprächtigen Gläser der Fenster taten ihr Übriges. Die Kirchen waren nicht nur größer, sondern vermittelten ein vollkommen neues Bild eines hellen, schönen und lichtdurchfluteten Gotteshauses.

Die Baukunst erlebte in der Gotik vor allem in den Städten einen großen Aufschwung und stand dort sinnbildlich für den wachsenden Einfluss des Bürgertums. Die Gotteshäuser der Gotik fungierten als Beispiel für den Bau vieler anderer Gebäude des städtischen Lebens.

Die Gotik ist zweifelsohne ein vollkommen anderer Stil als die Romanik. Sie hatte letzten Endes keine Vorläufer und keine Experimentalphase. Sie ist vollendet in ihrer Formsprache. Heutzutage würden Bauherren große Ingenieurbüros beauftragen, um Statik und Aussehen der neuen Architektur mit teuersten Software-Lösungen erstellen zu lassen. Die Architekten und Bauleute des Mittelalters jedoch mussten sich dieses Wissen mühselig erarbeiten – Modellsimulationen, um den Bestand eines Baus zu gewährleisten, gab es nicht, stattdessen verließen sich die Erbauer der gotischen Gotteshäuser auf ihr Wissen, ihre Erfahrung und das Handwerk. Auch damals wurden Bauherren und Geldgeber mit steigenden Kosten und mit Bauten konfrontiert, die einfach nicht fertig werden wollten. Das Baugeschäft war sicherlich schon damals hart und nervenaufreibend. Doch die technische und intellektuelle Leistung, die hinter der Entwicklung der Gotik steckt, kann nicht überschätzt werden.

Vom Adel über den Klerus bis hin zum immer stärker werdenden Bürgertum: Alle hatten an der Verwirklichung dieser Megabauten teil, insbesondere durch Spenden und Stiftungen. Man kann durchaus von einem Gemeinschaftswerk einer ganzen Bevölkerung sprechen. Als größte Förderer des gotischen Sakralbaus gelten die Ordensanhänger, vor allem die der Benediktiner und Zisterzienser. Die neuen Gotteshäuser sollten die Selbstdarstellung und Selbstwahrnehmung des christlichen Abendlandes grundlegend verändern.

Im französischen Saint-Denis, in der Nähe von Paris, wurde 1122 ein Mönch Namens *Suger* mit der Leitung der Abtei betraut.

Saint-Denis war aufgrund der Nähe zur Hauptstadt von besonderer Bedeutung und hatte somit gewichtigen Einfluss. Es war die Abtei, in der die Krönungsregalien der französischen Könige aufbewahrt und die verstorbenen Könige begraben wurden. Sie wurde nach dem Märtyrer Dionysius von Paris benannt, der etwa im Jahre 250 gelebt hatte. Er ist der Schutzheilige Frankreichs und seiner Könige.

Suger war ein klein gebauter Mann von einfacher Herkunft. Jedoch war er ambitioniert und hatte aufgrund seiner Stellung als Abt von Saint-Denis den Einfluss seiner Arbeitsstelle genutzt, um einige gute Kontakte aufzubauen. Er war mit Bernard Tescelin eng befreundet, der 1115 Abt von Clairvaux und seitdem *Bernhard von Clairvaux* genannt wurde. Im Gegensatz zu Suger war dieser recht ansehnlich, von größerer Statur und von adliger Geburt. Zudem war Bernhard ein Verteidiger des Prinzips der Schlichtheit. Bernhard war einer der größten Förderer und geistigen Väter des *Templerordens*. André de Montbard, einer der Gründer des Ordens, war sein Onkel. Bernhard war wie auch Suger überaus gebildet und beschäftigte beispielsweise spezielle Schreiber, die islamische Texte aus Spanien für ihn übersetzten. Salomos Hohelied – ein auch für Kabbalisten wichtiger Text – war scheinbar für Bernhard von Clairvaux von so großer Bedeutung, dass er eine erhebliche Anzahl von Predigten explizit dazu verfasst hatte. Mit Suger und Bernhard von Clairvaux hatten sich zwei verwandte Geister getroffen. Infolge dessen fühlte sich Suger immer dazu gedrängt, sich gegenüber Bernhard zu erklären. Suger hatte zwei Bücher geschrieben – »De rebus in administrationem sua gestis« und »Libellus de consecratione ecclesiae Sancti Dionysii«. Beide richten sich an Bernhard und sind Verteidigungsschriften ihm gegenüber. Sie gewähren Einblicke in das Denken und Handeln von Suger.

Damit man sich eine bessere Vorstellung von der Person Sugers machen kann, sei hier erwähnt, dass er, als Ludwig VII. zum Zweiten Kreuzzug aufbrach, zum Regenten von Frankreich gewählt wurde – auf Vorschlag von Bernhard von Clairvaux.

Der Kreis von Suger umfasste auch weitere bekannte Persönlichkeiten. Auch der französische Philosoph Pierre Abélard war ein Freund von Suger. Er war einer der brillantesten Geister seiner Zeit. Doch sein loses Mundwerk – meist sagte er, was er meinte – brachte ihn oft in große Schwierigkeiten. Etwa um 1120 flüchtete er in die Abtei Saint-Denis, unter dem Schutz von seinem Freund Suger. Es mag im Nachhinein wie ein merkwürdiger Zufall erscheinen, doch offenbarte Abélard seinem Freund Suger Wissen, welches immer in dessen Reichweite gewesen war, ohne dass Suger es wahrgenommen hatte. Doch sollte die Flucht von Abélard das Leben von Suger von Grund auf verändern.

Fern von jeglicher Universität war Abélard dem Leben der Mönche ausgesetzt. Es muss für ihn die pure Langeweile gewesen sein. Um bei Verstand zu bleiben, entschied er sich, die Ressourcen der Abtei zu nutzen und sich dem Studium der Reliquien und der Schriften des Heiligen Dionysius zu widmen, die in der Bibliothek beherbergt waren. Bald kam er zu der Schlussfolgerung, dass alle diese nicht dem tatsächlichen Areopagiten Dionysius, dem Schutzheiligen der Abtei, sondern dem Pseudo-Dionysius entstammten, der sich lediglich dessen Namen bedient hatte und dessen tatsächliche Identität bis heute nicht eindeutig geklärt ist. So brillant Abélard gewesen war, so ungeschickt war er auch. Er erkannte nicht die Tragweite seiner Entdeckung und schon wieder brachte ihn seine lose Zunge in Bedrängnis. Anstatt alles für sich zu behalten, machte seine Forschung in der Abtei schnell die Runde. Doch die konsternierten Mönche konnten seine Begeisterung ob dieser Sensation nur bedingt teilen, schließlich würden sie sich der Lächerlichkeit preisgeben, ihre Schriften und Quellen falsch verstanden zu haben. Für die einflussreiche Abtei von Saint-Denis wäre das ein katastrophaler Gesichtsverlust gewesen. Es kam, wie es kommen musste: Suger konnte ihn vor der Wut der Mönche nicht mehr beschützen, sodass Abélard verschwinden und sich eine neue Zuflucht suchen musste.

Aber das Unglück war schon geschehen: Suger Neugierde war geweckt. Er fing seinerseits an, die Texte von Pseudo-Dionysius zu lesen. Und in diesen christlich-neuplatonischen Texten fand er eine Lehre, die ihn viel mehr befriedigte als die offizielle Lehre der Kirche. Gott habe die Welt nicht aus dem Nichts geschaffen, sondern aus sich selbst. Das bedeutete, dass alle Materie eigentlich materialisiertes Göttliches sei, also eine Form von Pantheismus. Für Suger bedeutete dies, dass die Materie ihren göttlichen Charakter zeigen müsste. Und die Merkmale Gottes, die dabei sichtbar werden sollten, konnten nur Licht und Schönheit sein.

Wenn er also als Seelsorger die Menschen zu Gott führen wollte, konnte er ihnen nicht zeigen, dass Gott in einem dunklen Keller wohnen würde, das heißt in einer romanischen Kirche. Im Gegenteil: Das Gebäude der Kirche selbst sollte seinen göttlichen Charakter als Licht und Schönheit zeigen und dadurch die Menschen zu Gott hinaufführen. Für Suger war alles göttliches Licht und alles Materielle materialisiertes Licht. Alles hat Teil am Göttlichen, das sich als Schönheit zeigt. Durch die Kontemplation schöner materieller Dinge steigt der Mensch auf zur Quelle dieser Schönheit: zu Gott.

Um von vornherein nicht den Widerspruch von Bernhard von Clairvaux zu erregen, beschreibt Suger im Detail, was er tut und warum. Hierin kommt immer wieder zum Ausdruck, dass der Bau für Suger keine nur materielle, praktische Sache ist, sondern die Erfüllung seines Auftrages, die Menschen zu Gott zu führen. Der Bau ist für ihn auch keine nur symbolische Sache. Das Gebäude selbst ist materialisiertes Licht, Stoff gewordener Gott, und muss darum wohl schön sein.

Suger ist also derjenige, der, unter Einfluss von Pseudo-Dionysius Areopagita, neben den biblischen Attributen Gottes Weisheit und Stärke als drittes die Schönheit hinzufügt. Er ist es weiterhin auch, der als Erster Bausymbolik und Lichtsymbolik miteinander verbindet. Weil diese zwei Dinge von zentraler Bedeutung für die Freimaurerei sind, ist es undenkbar, dass sie entstehen konnte, bevor Suger diese Gedanken entwickelt hatte.

Suger war nicht nur ein Bücherwurm. Tatsächlich fing er 1137 mithilfe seiner Steinmetze und Bildhauer an, die Abteikirche seinen revolutionären Vorstellungen entsprechend zu gestalten. Handwerk, Baukunst und Sugers Vision trafen aufeinander. Die Vorstellung, wie die Bauleute die Augen rollten, als der belesene Abt mit immer neumodischeren Ideen an sie herantrat, fällt nicht schwer – man kann es nur wiederholen: Bauen war sicherlich schon damals alles andere als einfach. Suger war offenbar jedoch nicht nur einflussreich, sondern auch überzeugend, denn der Bau wurde tatsächlich umgesetzt und war weltweit der erste seiner Art. Die Bauleute hatten es geschafft, Sugers Visionen in die Realität umzusetzen. Das wäre sicherlich nicht ohne bauliches Fachwissen, ohne Kompromisse, nicht enden wollende Diskussionen und geduldige Überzeugungskraft, die bis heute alle Bauleute gegenüber ihrem Auftraggeber entgegenbringen müssen, von Erfolg gekrönt gewesen. Es war die Geburt der Gotik.

Sugers Wiederentdeckung von Gott als dem Schönen und der Verbindung, die er zwischen Licht und Bau im Konzept der Gotik realisierte, war eine der grundlegenden Voraussetzungen für die Idee der Freimaurerei. Es waren besonders ausgebildete Bauleute nötig, die realisierten, dass das Material, womit sie arbeiteten, buchstäblich Gott selbst ist, damit sie überhaupt so bauen konnten, wie Suger es von ihnen verlangte. Es wäre nur allzu kurzsichtig, hier von einfachen mittelalterlichen Bauarbeitern zu reden, die als Frondienst Steine aufeinandersetzen. Nur Experten, gebildete Handwerker und Meister ihres Faches sind in der Lage, aus der verkopften Idee eines Abtes ein Gebäude zu erschaffen, das die Jahrhunderte überdauern kann. Sie mussten sich auf Statik, Mathematik, die Beschaffenheit von Stein, Witterungen, Logistik, Finanzen und Raumwirkung verstehen – Anforderungen, an denen heutzutage so manch ein Großkonzern scheitert.

Diese Handwerker wurden damit der Vision von Suger folgend zu einer Art von Priestern, die Stein behauen und verarbeiten. Ständig mit der Göttlichkeit des Baus vor Augen werden sie irgendwann auf die Idee gekommen sein, dass für diese besondere Arbeit eine Art von Priesterweihe, eine Initiation, angebracht sei. Als Vorbild für die ersten freimaurerischen Initiationsrituale werden wohl die der Kirche (Taufe, Priesterweihe, Mönchsweihe) gedient haben. Wann und wo genau dies geschah, bleibt unklar, aber bestimmt erst nach 1137, das Jahr, in dem Suger seine Bauaktivität begann.

Die gotische *Bauhütte* hatte einen »Bruderschaft« genannten ideellen Überbau, die Steinmetzbruderschaft, die alle Großbaustellen als Gesamtorganisation gliederte und in Haupt- und Nebenhütten zusammenfasste. In der Bruderschaft waren nur Steinmetzmeister und Steinmetzgesellen organisiert und keine anderen Gewerke. Die Steinmetzbruderschaft hatte eine eigene Ordnung, eine eigene Rechtsprechung, das *Regius Poem* und einen in seinen Grundzügen demokratischen Aufbau.*

* https://de.wikipedia.org/wiki?curid=177626

Es wurden also vollkommen neue Bauhütten gegründet, die ganz anders strukturiert waren und arbeiteten als zuvor. Erst recht kann keinesfalls mehr von einfachen Bauarbeitern oder Handwerkern gesprochen werden.

Die bestehenden alten romanischen Bauhütten bauten zunächst weiter romanisch und fügten erst später, als sie merkten, dass nun der gotische Stil modern wurde, ihren Bauten einige gotische Stilelemente und Ornamente hinzu. Dies wurde im Nachhinein zwar als Übergangsstil bezeichnet, aber für den Betrachter ist meist offensichtlich, dass die romanischen Baumeister nur ein paar äußere Formelemente übernommen hatten, aber den gotischen Geist gar nicht erfasst und nicht begriffen hatten, was ein gotischer Bau in seiner Gesamtheit darstellen sollte. Der gotische Stil verschwand wieder, jedenfalls in seiner reinen Form, fast ebenso abrupt, wie er entstanden war, etwa um 1330. Zufällige zeitliche Übereinstimmung oder nicht: Der Zeitraum deckt sich in ungefähr mit der Zeit der Templer. Ob die Templer Erkenntnisse spiritueller, weltanschaulicher oder bautechnischer Art aus dem Vorderen Orient mitgebracht haben – und ein geistiger Austausch hat dort zweifellos stattgefunden –, wir wissen es nicht.*

Nur wenige Jahre nach dem Niedergang der Templer brach in Europa Mitte des 14. Jahrhunderts die Pest aus. Das Klima änderte sich, und es wurde nachhaltig kälter, was Ernteausfälle nach sich zog. Ein Drittel aller Menschen starb. Besonders Städte waren aufgrund des Bevölkerungsreichtums und der engen Lebensverhältnisse betroffen. Es ist daher kein Wunder, dass viele Bauprojekte nie vollendet wurden. Es ist anzunehmen, dass vieles an Wissen um die Baukunst der Kathedralen mit den Opfern der Pest ein Ende fand.

---

* http://neue-werkstatt.de/vortraege/Gotische_Dombauhuetten

Diese Katastrophen sollten das Denken, Fühlen und den Glauben der Menschen nachhaltig erschüttern und verändern. Die Idee der Bauhütten jedoch überstand diese schreckliche Zeit und sollte sich über die kommenden Jahrhunderte weiterentwickeln.

Der Beitrag der Traditionen der alten Bauhütten der Steinmetze und Bildhauer der gotischen Kathedralen für die moderne Freimaurerei ist eindeutig größer als der von jeder der einzelnen westlich-esoterischen Strömungen für sich allein genommen. Die Bausymbolik, die organisatorische Struktur, die Rollenverteilung im freimaurerischen Ritual, die Kombination von Hierarchie und Demokratie sowie das Konzept des Hütens von Geheimnissen stammen alle daher. Anfänglich ging es hier um die Fachgeheimnisse der gotischen Bautechnik, der Konstruktion des Pentagramms und zweifelsohne auch um die formalen Geheimnisse, nämlich um Wörter, Zeichen, Griffe und standardisierte Fragen und Antworten, um seinen Status innerhalb der Bauhüttenkunst kenntlich zu machen. Allerdings sollte klar geworden sein, dass schon in diesen Bauhütten ein sehr starker neuplatonischer Einfluss von großer Bedeutung war. Das gilt nicht nur für die Metapher des Bildhauers und die Idee von Schönheit als göttliches Attribut, sondern auch für die Verbindung der Lichtsymbolik mit der Bausymbolik. Man darf vermuten, dass andere westlich-esoterische Strömungen sich gerade mit diesem Neuplatonismus leicht verknüpfen ließen und dass genau dadurch das eklektische Geflecht der Freimaurerei entstehen konnte.

Wir wissen hiermit immer noch nicht, wann und wie die Freimaurerei begann. Was jedoch aus dem Vorhergehenden klar geworden sein dürfte, ist, dass nicht nur die Traditionen der Steinmetze und des Christentums, sondern auch die der westlichen Esoterik immer eine bedeutende Rolle für die Freimaurerei gespielt haben. Die besonders im deutschsprachigen Raum übliche Tendenz, die

Freimaurerei einseitig als Phänomen der Aufklärung zu betrachten, ist fehl am Platz; eine bewusst so gestaltete Freimaurerei stellt eine Ausnahmeform und Abzweigung von dem Hauptstrom der Freimaurerei dar.

II. DIE METHODE: WIEDERENTDECKUNG DER PERSÖNLICHKEIT

5. FREIMAURERISCHES MENSCHENBILD

»Mensch, lerne dich selbst erkennen, das ist der Mittelpunkt der Weisheit.«

GOTTHOLD EPHRAIM LESSING (1729–1781)

Nur wer frei ist, kann sich erkennen. Freiheit ist ein, wenn nicht der zentrale Aspekt der Freimaurerei. Das ist zugegebenerweise wenig überraschend. Es ist die Voraussetzung dafür, sich zu entfalten und zu verbessern. Viel interessanter aber ist die Frage, von welchem Freiheits- und Menschenbild die Freimaurerei ausgeht.

Baruch de Spinoza, einer der bedeutendsten Philosophen des 17. Jahrhunderts, beschrieb die Freiheit als ein individuelles, selbstbestimmtes Handeln. Die von ihm beschriebene Freiheit, aus der bloßen Notwendigkeit der menschlichen eigenen Natur zu existieren, werden wir Menschen niemals erreichen können. Denn der Mensch ist sowohl in der Welt gefangen, in der er lebt, als auch in den gesellschaftlichen Verhältnissen, in denen er gemeinsam mit seinen Mitmenschen bestrebt ist, der Natur und der Umwelt zu trotzen. Doch gerade die Gemeinschaft ist es, die das Individuum frei macht, denn es enthebt den Einzelnen von den Problemen, die er nur mit anderen zusammen lösen kann – die Arbeitsteilung als eine der ältesten Errungenschaften der Evolution macht uns Menschen wirklich überlebensfähig.

Wer sich also nicht ständig über genug Feuerholz in der Höhle oder den Säbelzahntiger vor eben dieser sorgen muss, weil andere sich diese Aufgaben teilen, hat genug Zeit, innovativ zu denken – um sich beispielsweise mit der Erfindung der Axt beider Sorgen gleichzeitig zu entledigen, um anschließend genug Zeit für Höhlenmalerei und die Schnitzerei erster Musikinstrumente zu haben.* Sein Intellekt, so wenig anmutig martialische Steinwerkzeuge auch ererscheinen mögen, hat den Höhlenmenschen von bloßen Existenzängsten ein Stück weit befreit, ihn aufgerichtet, sodass er im Ergebnis ein tieferes und schöngeistigeres Wesen ist als zuvor. Die Freiheit, von der hier die Rede ist, ist keine absolute, sondern eine graduelle. Nur weil sich unser Höhlenmensch von zwei Sorgen befreit hat, erlöst ihn das nicht von seinen übrigen Problemen, Aufgaben oder Verpflichtungen. Er wird auch weiterhin mit allerhand anderen Sorgen zu kämpfen haben, die ihn und seine Sippe in ihrer Freiheit einschränken und ihnen das Leben schwer machen. Auch wir als seine Nachfahren sehen uns im Prinzip dem gleichen Aufbau ausgesetzt. Die meisten von uns sind in einer bestimmten Weise frei, in anderer Hinsicht nicht.

Die Gemeinschaft, die das Individuum frei macht, kann aber auch weniger materialistisch als bei unserem Höhlenmenschen gesehen werden, was bei den Freimaurern natürlich der Fall ist. Es ist die Gemeinschaft, die uns befähigt, uns selber erkennen und frei entwickeln zu können.

Grundlegend für das Menschenbild der Freimaurer ist das humanistische Gedankengut. Hier kristallisiert sich das heraus, was man als das christlich-abendländische Weltbild bezeichnen könnte. Die Einflüsse sind sehr vielfältig, denn Europa als das von Luther bezeichnete Abendland unterlag im Laufe der Jahrhunderte vielen Strömungen. In der Renaissance wurde wieder auf die antiken Phi-

* https://www.zeit.de/1996/46/gloswiss.txt.19961108.xml

losophen zurückgegriffen, der Begriff Humanismus bekam hier seine Definition, die bis heute noch gilt. Auch wenn dieser Begriff einer seltsamen Umdeutung heutzutage standhalten muss – denn gerne wird Humanismus mit Atheismus gleichgesetzt –, hat eine christliche Prägung ihm bis heute seine Bedeutung gegeben. Denn Humanismus im Altertum beinhaltete eher nicht den Aspekt der Nächstenliebe und Gleichwertigkeit. In der Antike stellte beispielsweise Sklavenhaltung kein ethisches Problem dar, für Christen war das damals mit ihrem Glauben, dass alle Menschen gleich sind, unvereinbar und folglich »inhuman«. Religiosität oder christlicher Glaube wird hier natürlich nicht mit der Institution Kirche gleichgesetzt.

Mit dem Blick auf diesen Humanismus, der aus der wiederentdeckten Philosophie der Antike – hier vor allem Neuplatonismus – und der mittelalterlichen christlichen Spiritualität erwachsen ist, kann man das freimaurerische Menschenbild als humanistisch bezeichnen. Im Grunde vereinigt es das, was die europäische Kultur ausmachen könnte. Das Besondere dabei ist die Universalität und Allgemeingültigkeit als spezifisches Streben des freimaurerischen Menschenverständnisses. Wie lässt sich diese Universalität und Allgemeingültigkeit umsetzen, ohne dass die religiösen und kulturellen Eigenheiten verloren gehen?

Diese Diskrepanz könnte mit dem Modell der »doppelten Mitgliedschaft«, die Lessing mit seinem Freund *Moses Mendelssohn* entworfen hatte, überwunden werden: Hiernach ist der Mensch zum einen Mitglied einer bestimmten Religion, einer Nation und eines Standes, zum anderen als Mensch aber auch Mitglied der Humanität. Aus dieser Betrachtungsweise heraus ist die Freundschaft zwischen Mendelssohn und Lessing kein christlich-jüdischer Dialog gewesen, sondern eine Freundschaft zwischen zwei gleichgesinnten Aufklärern, die sich darin einig waren, dass es um Menschlichkeit geht – nicht um Religion. Differenzen zwischen den Religionen sehen sie vor allem in dem, was durch das jeweilige religiöse Schriftwesen und dessen unreflektierte Befolgung begründet ist.*

Das Problem, als dessen Lösung Lessing die Freimaurerei versteht, sind die Trennungen unter den Menschen. Lessing geht von einer internationalen Freimaurerei aus. Ihre Mitglieder haben die erwähnte doppelte Mitgliedschaft: die des Staates und die der Freimaurerei. Letztere geht über nationale Grenzen hinweg, über Stände und Religionen. Sie hat die Verständigung, Toleranz und gegenseitige Anerkennung im Mittelpunkt. Zu erwähnen ist an dieser Stelle das Werk »Ernst und Falk. Gespräche für Freimaurer« von Lessing. Die Präposition »für« im Titel macht deutlich, dass Lessing zugleich den im 18. Jahrhundert lebenden Freimaurern eine Orientierung für ihr Handeln geben wollte.

In Lessings »Nathan der Weise« werden die allgemein verbindenden Grundwahrheiten, die allen drei monotheistischen Religionen zugrunde liegen, herausgestellt. Wenn wir philosophische und religionsübergreifende Überlegungen aus dem 18. Jahrhundert zurate ziehen, betreffen diese fast ausschließlich nur die monotheistischen Religionen. Erst ab dem 19. Jahrhundert kommen unter anderem mit Schopenhauer und auch mit der Entstehung der Theosophie die (fern)östlichen Religionen und Philosophien in unser gesellschaftliches Bewusstsein, wobei in der Religionswissenschaft einstimmig die Meinung herrscht, dass der Durchbruch mit dem »Weltparlament der Religionen« in Chicago im Rahmen der World Columbian Exposition von 1893 kam. Auch den (fern)östlichen Religionen und Philosophien liegen die oben erwähnten allgemein verbindenden

* Vgl. Jan Assmann: Religio Duplex. Ägyptische Mysterien und europäische Aufklärung, Berlin 2010

Wahrheiten zugrunde, allerdings mit einem Unterschied: Der humanistische Ansatz ist typisch abendländisch.

Uns Menschen fällt es allerdings schwer, dieses Modell der doppelten Mitgliedschaft anzunehmen. Wir sind von einem Entweder-oder-Denken geprägt, sodass wir eher das Sich-Ausschließende sehen als das Verbindende. Es ist aber beides möglich: Wir Menschen unterschieden uns in den Kulturen und Nationen, wir sind uns in dieser Hinsicht nicht gleich. Wir sind vielfältig. Aber im Sinne der Humanität teilen wir die gleichen Werte – ihre Ausformungen sind kulturell und religiös unterschiedlich – und gehören alle dieser Gemeinschaft an.

Für Freimaurer ist es grundlegend, dass alle Menschen gleich sind im Sinne der universellen Teilhabe an der Humanität. Zu unterscheiden sind die Begriffe »gleich« und »gleichwertig«. Für Freimaurer sind alle Menschen gleichwertig.

Die Freimaurerei beruft sich auf das abendländische Verständnis von Freiheit, wie es von Sokrates über den Neuplatonismus und das Mittelalter bis heute überliefert und weiterentwickelt wurde. Dies gilt übrigens weltweit für alle freimaurerischen Traditionen, wenn auch in unterschiedlichen Ausprägungen. Es ist das Erbe des Alten Europas, das im Kulturellen Gedächtnis bis heute erhalten geblieben ist. Die ihm zugrunde liegende Ideenwelt ist weltoffen und ist über Ägypten, den Nahen Osten, Griechenland und das Römische Reich bis zu uns in die heutige Zeit weitergegeben worden. Es wäre vermessen, wollten wir unsere Freiheitsideale allen Kulturen unserer Welt aufzwingen – denn so würden wir deren eigenes Kulturelles Gedächtnis nicht anerkennen, und das wäre nichts anderes als moralischer, europäischer Imperialismus. Dennoch müssen wir den schwierigen Grat emporsteigen und die Balance zwischen kulturellen Eigenheiten und den universellen Freiheits- und Menschenrechten finden. Das Lessing-Mendelssohn'sche Modell bietet für dieses Dilemma eine sehr gute Lösung.

Das ist eine der Aufgaben eines Freimaurers: weltoffen, humanistisch und unvoreingenommen einem jeden Menschen und einer jeden Kultur zu begegnen, ohne sich selbst dabei zu verlieren. Das geht aber nur, wenn es eine eigene Identität gibt, wenn der Satz auf dem Tempel des Apollo in Delphi »Erkenne dich selbst« zur Hauptaufgabe wird. Die Freimaurerei gibt dem Menschen dafür die Werkzeuge in die Hand, der Weg ist, ein tugendhaftes Leben im freimaurerischen Sinne zu führen.

Die Tugenden sind in unserem Verständnis die allgemeingültigen wie Weisheit, Tapferkeit, Gerechtigkeit und Mäßigung, um nur die Kardinaltugenden zu nennen. Die Tugenden wurden durch die griechischen, christlichen und aufklärerischen Philosophen geprägt, wie beispielsweise naturgemäßes Leben (Stoiker), Glaube, Hoffnung, Demut (Christentum), der Wille zum Vernunftgemäßen (Descartes).[*] Für Aristoteles ist Tugend der Weg zur Glückseligkeit.[**] Die Basis unseres heutigen Tugendverständnisses ist die Verinnerlichung des Schönheitsbegriffs, der mit dem Neuplatonismus über Abt Suger und dann wieder in der Renaissance erneut in unser Bewusstsein kam. Daraus abgeleitet entwickelte sich der vernunftgemäße Tugendbegriff in der Aufklärung. Die Tugend führt in diesem Sinne zur Religion, zur Humanität und zu menschlicher Vollkommenheit und Harmonie.[***] Das Ziel dieses Lebens ist also Humanität und Toleranz. Das Wichtigste ist und bleibt dabei die Freiheit und die Selbstbestimmung, die sich an den ethisch-moralischen Richtlinien orientieren.

---

* Vgl. Lennhoff, Posner: Internationales Freimaurer-Lexikon

** https://de.wikipedia.org/wiki/Tugend

*** Vgl. Lennhoff, Posner: Internationales Freimaurer-Lexikon

Dieses humanistische Menschenbild ist für Freimaurer die Grundlage der menschlichen Willensfreiheit. *Giovanni Pico della Mirandola* beschreibt den freien Willen des Menschen in seiner Rede »Über die Würde des Menschen« folgendermaßen:

> »... Schon hatte Gottvater, der höchste Baumeister, dieses Haus, die Welt, die wir sehen, als erhabensten Tempel der Gottheit nach den Gesetzen verborgener Weisheit errichtet. ... Endlich beschloss der höchste Künstler, dass der (Mensch), ... Anteil habe an allem ... Also war er zufrieden mit dem Menschen als einem Geschöpf von unbestimmter Gestalt, stellte ihn in die Mitte der Welt und sprach ihn so an: ›... (Wir haben dich weder) himmlisch noch irdisch, weder sterblich noch unsterblich geschaffen, damit du wie dein eigener, in Ehre frei entscheidender, schöpferischer Bildhauer dich selbst zur Gestalt ausformst, die du bevorzugst. Du kannst zum Niedrigen, zum Tierischen entarten; du kannst aber auch zum Höheren, zum Göttlichen wiedergeboren werden, wenn deine Seele es beschließt.‹«*

Zu Lebzeiten Giovanni Pico della Mirandolas gab es noch keine Freimaurer im heutigen Sinne, aber er hat als Humanist, Neuplatoniker und Hermetiker die Grundlage für die freimaurische Symbolsprache geschaffen: Der Mensch wird zum Baumeister seiner selbst mit freier Entscheidungsmöglichkeit. Der Tempelbau wird zum ideellen Streben nach dem Licht des freien Geistes. Doch dem Menschen muss der verantwortungsvolle Umgang mit den freimau-

* Giovanni Pico della Mirandola, Über die Würde des Menschen, in: Snoek, Jan: Einführung in die westliche Esoterik, für Freimaurer, Modestia cum libertate, Zürich 2011, S. 115

rerischen Werkzeugen und der dadurch errungenen Freiheit klar sein, bevor er diese zur Selbstverbesserung erhält.

Was aber braucht der Mensch, um sich frei entscheiden zu können? Oder besser gesagt, was macht den Menschen frei? Es geht dabei um die innere Aufrichtung. Die aufrechte Haltung als Voraussetzung für aufrechtes Denken. Um das zu bewerkstelligen, braucht man die Tugenden zur Orientierung, also in diesem Fall vor allem neben Weisheit und Tapferkeit auch Mäßigung. Nur wer tapfer ist, kann sich ein Herz fassen und seinen Mann oder seine Frau stehen – und auch zu unbekannten Welten aufbrechen, kann Neues erkunden. Diese Tugenden sind auch notwendig, um über den buchstäblichen Tellerrand zu blicken, sich aufzumachen, um als ein frei denkender, frei lebender und sich frei entscheidender Mensch sein Leben zu gestalten. Wenn man sich seiner Freiheit bewusst ist, kann man sein Potenzial voll ausschöpfen. Aber man ist sich auch seiner Grenzen bewusst. Der aufrecht gehende Mensch ist die Metapher für den freien Menschen, der seinen Weg erkennt und seine Zukunft in Angriff nimmt.

Aber alles hat zwei Seiten: Durch die physische und intellektuelle Entwicklung hat sich der Mensch eine Überlegenheit erarbeitet, Naturgewalten zu bestehen und die (Um)welt zu beherrschen. Begonnen vom ersten aufrechten Schritt über unseren nachdenklichen Höhlenmenschen bis hin zum legendären Marathonlauf des Pheidippides war es ein weiter Weg – und er ist noch lange nicht zu Ende. Der Mensch hat die höchsten Gipfel erreicht und streckt seine Hände nun in Richtung des Sonnensystems, in dem wir leben.* Aber wir Menschen werden wohl versuchen, es uns genauso untertan zu

* Vortrag von Hermann-Friedrich Kramer »Das freimaurerische Menschenbild: Der freie Mann von gutem Ruf – Wissen, Gewissen und die Entfaltung der menschlichen Freiheit« im Rahmen der Heidelberger Gespräche (www.heidelberger-gespraeche.org) am 14.03.2019

machen wie die Erde. Schon heute werden die Weichen ganz konkret zur kommerziellen Nutzung der Weltraumfahrt gestellt: Serverfarmen sowie dauerhaft bemannte Raumstationen auf dem Mond und auf dessen Umlaufbahn werden geplant, auch als Zwischenstation für die Marsmission, ebenso wie Bergbau auf dem Mond und Asteroiden zur Ausbeutung wichtiger Ressourcen.

Das Rad der Evolution dreht sich weiter, und wir stehen am Scheideweg: Wo wollen wir uns hin entwickeln und vor allem, in welcher Art und Weise? Wie interpretieren wir die Formulierung »die Erde untertan machen«, wie gehen wir mit unserer vermeintlichen Überlegenheit über die Natur um? Wir scheinen alle Optionen und Möglichkeiten zu haben, wir haben die freie Entscheidung, wohin wir uns entwickeln wollen.

Das Kulturelle Gedächtnis des Abendlandes gibt hier den ideellen Überbau, den man mit dem Begriff »Humanismus« zusammenfassen könnte. Der Mensch steht im Mittelpunkt, er steht nicht über den Dingen. Er macht sich nicht die Erde »untertan«, er ist für sie verantwortlich. Dies gelingt mit den schon erwähnten Tugenden, die durch Selbstveredelung, Selbsterkenntnis und Selbstbeherrschung erlangt werden sollen, humanistische Ideale, die zur Freiheit und zur Toleranz führen. Um diesen Weg erfolgreich gehen zu können, braucht es geistige Orientierung, Vernunft und Gewissen als innere Aufseher, die über das Denken und Handeln wachen. Diese Idee spiegelt sich im freimaurerischen Ritual wider. Zentrale Bedeutung hat hier der symbolische Tempelbau, der sich in allen Systemen der Freimaurerei wiederfindet.

Die Freimaurerei bedient sich der Symbolsprache, Freimaurer sprechen in Sinnbildern und Metaphern. Mit dieser Sprache wird die unbewusste Seite im Menschen angesprochen. Es erinnert den Menschen daran, sein Leben wieder selbst in die Hand zu nehmen und dass er die freie Entscheidung hat, wie er sich selber ausformt. Die Metapher dafür ist der Bildhauer oder Steinmetz, in der verkürzten und auch nicht ganz richtigen Übersetzung: der Freimaurer (englisch »Freemason«).

Das Bild des Tempelbaus ist kein Geheimnis. Es handelt sich in der freimaurerischen Gedankenwelt um einen Tempel mit Vorhof, Vorhalle, Tempelraum und dem Allerheiligsten und orientiert sich an den Überlieferungen des Tempels von Salomon, wie er in der Bibel (1. Könige 7 und 2. Chronik 3) beschrieben wird. Natürlich hat der freimaurerische Tempel keinen Anspruch auf historische Genauigkeit, aber darum geht es auch nicht. Die Symbolik und Metaphorik stehen im Mittelpunkt, und dadurch haben die Aufteilung und Einrichtung eine große Bedeutung im Ritual.

Eine wichtige Rolle der geistigen Aufrichtung in der freimaurerischen Symbolik spielen die beiden Säulen am Tempeleingang, die sich auch im überlieferten Salomonischen Tempel befanden. Aussehen und historische Bedeutung beider Säulen sind bis heute nicht eindeutig geklärt. Aus Bronze gefertigt, waren sie vermutlich tatsächlich mit reichhaltigen Ornamenten verziert. Wahrscheinlich orientierten sie sich auch an den Säulen ägyptischer Tempel, deren Symbole und Hieroglyphen die Präsenz des Göttlichen und Heiligsten an diesem Ort unterstreichen sollten. Ihre Nachahmung war in den Tempel- und Sakralbauten des Nahen Ostens nicht unüblich.* Der Salomonische Tempel, so wie er in der Bibel beschrieben wird, hatte wohl als konkretes Vorbild den phönizischen Tempel. Davon bauten die Phönizier Dutzende im ganzen Nahen Osten. Die zwei Säulen eines phönizischen Tempels stehen für die kreative Dualität, wie sie zum Beispiel durch Mann und Frau mit dem Kind oder

* Lundquist, John M.: The Temple of Jerusalem, Praeger Publishers, Westport 2008, S. 63 f.

durch das Leben und den Tod mit der Wiedergeburt dargestellt werden kann. Dafür stehen die zwei Obelisken eines ägyptischen Tempels natürlich auch.

Mit dem Eintreten in den Tempel zwischen diesen beiden Säulen soll die eigene Positionierung, die eigene Verortung in der Welt vermittelt werden. In dem Spannungsfeld der beiden Säulen wird dem Menschen seine aufrechte Haltung klar, und dies ist natürlich nicht nur physisch gemeint. Es wird klar, was aufrechte Haltung bedeutet. Der heilige Raum wird betreten, die profane Welt wird außen vor gelassen, es ist wie ein Betreten des eigenen Inneren – um danach wieder ins Außen zurückzukehren und im Alltag die Erkenntnisse als freimaurerische Tugenden umzusetzen.*

Freimaurerische Tugendvorstellungen bieten auch eine weitere wichtige Eigenschaft: die Möglichkeit des Vergleichs und der Orientierung an nicht-europäischen Kulturen und deren Tugendvorstellungen. Nur ein freiheitliches, humanistisches und tolerantes Menschen- und Weltbild ist in der Lage, ein solches metaphysisches Tugendmodell aufrechtzuerhalten. Der Blick auf andere Tugendmodelle und Lebensweisen ist eine der Grundbedingungen für den Bestand der abendländischen Freimaurerei. Der Stereotyp des Freimaurers beschreibt nicht weniger als einen Philanthropen. Dieses Tugendsystem richtet sich nicht nur an das Gewissen. Es zielt auf das Innenleben ab, den Seelenzustand. Durch das persönliche Erleben ist der Bezugspunkt in diesem Tugendmodell stets individualistisch. Jeder muss ihn für sich selbst finden. An dieser Stelle zu behaupten, es wäre das Göttliche in uns, was diesen Bezugspunkt bildet, wäre zwar richtig, würde jedoch nur wieder eine Sichtweise

* Vortrag von Hermann-Friedrich Kramer »Das freimaurerische Menschenbild: Der freie Mann von gutem Ruf – Wissen, Gewissen und die Entfaltung der menschlichen Freiheit« im Rahmen der Heidelberger Gespräche (www.heidelberger-gespraeche.org) am 14.03.2019

überstülpen. Das entspräche nicht der freimaurerischen Idee. Die individuelle Verortung muss jeder selbst vornehmen.

Die Tugend macht den Freimaurer zwar frei, jedoch noch längst nicht zum Heiligen. Wer glaubt, bei Freimaurern auf bessere, moralisch höhergestellte Menschen zu treffen, wird enttäuscht werden, denn unsere Neigungen, Laster und Angewohnheiten mögen wir Menschen zwar in bestimmten Zusammenkünften gerne ablegen, doch tragen wir sie stets mit uns herum. Was die Freimaurer ausmacht, ist der Wille, das Bestreben und die Bereitschaft, diesen Tugenden zu folgen, um sich zu verbessern. Das Ergebnis und der Erfolg dieser Bestrebungen fallen bei jedem anders aus.

Der häufig erwähnte Freiheitsbegriff ist kein anarchischer, indeterminierter. Er ist verbunden mit der Möglichkeit, durch den eigenen Willen das eigene Leben hin zum Schönen und Guten zu gestalten, so wie es schon die Vorsokratiker beschrieben hatten. Auch hier darf das Streben nach Freiheit nicht missverstanden werden. Es geht nicht um Einzelkämpfertum, es geht um die Verbundenheit in der Gemeinschaft, die frei macht, denn in und mit der Gemeinschaft kann der Lebensraum in dieser Hinsicht gestaltet werden. Es geht schließlich um den Erhalt der gesamten Welt. Wie kann das umgesetzt werden? Hier bieten sich auch die Tugenden als Ordnungssystem an.

Die etymologische Abstammung des Wortes Tugend vom Konzept gesellschaftlicher Tauglichkeit einer Person ist für unser heutiges Moral- und Gesellschaftsverständnis zu oberflächlich und polemisch. Die moderne Tugendethik, wenn es sie überhaupt als solche gibt, sieht sich mit dem Kaufhausprinzip verschiedener Tugendkataloge konfrontiert: Wir sprechen im Volksmund beispielsweise von den Kardinalstugenden, christlichen Tugenden, bürgerlichen Tugenden und dergleichen. Es hilft scheinbar auch nur bedingt, mit den Ursprüngen der Tugend bis zu Aristoteles zurückzugehen, denn der globalisierte Zugang zu verschiedensten Tugendmodellen macht es immer schwerer, eine kulturübergreifende und allgemein gültige Definition von Tugend zu finden, die in einer modernen Tugendethik aufgehen könnte. Wir haben heute die freie Auswahl, auf welches Tugendmodell wir uns berufen wollen und kombinieren und mischen die Modelle ganz nach Belieben. Das muss jedoch nicht von Nachteil sein, denn meistens haben Tugenden den gleichen Kern: das Ziel eines geregelten und für alle nachvollziehbaren Miteinanders. Unterschiedlich jedoch ist der kulturhistorische und gesellschaftliche Kontext dieser Modelle, was jedoch leicht vergessen wird, wenn verschiedene Tugendkodizes vermischt werden.

Nach Platon, beziehungsweise Sokrates, ist Tugend das Wissen um und die Erkenntnis »des Guten«. Das Primat »des Guten«, an dem sich Tugend und Moral stets orientieren, ist ausschlaggebend bei den meisten Tugendvorstellungen. Was gut ist, ist jedoch ebenfalls stets abhängig vom Betrachtungswinkel und vom Argument, was das Gute eigentlich bewirken soll. Platons Ur-Idee »des Guten« orientiert sich stark an der Symbolik des Lichts. Licht als Verkörperung »des Guten« und somit als Kompass zur Orientierung des »guten Handelns«, also der Tugendhaftigkeit, ist nicht neu. Vom Sonnen- und Lichtkult des ägyptischen Pharao Echnaton über den römischen Mithras-Kult, bis hin zu Jesus Christus als Lichtbringer: Das Licht steht überall im Zusammenhang mit dem Primat des Guten und der Tugendhaftigkeit. Zu beachten ist, dass zwar auch der chinesische Philosoph Laotse ähnliche Grundideen »des Guten« vertreten hat, seine übergeordneten philosophischen Arbeiten im europäischen Kontext sind jedoch nicht anwendbar, da Tugendhaftigkeit nicht auf moralischem Handeln durch den Einzelnen beruht, sondern auf der Befolgung von Sitte und Gesetz durch alle.

Im europäischen historischen Kontext sind Tugendmodelle zwar ebenfalls eng mit Recht und Gerechtigkeit verknüpft, doch finden wir dem übergeordnet stets das Primat der Moral – und zwar nicht einem postmodernen Verständnis folgend, sondern einem christlich-abendländischen, also humanistischen. Im Mittelpunkt allen Geschehens, von dem die Moral ausgeht, steht der Mensch. »Der Mensch ist das Maß aller Dinge«, sagte schon der Sophist Protagoras.

Das Tugendmodell aller freimaurerischen Organisationen ist stets universell einsetzbar. Es besteht ein Tugendkatalog, der sowohl rituell als auch in den Traditionen immer gilt und konsequent vermittelt wird. Wir können also durchaus von einem Meta-Modell von Tugend sprechen. Das heißt, dass zwar feste Tugendbegriffe und -vorstellungen bestehen, aber genügend Raum für Veränderungen und Anpassungen gewährt werden. Dieser Katalog spricht den Einzelnen auf metaphysischer Ebene an – konkrete Handlungsempfehlungen im direkten Umgang mit den Kollegen, dem Partner, in bestimmten Lebenssituationen oder Sinnkrisen sucht der Freimaurer darin vergebens. Ebenso Werte und klassische Tugenden wie Pünktlichkeit, Reinlichkeit oder Treue findet der fleißig lesende Maurer in den wenigsten Schriften. Es handelt sich viel eher um ein Tugendsystem, das dem Einzelnen die Freiheit lässt, sein Leben daran zu orientieren, die Richtung jedoch selbst einzuschlagen und eigene Schwerpunkte und konkrete Inhalte zu setzen. Gerade weil es keine konkreten Handlungsempfehlungen gibt, ist das tugendhafte Handeln das Wichtigste im Leben eines Freimaurers, ganz im Sinne des Philosophen und Freimaurers *Johann Gottlieb Fichte*: »Dein Handeln und allein dein Handeln bestimmt deinen Wert« oder, um mit Erich Kästner zu sprechen: »Es gibt nichts Gutes, außer man tut es.«

Rufen wir uns noch einmal unseren Vorfahren in Erinnerung, den nachdenklichen Höhlenmenschen. Sein Dasein war bestimmt vom Kampf um das nackte Überleben. Wir haben festgestellt, dass er nicht allein bestehen konnte, sondern nur in der Sippe. Sicherlich: Auch in der Höhle werden sich soziale Strukturen aufgebaut haben, mit eigenen Verhaltensweisen und Tugenden. Doch waren die Sozialstrukturen weniger komplex, da überschaubarer. Dennoch entwickelte sich in der Anlage des Menschen bereits zu diesem Zeitpunkt das, was ihm die Weiterentwicklung aus der Höhle hinaus ermöglichte: die Ausbildung einer Zivilisation durch eine sozial organisierte Gruppe.

Und eine jede solche schafft sich Regeln, Normen, Werte und Tugendsysteme, die den Einzelnen in gewisser Weise einschränken. Doch erst die Gruppe macht den Einzelnen frei, befreit ihn vom Druck der Außenwelt, die ihn in seiner Existenz unbarmherzig bedroht. Sie bietet ihm Sicherheit, in deren Rahmen er in der Lage ist, mehr aus sich zu machen, sich zu verbessern und den Blick von außen nach innen zu richten. Das Überleben der bestangepassten Wesen ist keine Begründung, sondern nur die Beschreibung dieses Vorganges. Aber was heißt »bestangepasst«? Es handelt sich hier nicht um den Stärksten, schon gar nicht um einen Einzelkämpfer, sondern um den Intelligentesten. Und intelligent ist der, der in der Gemeinschaft seinen Platz ausfüllt, zum Wohle aller.

Die evolutionären Erklärungsansätze in der Psychologie und Soziologie tragen derartigen Überlegungen Rechnung. Die Entwicklung des Menschen hin zum vernunftbegabten und sozialen Wesen war die Grundvoraussetzung für alle weiteren Schritte, die über den Höhlenausgang hinausgehen. Im Klartext bedeutet das, dass der Mensch ein tief in seiner Genetik sozial veranlagtes Wesen ist, das die Gemeinschaft braucht, wenn es überleben will. Nur durch

Kooperation und Gemeinschaft hat der Mensch seine Höhle verlassen können. Das Überleben wird aber nur dann gesichert sein, wenn der Mensch beziehungsweise die menschliche Gemeinschaft erkennt, dass die Formulierung »sich die Welt untertan machen« eine Sackgasse darstellt. Der Mensch ist deshalb in den Mittelpunkt gestellt, um seine Verantwortung, seine Rolle im großen Ganzen zu übernehmen, als Grundvoraussetzung für seine Weiterexistenz.

Der Salomonische Tempel ist für die Freimaurer der Tempel des freien Menschen, der für alle erbaut wurde. Der innere, gedankliche, moralische und geistige Sakralbau ist ein Ort, an den uns unser Gewissen führt. Wir suchen und finden ihn in unserem Herzen, wo jeder Mensch das verwahrt, was ihm heilig ist. Somit verwandeln die Freimaurer den Tempel Salomons zu dem, was Jan Assmann beispielsweise bereits im Tempelsystem der frühen ägyptischen Hochkultur sieht: zu einem Erinnerungssystem eines Kulturellen Gedächtnisses.* Die von den Freimaurern fiktive, selbstauferlegte Berufung auf Salomons Tempel ist Werkzeug und Bekenntnis zugleich: ein Werkzeug, um die mannigfaltigen Inhalte zu einem Ganzen, einem Gedächtnis zusammenzufügen, ein Bekenntnis, dass der Mensch sich selbst kein Gott sein kann, sondern nur Teil der Schöpfung ist. Der Mensch erhebt sich genau genommen also gar nicht selbst, sondern folgt der inneren Triebfeder.

Eines Tages endet jede Reise, auch die des Lebens. Was kommt danach? Die Freimaurer haben dafür keine Erklärung, aber eine Metapher, und dieses Sinnbild gibt eine Orientierung: Es ist der Ort, wo sich das Allerheiligste verbirgt, es ist der Ewige Osten. Die Idee ist, sich diesem im Erleben des Rituals anzunähern, was bei allen in-

* Assmann, Jan: Das kulturelle Gedächtnis. Schrift, Erinnerung und politische Identität in frühen Hochkulturen, Verlag C. H. Beck, München 1992, S. 190 ff.

itiatischen Wegen intendiert ist. Dabei geht es weniger um Glauben als um Vertrauen. Diese innere Erkenntnis ist die des eigenen Mittelpunkts der Weisheit, um mit Lessing zu sprechen.

Unser Höhlenmensch wusste das, zumindest hatte er es gespürt. Er war mitnichten unzivilisiert, sondern hatte bereits damals einen Sinn für das Schöne, für Kunst und Musik, mit Sicherheit auch für Humor, Liebe und Religiosität, was die Voraussetzung für eine geistige und seelische Entwicklung ist. Genauso ist dem Höhlengleichnis von Platon entsprechend Erkenntnis an ein Emporsteigen, ein Aufrichten des Geistes, gebunden.

6. RELIGIÖSES GRUNDBEDÜRFNIS

»Was bedeutet der Mensch? Woher ist er gekommen? Wohin geht er? Wer wohnt dort droben auf goldenen Sternen?«

HEINRICH HEINE (1797–1856)

Diese von Heinrich Heine formulierten Fragen beschreiben die essenzielle und zentrale Fragestellung des Menschen oder auch des Menschseins. Seit zwei Jahrtausenden bestimmen sie die abendländische Metaphysik. Religion, Philosophie und als neuste Wissenschaft dieser Triade die Psychologie beschäftigen sich zentral mit ihr und versuchen, sie zu entschlüsseln. Diesen essenziellen Fragen, die kultur-, religions- und zeitübergreifend immer wieder gestellt wurden, widmeten sich auch Naturwissenschaftler, Dichter und Künstler. Es sind auch die zentralen Fragen, die ein Freimaurer sich stellt und die ihn dazu bewegen, dem Bund beizutreten. Der Mensch ist auf der Suche nach seinem Platz, der ihm Aufschluss über den Sinn und Zweck seines Lebens vermitteln soll.

Dieses Bedürfnis kann man als religiöses Grundbedürfnis bezeichnen; es setzt keine Religiosität oder Glauben voraus, es ist auch gänzlich unabhängig von einer Zugehörigkeit zu Glaubenssystemen. Aber woher kommt dann dieses tiefe Bedürfnis, solche Fragen überhaupt zu stellen, geschweige denn sie beantwortet wissen zu wollen?

Wie genau »religio«, was Rücksicht, Besorgnis, Bedenken heißt, zu deuten ist, ist unklar. Cicero leitet »religio« von »relegere« ab, was »wieder durchwandern, wieder durchgehen, überdenken« oder »wieder lesen« heißt. Es geht also um das gewissenhafte und aufmerksame Befolgen oder Ausführen eines Kultes oder Rituals. Im 3. Jahrhundert führt der christliche Schriftsteller Lactantius das Wort Religion auf »religare, religo«, was »wieder verbinden« heißt, zurück; Augustinus im 4. Jahrhundert übernimmt und vertritt auch die Bedeutung von Rückbindung. »Religio« drückt das Verbundensein des Menschen mit Gott aus.

Beleuchten kann man diese Frage nach dem religiösen Grundbedürfnis auf zwei Ebenen, der individuellen und der kollektiven. Kollektiv oder gesellschaftlich hat das religiöse Grundbedürfnis eine kulturstiftende Bedeutung: Es gibt keine menschliche Kultur ohne eine Form von Religion. Dem Philosophen Alexander Grau zufolge fungiert die Religion auch als kulturstiftender und kollektiver Identitätsanker: Auch wenn in Deutschland nicht mehr mehrheitlich die metaphysischen Aussagen des Christentums geteilt werden, ist das Kulturchristentum doch tief verwurzelt durch Riten, Bilder und Geschichten, mit dem sich immer noch viele identifizieren.* Diese auf Religion basierende Kultur gibt dem Einzelnen in einer Gesellschaft Werte und Halt.

Individuell stellt sich die Frage nach dem Sein, nach dem Sinn der eigenen Existenz. Das Bedürfnis nach Selbsterkenntnis scheint von einer numinosen Energie angetrieben zu sein, einer tiefen Sehnsucht, einer Sehnsucht nach Einheit.**

Man könnte auch sagen, dass es sich hier um eine Suche nach der Wahrheit handelt. Aber »die Frage nach der Wahrheit setzt Tren-

* Vgl. Grau, Alexander: Es gibt keine Kultur ohne Religion, aus: https://www.cicero.de/kultur/christentum-es-gibt-keine-kultur-ohne-religion

** Vgl. Safranski, Rüdiger: Wieviel Wahrheit braucht der Mensch? 13. Auflage 2014, Fischer Taschenbuch

nung voraus«* und »nicht das Sein, nur das Bewusstsein stellt Wahrheitsfragen. Weil das Bewusstsein trennt, wird es auch als Schmerz empfunden: es raubt die unmittelbare Leichtigkeit des Seins.«**

Auch Jean-Jacques Rousseau meinte mit seinem »Zurück zur Natur« – was er übrigens nie in dieser Art formuliert hatte – das »Zu-uns-selbst-Zurückfinden«, denn dort finde man alles. Und das in einer Welt, die er eben als nicht authentisch, sondern als Lüge empfand. Selbst Friedrich Nietzsche formulierte das Bedürfnis nach Rückbindung gemäß Pindar, einem Lyriker aus dem 6./5. Jahrhundert vor Christus, als »Werde der, der du bist«

Die metaphysischen Fragen nach der Existenz und nach Gott oder dem Urgrund sind letztlich Fragen nach der Wahrheit, aber sie können nur gestellt werden, weil wir Menschen ein Bewusstsein entwickelt haben, das uns vom eigentlichen Sein zu trennen scheint. Diese Trennung bedeutet Schmerz und evoziert eine tiefe Sehnsucht, zu dieser Einheit zurückzukehren. Aber nur mit Bewusstsein ist überhaupt erst reflektierendes Denken möglich. Diese Sehnsucht nach Einheit kann ganz unterschiedliche Ausprägungen haben: die Einheit mit der Natur, von der wir uns spätestens seit der Industrialisierung getrennt haben, das verlorene Einheitsgefühl, das wir alle in unserer Kindheit verspürt haben, oder eben die Sehnsucht nach Einheit auf metaphysischer Ebene, von der wir uns seit der Entwicklung des Bewusstseins trennten.

Diesen Vorgang der Entwicklung des Bewusstseins beschreibt Karl Jaspers als in der Menschheit stattgefundenen geistigen Entwicklungsprozess, der den bewussten und reflektierten Menschen hervorbrachte, »mit dem wir bis heute leben«.*** Auch der US-ame-

* Safranski, Rüdiger, S. 11

** Safranski, Rüdiger, ebd.

*** Vgl. Jaspers, Karl

rikanische Philosoph und Psychologe Julian Jaynes spricht von der Entstehung des Bewusstseins im Menschen, das der von Jaspers zeitlich verorteten Achsenzeit entspricht. Ab dieser Zeit – es handelt sich hier um einen Zeitraum im 1. Jahrtausend vor Christus, die bei unterschiedlichen Kulturen auf kollektiver Ebene zu unterschiedlichen Zeiten stattfand – haben sich die Weltreligionen entwickelt, eben als Werkzeug, um diese Trennung vom wahren Sein zu überwinden und zum Ursprung oder zum Göttlichen zurückzufinden. Die Wahrnehmung dieses Zustandes der Trennung und die Sehnsucht nach Einheit beschreiben die Buddhisten als erste große Wahrheit: das Leiden, denn die Anhaftung an die Materie ist das, was uns vom Urzustand trennt.

Diese Idee, etwas anders erklärt, gibt es auch im Christentum: der sogenannte »Sündenfall« als Trennung vom Göttlichen und die Erkenntnis darüber als Leiden. Das kann als Antrieb für die Sinnsuche verstanden werden, von der viele Menschen erfasst werden. Karlfried Graf von Dürckheim formuliert es folgendermaßen: »Der im Leiden auf sich zurückgeworfene Mensch kann unerwartet mit der Wurzel seiner Existenz und dem eigentlichen Quell eines zu seiner Fülle wachsenden menschlichen Lebens in Berührung kommen.«* Der Begriff »der Leidende« kommt auch in einem freimaurerischen Ritual vor.

Der Weg der Rückbindung zur Einheit ist ein mystischer und hat religions- und kulturbedingt unterschiedliche Ausprägungen und Bezeichnungen – sie haben aber alle ein gemeinsames Ziel: das Einswerden mit dem Göttlichen, die Unio mystica im Westen, Samadhi oder Satori im Osten.

---

* Vgl. Dürckheim, Karlfried Graf, Meditieren – wozu und wie, Johanna Nordländer Verlag, Rütte 2009

»Die große Kommunion ist der Augenblick, wenn das Außen vor der Sonne eines Inneren wegschmilzt oder wenn das ganze Außen sich verwandelt in ein strahlendes Innen.«* Diese Beschreibung der Vereinigung mit dem oder das Erfahren des Urgrundes trifft es gut, zumal es fast unmöglich ist, es in Worte zu fassen. Der Weg dahin ist ein mystischer – der Weg nach innen.

Mystik bedeutet die Erfahrung des innersten Seins oder der höchsten Realität, man könnte auch sagen der Wahrheit. Diese Erfahrung findet in einer Dimension statt, die rational nicht erfassbar ist, die auch außerhalb unseres Raum- und Zeitverständnisses liegt. Sie liegt in der Gegenwärtigkeit, im absoluten Hier und Jetzt. Diese Dimension liegt jenseits des personalen, auch jenseits des sogenannten transpersonalen Bewusstseins: Man spricht hier vom kosmischen Bewusstsein.** Das bedeutet, es gibt einen Bereich jenseits der eigenen Person, den jeder erreichen und in dem jeder Einzelne seine Wahrheit finden kann. Wichtig ist zu verstehen, dass es sich hier nicht um die absolute Wahrheit handelt, sondern um die eigene subjektive, die für jeden Einzelnen natürlich absolut ist. Der Weg dahin ist immer ein mystischer Übungsweg, der je nach Kultur unterschiedliche Ausprägungen hat. Unsere europäische Kultur ist humanistisch geprägt und derjenige, der die Unio mystica – die Selbst- und Gotteserkenntnis – als das Ziel des Lebens definiert hatte, war Plotin.

Freimaurerische Rituale waren noch im 18. Jahrhundert christlich-mystisch geprägt. Deshalb ist es nicht verwunderlich, dass viele katholische Würdenträger Freimaurer waren; die christlich-mystische Prägung war mit dem katholischen Dogma nicht gänzlich

* Safranski, Rüdiger, S. 20

** Wolf, Ingeborg: Mystik, Edition Logos, Frankfurt, 2000

unvereinbar. Zu nennen wäre hier der Fürstbischof von Würzburg und Bamberg, Adam Friedrich von Seinsheim. Er galt als frommer Katholik, und er gehörte schon früh der Freimaurerei an. Seine Regentschaft kennzeichnete sich durch viele aufklärerische Reformen, wie etwa die Einführung der Schulpflicht und die Erhebung der Academica Ottoniana in Bamberg zur Universität. Auch reduzierte er die Feiertage, um sowohl die ausufernde Volksfrömmigkeit einzudämmern als auch wirtschaftlich gegenüber dem protestantischen Coburg und Bayreuth konkurrenzfähig zu sein – was ihm nicht nur bei der Bevölkerung übrigens wenig Sympathie einbrachte.* Er ließ auch den berühmten Rokoko-Hofgarten um sein Jagdschloss in Veitshöchheim anlegen – klar nach freimaurerischen Prinzipien.

Der Fürstbischof von Chiemsee, Ferdinand Christoph von Waldburg-Zeil, war einer der bedeutendsten Kirchenpolitiker seiner Zeit. Als ein Anhänger der Aufklärung gehörte er der Salzburger Loge »Zur Fürsicht« an und war *Meister vom Stuhl* der Münchner Loge »Zur Behutsamkeit«, obwohl Papst Klemens XII. 1738 die Freimaurerei verdammt und die römische Kurie 1751 die Freimaurerei verurteilt hatte. Er war außerdem derjenige, der Mozart zur Freimaurerei brachte.**

Die Entstehung der Freimaurerei in Österreich ist übrigens dem Fürstbischof von Breslau, Philipp Gotthard Fürst von Schaffgotsch, zu verdanken. Auf seinen Wunsch hin wurde 1742 die erste Loge in Wien gegründet, sie wurde allerdings schon 1743 von Kaiserin Maria Theresia aufgelöst. Er war ein enger Freund Friedrich des Großen.***

---

* https://de.wikipedia.org/wiki/Adam_Friedrich_von_Seinsheim

** https://de.wikipedia.org/wiki/Ferdinand_Christoph_von_Waldburg-Zeil

*** https://de.wikipedia.org/wiki/Philipp_Gotthard_von_Schaffgotsch

Diese Beispiele zeigen, dass es einen Zusammenhang zwischen christlicher – in diesem Fall katholischer – Religion und Freimaurerei gab, wiewohl Freimaurerei ganz klar keine Religion ist. Damals wie heute könnte die Freimaurerei auch als ein undogmatischer, nach innen gerichteter, esoterischer oder mystischer Erkenntnisweg des Christentums gesehen werden – so, wie der Sufismus ein mystischer Erkenntnisweg innerhalb des Islams ist. Nach innen gerichtet bedeutet esoterisch und ist hier im eigentlichen Wortsinn gemeint, innerlich, dem inneren Bereich oder inneren Personenkreis zugeordnet.

Aber das Besondere an der Freimaurerei ist: Es findet sich hier Symbolik aus der gesamten westlichen Esoterik, deshalb sind keine Konfession und kein Glaubensbekenntnis notwendig, um Freimaurer zu werden. Ein Bekenntnis aber schon: der Wille und der Wunsch, an sich zu arbeiten, den Weg der Selbsterkenntnis zu gehen und als oberstes Prinzip den Baumeister aller Welten anzunehmen.

Religionen sind durch Dogmen gekennzeichnet – obwohl die eigentliche Wortbedeutung das nicht impliziert. Der Weg der Freimaurer ist frei davon, auch wenn er ein »religiöser« und mystischer sein kann. »Religiös« ist im Sinne der erwähnten inneren Anbindung oder Rückbindung und im Sinne der Durchführung von Ritualen zu verstehen. Der Begriff »mystisch« wird oft falsch verstanden und ist dadurch negativ besetzt. Es bedeutet schlicht und einfach, dass es sich um den Weg nach innen, den Weg der Selbst- und Gotteserkenntnis – ganz im Sinne des »Erkenne dich selbst« – handelt.

Bei Freimaurern ist der mystische und initiatische Übungsweg das Ritual, die Übung in der Gemeinschaft und die Umsetzung in der Gesellschaft. Der Mensch ist für den Freimaurer frei und handelt eigenverantwortlich. Deshalb wird der Weg des Freimaurers auch die Königliche Kunst genannt: Es gibt keine Dogmen, es gibt aber ethische Werte, an die jeder Freimaurer im Ritual erinnert wird, danach in der Welt zu handeln.

Der mystische Erkenntnisweg kennt grundsätzlich vier Stufen: Die erste Stufe ist die »Reinigung«, »Läuterung« oder besser der »Ichtod« – also der Tod des Egos, die zweite die »Erleuchtung«, die dritte die »Unio mystica« als »Selbst- oder Gotteserkenntnis« und die vierte die Integration in den Alltag*. Natürlich darf man diese Einteilung nicht starr und zwangsläufig aufeinander folgend verstehen und die Umsetzung sieht je nach Tradition auch unterschiedlich aus, aber es gibt eine Idee von dem Weg der Selbsterkenntnis. »Man könnte also sagen, der Ausdruck ›Religion‹ bezeichne die besondere Einstellung des Bewußtseins, welches durch die Erfahrung des Numinosum verändert worden ist.«** C. G. Jung beschreibt hier die vierte Stufe des mystischen Weges: Es bleibt eben nicht nur bei einer singulären Erfahrung, die abgetrennt vom Leben in der profanen Welt wäre, sondern sie wirkt sich auf das konkrete Denken und Handeln im Menschen aus.

Die oben erwähnte Sinnsuche oder auch das Bedürfnis nach Erkenntnis ist für den Freimaurer die symbolische Suche nach dem Licht. Die Lichtsymbolik spielt eine zentrale Rolle, auch hier sind Parallelen zur christlichen Symbolik sichtbar: das ewige Licht aus dem Osten als Symbol des Göttlichen und als der Ort, wohin der Freimaurer nach seinem physischen Tod geht. Das aus dem Französischen entlehnte Wort »orientieren« bedeutet ursprünglich, sich nach Osten (Orient), nach Jerusalem, auszurichten. Im freimaurerischen Ritual spielt das Licht eine zentrale Rolle, das den Erkenntnisprozess und das Erkennen der Wahrheit erst möglich macht.

* Wolf, Ingeborg, S. 71

** Vgl. Jung, C. G.: Psychologie und Religion, Rascher Verlag, Zürich 1940

Rituale bei Freimaurern sind Initiationen, denn nur so können Inhalte nachhaltig erfahrbar gemacht werden. Die Erfahrungen liegen jenseits des Verstandes, deshalb wird über die spezifische Symbolik eine »Verankerung«, eine tiefe Anbindung, ermöglicht. Erkenntnis kann auch eine Umwandlung bedeuten, die zur Folge hat, wahrhafter und authentischer zu sein. In diesem Sinne kann das Bedürfnis nach Erkenntnis verstanden werden: die Sehnsucht nach Wahrheit, nach authentischem, wahrhaftem und erfülltem Leben. Auch diese Philosophie fließt in die Freimaurerei ein: Der Transformationsprozess als Erkenntnisprozess und als Neubeginn für ein authentisches, wahres Leben.

Dadurch, dass das Erleben ein gemeinschaftliches ist, baut sich somit ein Fundament für die Gemeinschaft auf – und das nicht nur in der jeweiligen Loge, sondern weltweit alle Freimaurer betreffend.

Kennzeichnend für das freimaurerische Ritual ist die eigene symbolische Zeit und der eigene symbolische Raum, die beide besonders definiert sind. Das ist ein Element aller nach innen führenden Wege, die eine Erkenntnis- und Erfahrungsmöglichkeit bieten. Ein weiteres zentrales Element im freimaurerischen Ritual ist der Bau eines Tempels – in Anlehnung an den biblischen Tempelbau Salomons. Dies ist natürlich symbolisch gemeint, es wird kein tatsächlicher Tempel erbaut. Der Tempel steht für das Heilige in uns selbst. Das Heilige ist das, wo das Weltliche aufhört, nämlich unsere Welt, unsere Zeit, unser Raum, unser alltägliches Denken und Handeln – all das, was unser weltliches Leben ausmacht. Dieser heilige Raum in der heiligen Zeit wird letztlich in uns selbst errichtet: der innere Tempel.

Auch Meister Eckhart hat von einem »Bürglein« in der Seele unseres Herzens gesprochen – als einen Ort, der so erhaben, so heilig ist, dass sich nur das Göttliche darin widerspiegeln und erkannt werden kann. Die Mystikerin Theresa von Avila spricht auch von einem bestimmten Bereich in der »Seelenburg«, in der die Gotteserkenntnis stattfindet. Der platonische Sokrates beschrieb die Seele als das Organ, in dem ein solches Erkennen überhaupt erst möglich ist. So ist das Wort »Seele« zu verstehen – als »das Leben des Geistes«. In der Antike und bei den christlichen Mystikern wurde die Seele als ein Ort bezeichnet, wo dieser Erkenntnisprozess stattfindet. Sie wird auch häufig – wie schon erwähnt im Alten Ägypten – im Herzen als Gewissen verortet.

Meister Eckhart beschreibt es folgendermaßen: »Wenn die Erfahrung Gottes eintritt, dann sendet der Vater seinen Sohn in die Seele und Gott spricht im Herzen der Seele das ewige Wort. Dann erkennt sich der Mensch als nicht nur vereint, sondern als Einheit.« Die Unio mystica liegt für Meister Eckhart in der »Geburt des Wortes«. Gott setzt er mit dem Logos gleich, was Vernunft – er nannte es Vernünftigkeit – bedeutet. Durch Vernunft und Gewissen wird im inneren Tempel, im Herzen, das ewige Wort geboren. Die Aufgabe ist es, diesen inneren Tempel zu errichten, damit diese Erkenntnis darin geschehen kann – die Unio mystica. Das ist die Suche nach dem Heiligen in uns selbst.

Der innere Tempel spiegelt sich im äußeren wider und umgekehrt: Bei jeder maurerischen Arbeit baut man an seinem eigenen inneren Tempel und dadurch an dem der Menschlichkeit, der Humanität – deren Bausteine alle Menschen sind. Diese Erkenntnis und dieses Bewusstsein trägt jeder Freimaurer mit nach außen oder sollte es zumindest. Das ist ein zutiefst humanistisches Bekenntnis, denn das Heilige ist nicht nur in einem selbst, sondern in jedem Menschen.

Inwieweit dadurch die große Frage nach der Bedeutung des eigenen Seins und nach der eigenen Aufgabe beantwortet und die

Sehnsucht nach Rückbindung gestillt wird, ist natürlich sehr individuell. Aber die Freimaurerei bietet einem die Werkzeuge und die Gemeinschaft, diesen Weg nach innen zu gehen, um sich den Antworten auf die Fragen, die auch Heinrich Heine gestellt hatte, annähern zu können.

7. RITUAL UND FREIMAURERISCHES GEHEIMNIS

»Daß wir selber sind, ist unser höchster und edelster Gedanke.«

KARL PHILLIPP MORITZ (1756–1793)

Was ist das Geheimnis der Freimaurer? Was verbergen sie, was andere nicht wissen sollen und warum? Derlei Fragen werden seit Jahrhunderten gestellt. Auch unter Freimaurern – und das ist gar nicht so verwunderlich. Heute gehen die Fragen sogar noch tiefer: Gibt es ein solches Geheimnis überhaupt, in einer Zeit, in der unser Wissen kollektiv und digital abgespeichert ist? Welchen Zweck kann es noch haben, wenn es vermutlich ohnehin jeder nachlesen kann?

Einer derjenigen Vertreter der Zeit des Sturm und Drangs, die von diesen Grundfragen der Freimaurerei beeinflusst wurden, war Karl Phillipp Moritz, der Schriftsteller und Dichter, den Goethe gerne als seinen jüngeren Bruder bezeichnet hatte. Moritz hatte ein durchaus bewegtes Leben. Aus ärmlichen Verhältnissen stammend hatte er so manches unternommen, um an Geld zu kommen. Vom Hutmacher, mittelprächtigen Schauspieler, über ein Theologiestudium bis hin zum Lehrer und Akademieprofessor war er weit herumgekommen, teilweise unter schwierigsten Bedingungen und Entbehrungen.

Moritz war einer der wichtigsten deutschen Autoren des 18. Jahrhunderts. Er hat trotz seines kurzen Lebens eine Vielzahl von Schriftstücken hinterlassen. Moritz wurde 1779 Freimaurer in einer Berliner Loge der *Großen Landesloge der Freimaurer von Deutschland* und war dort in diversen Ämtern sehr aktiv. In seinen Reisetagebüchern und Briefen beschreibt Moritz auch das Aufeinandertreffen mit Goethe in Italien. Seither verband sie eine enge Freundschaft.

Seine Reisebeschreibungen betrafen auch freimaurerische Aspekte. Goethe kannte die Reisebeschreibung von Moritz, die von seinen Erlebnissen in England berichtete. Mit den »Reisen eines Deutschen in England in dem Jahre 1782« hat er eine freimaurerisch gefärbte Geschichte festgehalten, die den Abstieg in eine Höhle wiedergibt. Die darin enthaltene Symbolik ist absichtlich freimaurerisch gestaltet, sie umfasst die Geburt, den Weg des Lebens und den Tod. Auch Goethe war diese freimaurerische Symbolik durchaus geläufig. Es geht um nicht weniger als die Erkenntnis des eigenen Selbst und den Prozess der Veredelung.

Dieser Prozess der Veredelung, der Verbesserung, war in Moritz' Werk über die »bildende Nachahmung des Schönen« ebenfalls einer der Hauptaspekte. Der Mensch müsse sich über die Grenzen seiner physischen Existenz hinaus bemühen, um sich weiterzuentwickeln. Das Schöne zu erreichen, das gelinge nur dem bildungswilligen Menschen, dem Genie, das aber in jedem schlummere, doch nicht jedem gelinge es, es zu wecken.

In seinem Werk »Die große Loge, oder der Freimaurer mit Waage und Senkblei« stellt sich Moritz diesen Hauptfragen des Lebens auf besondere Weise. Die Symbolik der Freimaurerei bezeichnet er als die Sammlung der Gedanken, welche die Menschen in allen Zeitaltern beschäftigt haben, deren Werke und Hinterlassenschaften in der Nachwelt nun als Kleinodien aufbewahrt werden, um zur Veredelung des Geistes und des Herzens beizutragen. *

* Karl Philipp Moritz: Die große Loge, oder der Freimaurer mit Waage und Senkblei, S. 143–145. https://archive.org/details/diegrosselogeode01mori/page/142

Die Veredelung, also der Prozess der geistigen und seelischen Aufrichtung, ist eines der freimaurerischen Geheimnisse, vielleicht das einzig wirkliche. Das Geheimnis der Freimaurer ist ein ganz eigenes: Es geht nicht darum, geheime Eide, verschwiegenes Wissen oder geheime Pläne zurückzuhalten. Die Einhaltung des Geheimnisses richtet sich auch nicht primär an oberflächliche formale Gesichtspunkte der Geheimhaltung, den Ablauf oder den Inhalt der Rituale oder Erkennungszeichen.

Die Geheimhaltung der Logen muss sich übrigens nicht rechtfertigen – Tatsachen bedürfen keiner Begründung: Selbst in den freiesten Staaten und Gesellschaften dieser Welt beharren Freimaurer auf ihrem Geheimnis. Die Geheimhaltung liegt im Wesen der Freimaurerei begründet, das für jeden offen steht: Dort, wo sich Menschen über ihre gesellschaftlichen Grenzen von Religion, Konfession, Wirtschaftsverhältnissen oder politischen Einstellungen hinaus treffen, fühlt sich nur derjenige wirklich frei, der sich in einem geschützten Raum unter seinesgleichen weiß.

Doch geht das Geheimnis der Freimaurer tiefer, es reicht in die Grundfesten der Persönlichkeitsentwicklung und des freien Geistes hinein. Es berührt die Seele an Orten unseres Daseins, die wir kaum kennen, vielleicht sogar meiden oder als abgeschlossen betrachten. Zumindest dann, wenn wir es ernst meinen. Auch die Definition des geschützten Raumes der Loge ist deshalb zu trivial. Es geht um das Erleben der Königlichen Kunst, deren Kunstwerk nichts anderes als der Mensch selbst ist. Ein Kunstwerk, das niemals vollendet werden wird. Das gilt für jeden Einzelnen. Und dieses Geheimnis trägt ein jeder in sich und mit sich.

Doch ist das an sich nicht ungewöhnlich, exotisch oder fremdartig: Dieses Erleben findet sich weltweit überall. So kann beispielsweise der Zen-Meister seinem Schüler nicht von der Erleuchtung berichten, bis Letzterer sie erlebt hat. Wer seine wahre Liebe gefunden hat, kann jenem, der Liebe sucht, aber nicht findet, sie nie erklären, denn jede Liebe ist, genauso wie jedes Kunstwerk, unterschiedlich. Jede Kunst, jedes Erleben und jede Aufrichtung von Geist und Seele kann nur bis zu einer gewissen Grenze gelehrt werden. Letztlich ist auch die Freimaurerei nur erlebbar und kann nur aus diesem Erlebnisbereich sinnvoll vermittelt werden.

Die Aussage von Lessing »Freimaurerei war immer« richtet sich an den Menschen, der zum ersten Mal eine innere Sehnsucht verspürt hat, Gott, Seele und Natur miteinander in Harmonie empfinden zu können. Aus diesem Wunsch eines mystischen Erlebens heraus haben sich weltweit so gut wie alle Religionen und Philosophien entwickelt. Darum richtet sich Freimaurerei nicht an eine bestimmte Religion, sondern setzt ausschließlich – aber zwingend – das Bekenntnis zum sogenannten »Allmächtigen Baumeister aller Welten« oder auch »Großen Baumeister des Weltalls« oder »Dreifach großer Baumeister der ganzen Welt« als einen symbolischen Begriff der Freimaurerei für das Schöpfungsprinzip voraus.

Wie bereits dargestellt, war der entscheidende Quantensprung für das moderne Selbstbewusstsein des Menschen das, was Karl Jaspers als die Achsenzeit beschrieben hat. Der systemische Gebrauch geistiger Werkzeuge eröffnete dem Menschen nicht nur neue Horizonte bei der Betrachtung seiner Umwelt, sondern auch tiefere Einblicke in sich selbst. Diese vollkommen neue Art zu denken, zu schreiben und zu reden, also einen Transzendenzbezug zu schaffen, ist die Grundlage für mystisches, symbolisches und philosophisches Erleben. Diese erste Benutzung von geistigen Werkzeugen sollte Freimaurer aufhorchen lassen, denn die erste Verwendung handwerklicher Werkzeuge, die den Sprung aus der Stein- in die

Bronzezeit ermöglichten, findet sich in der freimaurerischen Allegorie durchaus wieder. In der Achsenzeit machte die gesamte Menschheit einen solchen Sprung, dessen Ende wir vermutlich noch gar nicht erreicht haben.

Dieser Durchbruch, nach Jaspers die Einweihung ins Menschsein, begründet die Lehre der Wesenseinheit von Geist (Gott), Seele und Natur. Der Transzendenzbezug schafft also die Mystik, die nicht bloß mehrere Götter über den Menschen stellt, sondern dem Menschen als Teil des Ganzen den göttlichen Funken zugesteht. Mystik ist darum immer eine innere Erkenntnis. Sie kann nicht rationalistisch erklärt werden.

Der deutsche Mystiker Meister Eckart beschreibt das Denken als eine Schale, die sich zwischen uns und unsere eigentliche Wirklichkeit drängt oder schiebt. Denken findet immer an einem bestimmten Ort und in einer bestimmten Zeit statt – auf diese Art entsteht Bewusstsein.

So kommt man auch im freimaurerischen Ritual zum Kern, denn die Freimaurerei bietet eine ihr ganz eigene Mystik. Man erlebt im Ritual eine eigene Zeit und einen eigenen Raum. Das rituelle Spiel, mit dem Freimaurer arbeiten, ermöglicht einen anderen Zugang zum Denken und zum Bewusstsein, einen Zugang, wie er wohl möglich über Jahrhunderte, wenn nicht gar über Jahrtausende in gewissen Zirkeln tradiert wurde. Das Schweigen darüber, also die Geheimhaltung, schützt das persönliche und das gruppenspezifische Erlebnis. Schweigen stiftet in diesem Falle Vertrauen.*

Natürlich trifft man im Tempel der Freimaurer auf Symbole. Was das freimaurerische Ritual weltweit zu etwas ganz Besonderem macht, ist der vollkommen eigensinnige Einsatz von Symbolen, die

* AFUAM Homepage: https://freimaurerei.de/informationen/leitgedanken/

etwa aus der Bauhütten-Kultur des Mittelalters, der Geometrie, der Alchemie, der ägyptischen und der mittelalterlichen Mystik – kurz: der westlichen Esoterik – entliehen wurden.

Die ursprüngliche, wörtliche Bedeutung des »Symbols« kann mit dem Beispiel des Zusammenfügens zweier Tonscherben im antiken Griechenland verdeutlicht werden: Mit dem Zerschlagen von Tongefäßen, Platten oder Ähnlichem wurden Scherben geschaffen, die Teil eines Ganzen waren und nur mit ihren jeweiligen Gegenstücken zusammenpassten. Als Erkennungszeichen wurden diese zusammengehörigen Scherben an bestimmte Personen verteilt. So wurde beispielsweise einem Gast Einlass gewährt, wenn er das passende fehlende Stück vorweisen konnte – quasi als Passwort oder Code. Passen die Scherben zusammen, können sich deren Träger vertrauen. Sie assoziieren dementsprechend eine gemeinsame Zugehörigkeit oder gemeinsame Interessen.

Symbole in ihren verschiedenen Gebrauchsformen haben meistens eines gemeinsam: Sie sind für die jeweiligen Adressaten leicht verständlich und können für diese auf einen Blick, ein Wort oder eine Geste eine ganze Sinnwelt abrufen. Das dem Symbol übergeordnete Wissen wird auf diese Weise sofort bereitgestellt.

Je nach Komplexitätsgrad der Bedeutungssysteme erleichtern Symbole und symbolische Handlungen ungemein den Umgang mit ihren eigentlichen und übergeordneten Themen. Sprache ist der Speicher angehäufter Erfahrungen und Bedeutungen, der immer wieder aufs Neue abrufbar ist. Sprache erschafft Symbole – nicht nur, um diese Systeme vom Alltagsleben abzutrennen. Es geht auch umgekehrt darum, diese Bedeutungssysteme in das Alltagsleben einzubetten.

Goethe sagt zur Symbolik: »Die Symbolik verwandelt die Erscheinung in Idee, die Idee in ein Bild, und so, daß die Idee im Bild immer unendlich wirksam und unerreichbar bleibt und, selbst in allen Sprachen ausgesprochen, unaussprechlich bliebe.«*

In diesem Sinne bedeutet Symbolik nicht die Verhüllung von Tatsachen, sondern den einfachsten und bestmöglichen Ausdruck dessen, was man eigentlich sagen möchte.

Symbolik als Universalsprache ist also zu bemerkenswerten Vermittlungen imstande. Sie kann individuell und gesellschaftlich wahrgenommene und abgespeicherte Sinnwelten vereinen. Sowohl die Gesellschaft als Ganzes kann darin wiedergefunden werden als auch das Individuum, welches sich in der realen Gesellschaft oftmals als eines unter vielen nicht mehr wiedererkennt oder angesprochen fühlt.

Das weltberühmte Bild des Fußabdrucks des Astronauten und Freimaurers Buzz Aldrin, der als zweiter Mensch den Mond betrat, ist ein solches Beispiel: Besonders für Amerikaner stellt das Bild eine ganze Kultur und Epoche dar. Der Fußabdruck eines Menschen, der noch viele Tausend Jahre auf dem Mond sichtbar sein wird, ist der Gipfel einer kulturellen, technischen und gesellschaftlichen Herkulesleistung – die wir heute weder technisch noch finanziell wiederholen können.

Durch das, was das Symbol in Bezug auf die Subjektivität als der inneren Erfahrungsdimension objektiv nicht ist, sondern vielmehr durch sein Potenzial des Möglichen, des Sollens und der Erfüllung eines bestimmten Sinngehalts, wird das Symbol zu einer Stellvertretung bestimmter bereits bekannter Normen, Werte oder Inhalte. Schon Platon hat gesagt, dass es Dinge gibt, die sich weder durch Sprache noch Schrift beschreiben lassen, sondern

---

* Goethe, Maximen und Reflexionen. Aphorismen und Aufzeichnungen. Hrsg. Max Hecker, Verlag der Goethe-Gesellschaft, Weimar 1907. Band 21, S. 231

durch Symbole erfahren werden müssen. »Diese Darlegungen Platons sind der wichtigste Ausgangspunkt für die in der modernen Forschung vertretene Ansicht, dass der Kern von Platons Philosophie nicht in seinen Dialogen zu finden sei, sondern in der sogenannten ›ungeschriebenen Lehre‹.«*

Rituale lassen sich als physische Form der Kommunikation und Interaktion beschreiben, meistens in der Gemeinschaft, aber auch individuell. Rituale können kulturell, religiös oder gesellschaftlich geartet sein oder auf Alltäglichkeiten beruhen. Der Begriff umfasst den morgendlichen Kaffee (oder Tee) über das jährliche Anschneiden der Torte zum Geburtstag bis hin zum Ritual, wie es die Freimaurer praktizieren. Letzteres gehört zu den komplexeren Formen von Ritualen. Solche sind meistens gemeinschaftsstiftend, strukturiert und folgen festgelegten oder regelmäßigen Abläufen, deren Logik den Teilnehmern verständlich ist.

Rituale, ob religiös oder gesellschaftlich, wandeln sich im Laufe der Zeit mit der Gesellschaft selbst. So war beispielsweise der Ritterschlag einerseits die Erhebung in eine spezielle Standesfunktion, gleichzeitig eine Unterwerfung gegenüber dem Herrscher und eine Festigung und Bestätigung des feudalen Systems. Komplexe Rituale bedienen sich meistens der Symbolkraft. Sie schaffen dort Ordnung, wo es die Sprache allein nicht vermag. Sie stabilisieren die Gemeinschaft und festigen deren Zusammenhalt. Rituale können Ausdruck impliziten Wissens sein. Das bedeutet, dass man die Bedeutung der Handlung und deren Inhalt kennt, aber diese bereits so verinnerlicht hat, dass man diese nicht mehr mühsam abzurufen braucht. Zusammenhänge werden plastisch und müssen nicht mehr ausgesprochen oder gar ausdiskutiert werden.

---

* https://anthrowiki.at/Siebter_Brief_(Platon)

Je öfter Rituale ausgeführt werden und je höher deren Komplexitätsgrad ist, desto höher ist die Wahrscheinlichkeit, dass sie sich auf den Charakter des Einzelnen auswirken. Anhand von Symbolik können beispielsweise die verschiedenen menschlichen Lebensabschnitte wohlgeordnet und verständlich dargestellt werden, auch deren Sorgen, Probleme und allgemeinen Umstände. Durch Symbole können die Grenzen der lebensweltlichen Erfahrungen überschritten werden. Vereinfacht gesagt sind Riten also die Handlungsform von Symbolen. Riten können als Handlungsformen, also Operationalisierung von Symbolik und Rollen, erklärt werden. Die Freimaurerei konstruiert ihre Inhalte durch eine eigene ethische, moralische und gesellschaftliche Sinnwelt und liefert die entsprechenden Erfahrungswerkzeuge.

Symbole und Rollen sind daher aufeinander abgestimmt und können im Ritual nur dann ihre Wirkung entfalten, wenn sie sauber durchgeführt und dargestellt werden. Durch das gemeinschaftliche Praktizieren des Rituals soll das Symbolerlebnis – und damit die Vermittlung von deren Bedeutungen – vertieft erfolgen.

Die Methode ist ganzheitlich, das bedeutet, dass alle Sinne der Wahrnehmung gefordert werden, sodass letztendlich eine spezielle seelische und physische Situation erzeugt wird, in welcher die Rollen und Symbole wirken sollen. Bereits in der Vorbereitungsphase können Fehler starke Auswirkungen auf das Ritual haben – wie bei einem Orchester, wenn die Instrumente vorbereitet und gestimmt werden müssen. Hat einer der Musiker dieses versäumt, bekommt das gesamte Musikstück einen Missklang.

Die Tempelarbeit gleicht also einem Rollenspiel. Rollen ihrerseits sind in diesem Zusammenhang vereinfacht gesagt nichts anderes als die Personifizierung bestimmter Symbolgehalte. So übernimmt ein Richter die Rolle der Rechtsprechung und personifiziert die Autorität des Rechts, seinen demokratisch legitimierten Unterbau und bedient die Erwartungshaltung der Bürger als sanktionierendes und schlichtendes Instrument zur Normeneinhaltung in der Gesellschaft. Der Richter bedient sich des Hammers als Symbol, um seine Autorität und Legitimität zu begründen und um während seiner Tätigkeit für Ruhe und Ordnung zu sorgen.

Rituale können aber natürlich auch die Komponente des eigenen Körpers für ihre Zwecke nutzen: Bestimmte Bewegungsabläufe oder Handlungen wirken sich bewusst und unbewusst auf uns aus. Moderne Achtsamkeitstrainings- oder Meditationsmethoden zielen auf hoch individuelle Erlebnisse ab. Die Freimaurerei ist etwas subtiler, denn das rituelle Gruppenerlebnis stellt die Initiation des Einzelnen in den Mittelpunkt, verbindet damit eine umfangreiche Symbolik und Philosophie, die der Aspirant bei seiner Initiation noch nicht begreifen kann – dennoch wirken sie auf ihn oder sie.

Die verschiedenen Akteure folgen im freimaurerischen Ritual einem festgelegten und definierten Ablauf. Der Logenraum, in dem diese Aufführung stattfindet, hat seinerseits Symbolcharakter. Es werden also Symbolgehalte buchstäblich in ein größeres Symbol gestellt, um ihnen ihre Bedeutung zu geben. Doch auch die personifizierten Symbole ordnen ihre Bedeutung der symbolischen Benutzung von Gegenständen und Werkzeugen zu, wie sie auf der sogenannten Arbeitstafel, dem Altar oder in der Bekleidung der Brüder und Schwestern wiederzufinden sind.

Wem das bislang zu esoterisch im landläufigen Sinne ist, dem sollte an dieser Stelle ein Einschub diesbezüglich helfen. Die westliche Esoterik wird manchmal präsentiert als die dritte Säule der westlichen Kultur. Die Wissenschaft basierend auf dem griechischen Denken und die Kirche als Trägerin der christlich-jüdischen religiösen Tradition werden als die beiden anderen Säulen angesehen. Der Eindruck, ein jeder könnte zwischen diesen Säulen wählen, trügt jedoch. Die drei Säulen sollten eher als Repräsentanten gesehen werden, die rationale, traditionelle und Erfahrungssicherheit versinnbildlichen. Die rationale Sicherheit ist universell gültig, in allen Kulturen und Zeitaltern. Traditionelle Sicherheit ist jene, die jeder Mensch von seinen Eltern, Lehrern oder Weggefährten lernt, auch von der Gesellschaft, vom Staat und vom Gesetz. Sie ist kulturell bedingt und daher unterschiedlich für die Menschen verschiedener Epochen, Ethnien oder Religionen.

Erfahrungssicherheit ist etwas sehr Persönliches. Sie beruht auf dem, was ein Mensch selbst erlebt hat. Wer zum Beispiel meditative Erfahrungen gemacht hat, die seine vorherigen Erfahrungswerte durchbrochen haben, kann dies einem anderen schlecht erklären, der dies nicht will oder diese Erfahrung noch nicht gemacht hat. Für den einen ist beim Joggen das »runner's high« etwas vollkommen Selbstverständliches, während ein anderer nach jahrelangem Marathonlaufen dies nie wahrgenommen hat, weil seine innere Hürde vielleicht höher liegt.

Angelehnt an den französischen Religionswissenschaftler *Antoine Faivre* kann die westliche Esoterik so zusammengefasst werden: Die sichtbare Welt gilt als das Symbol für die unsichtbare Welt. Die gesamte Biosphäre wird dabei als etwas Ganzes wahrgenommen. Mit unserer Imagination können wir Vermittlungen aller Art aufspüren, wie etwa Symbole und Bilder. Die Initiation ist als Transmutation zu verstehen, als zweite Geburt, in der eine erleuchtende Erkenntnis erworben wird – die Gnosis.

Es wird oft behauptet, dass die Gnosis und der Gnostizismus eine wichtige Wurzel der Freimaurerei seien. Der Unterschied zur

Freimaurerei jedoch ist sehr groß: Der typische Gnostizismus ist weltverneinend, während die Freimaurerei ausgesprochen weltbejahend ist. Es bestehen dennoch Übereinstimmungen. Beide gebrauchen Rituale. Auch die Lichtsymbolik und die Orientierung über Himmelsrichtungen ist beiden gemein.

Deutlicher ist die Freimaurerei mit der philosophischen Alchemie verwandt. Beide basieren auf dem Prinzip der Transformation von etwas Unedlem zu etwas Edlem, was in der Freimaurerei in der Selbstverbesserung erkennbar wird. Beide verwenden die Metapher von Tod und Wiedergeburt als die Grundstruktur aller Initiationsrituale. Wer aber glaubt, in Ritualen werde Blei zu Gold und Wasser zu Wein verwandelt oder es würde danach gestrebt, wird enttäuscht werden. Die Freimaurerei bedient sich der Alchemie in der ihr eigenen Gedankenwelt, ohne tatsächliche alchemische Bestrebungen ernst zu nehmen oder in Betracht zu ziehen.

Zudem scheint ein nicht unerheblicher Teil der freimaurerischen Rituale von *Johannes Reuchlins* christlicher Kabbala inspiriert zu sein. Die christliche Kabbala war eine Strömung, die meist als Phänomen der Renaissance angesehen wird und die jüdische Kabbala nutzte, um darin nach einem christlichen Sinn zu suchen.* Der deutsche Philosoph und Humanist Johannes Reuchlin gehört hier sicherlich zu den wichtigsten Vertretern dieser Richtung. In jedem Fall gilt er als der erste bedeutendere deutsche Hebraist christlichen Bekenntnisses.

Meister Eckhards mystische Konzeption betraf vor allem die Beziehung zwischen Gott und der menschlichen Seele. Ausgangspunkt dessen war seine Erkenntnis über das göttliche Wesen. Dieses dachte Eckart einerseits beweglich, anderseits unbeweglich.

* https://de.wikipedia.org/wiki/Christliche_Kabbala

Die Bewegung Gottes erscheint ihm als Ausgangsform der göttlichen Potenz, die im Kreislauf in das unbewegliche Wesen zurückkehrt. Gott wurde insofern als zirkelhaftes Wesen verstanden. Die Schöpfung dauert nach seiner Gottesschau als unendlicher Kreislauf fort. Es ist die Konzeption eines in der Schöpfung andauernden Gottes, der diese Schöpfung in einem verstetigten Jetzt immer neu erschafft. Eckart lehrte, dass sich Gott darin selbst erkennt. Das bewegliche Wirken kehrt zum unbeweglichen Gott zurück.

Ohne die *Arkandisziplin* von Freimaurern – also den Grundsatz, Kultbräuche und Rituale nur einem Kreis von Eingeweihten zugänglich zu machen – zu verletzen, kann man auch bei einem weiteren Aspekt Meister Eckhart bemühen. So wie Gott als unbewegliches Wesen reiner Geist ist, so ist Vernunft als göttlicher Funken der wesentlichste Teil einer unsterblichen Seele. Kraft dieser Vernunft kann der Mensch – so Eckhart – ein neuer, verwandelter Mensch werden. Auch Vernunft als in diesem Sinne verwendeter Ankerbegriff hat für Freimauer eine große Bedeutung. Die Dreieinigkeit Gottes wurde bei Eckhart und in seiner Zeit übrigens nicht nur als Vater, Sohn und Heiliger Geist gesehen.

Das Wesen Gottes wurde auch als Dreiheit von Stärke, Weisheit und Minne (göttliche Liebe) gelehrt. Stärke, das entspricht der Allmacht des Vaters; Weisheit, das ist die Allwissenheit des Sohnes; Minne aber ist die Allgüte des Heiligen Geistes. Setzen wir statt Minne oder Liebe den Begriff Schönheit, dann wird die Übereinstimmung mit den freimaurerischen Bezeichnungen Weisheit, Stärke, Schönheit deutlich.*

* www.freimaurer-hannover-zal.de

Die freimaurerische Ritualistik und Symbolik ist also das Zusammenspiel vieler Dinge, welche die Freimauer aus dem Schatz des Kulturellen Gedächtnisses Europas entliehen und verändert haben. Diese hochkomplexe Melange ist jedoch kein Chaos, sondern folgt eigenen, durchdachten und stimmigen Zusammenhängen, die unter anderem eine neuplatonisch-humanistische Stringenz erkennen lassen. Es kann in der Freimaurerei keine Dogmen geben. Das will heißen, dass es keine starren Regeln gibt, denen es einfach blind zu folgen gilt. Und eine Erfolgsgarantie für Selbsterkenntnis gibt es schon einmal gar nicht. Es kommt eben auf einen selbst an. Das hört sich nicht einfach und schon gar nicht bequem an – ist es auch nicht. Daher sprechen Freimaurer ja auch von einem Weg, den es einzuschlagen und selbst zu bestreiten gilt, und einer Kunst, der Königlichen Kunst, die es zu erlernen gilt. Selbsterkenntnis steht im Vordergrund – sofern man sich selbst wirklich kennenlernen will, also zu seinem wahren Kern vordringen möchte. Wer dem sich ständigen Ablenken von sich selbst überdrüssig ist und zum Kern seiner selbst vordringen möchte, der ist in der Freimaurerei bestens aufgehoben.

Das Ritual ist nicht Gesetz, sondern das, worauf sich die Brüder oder Schwestern geeinigt haben, es einheitlich und für alle gleich zu vollziehen. Nur wenn Rituale einheitlich und nach festen Abläufen stattfinden, sind es gleichberechtigte, faire und erfolgsversprechende Formate – ein Ritual, das nach Gutdünken verändert wird und jedes Mal anders abläuft, ist kein Ritual mehr, sondern bloße pseudo-esoterische Gewohnheit, ohne tiefergehend auf das Individuum wirken zu können und Lebenswelten oder Lebensgewohnheiten zu betreffen.

Essenziell für jedes Ritual ist der Ort, wo es stattfindet. Komplexe Rituale, die in Gruppen durchgeführt werden, bedienen sich oftmals Versammlungsräumen oder -orten. So ist es auch bei den Freimaurern. In jeder Freimaurerloge gibt es einen ganz bestimmten Versammlungsraum, den Logenraum oder sogenannten Tempel. Hier finden die Rituale statt. Draußen vor dem Tempel befindet sich die profane Welt. Im Tempel herrscht eine eigene Zeit, und es entsteht ein spezifischer Ort des Geschehens, der den Freimaurern in gewisser Weise heilig ist. Hier zählt nicht nur der Verstand, sondern auch das Herz und das Gefühl. Jenseits vom Alltagsgeschehen kann auf diese Weise etwas im Innenleben eines Freimaurers entstehen. Freimaurer sprechen dann vom inneren Tempel, den jeder Freimaurer in sich selber errichtet – eben mithilfe des erlebten Rituals. Und diese Methode, dieser Weg, ist seit Jahrhunderten erprobt und erfolgreich.

Millionen von Freimaurern sind ihn gegangen und haben davon profitiert. Im Tempel gibt es neben den Symbolen auch Wechselgespräche zwischen Freimaurern. Diese Wechselgespräche dienen unter anderem zur Orts- und Zeitbestimmung. Das Betreten des Tempels ist Außenstehenden selbstverständlich verwehrt. Sie bleiben in der profanen Welt des Alltags – also in der »normalen« Welt.

Sicherlich kann man viel über Rituale nachlesen. Früher sprach man von Verräterschriften, heute im Internet-Zeitalter ist es schwer, überhaupt etwas geheim zu halten. Aber: Es geht ja ums Erleben – und das kann man nicht nachlesen. Wenn manche Brüder vom Erleben der Rituale als dem eigentlichen freimaurerischen Geheimnis sprechen, so ist das sicherlich nicht falsch. Apropos Arkandisziplin: Wer lernt, etwas für sich behalten zu können, der kann sich dadurch auch auf sich selber besser verlassen. Es geht also auch um die Einübung von Vertrauen. Wer einem anderen Vertrauen schenkt, ist eher bereit, ihm zuzuhören oder ihm sogar zu helfen: Vertrauen ist also der Grundpfeiler jeder Bruder- und Schwesternschaft der Freimaurerei. Es wird geschenkt, muss aber auch hier auf Dauer verdient werden – wir alle sind nur Menschen.

»Gute Menschen besser machen« – mit dieser Formel kann man das Ziel von Freimaurern durchaus auf den Punkt bringen. So zielt der Kern des Ritualerlebens natürlich insbesondere auch auf die Persönlichkeitsentwicklung. Für Freimaurer ist der Tempel ein echter Rückzugsort, eine eigene Welt. Jemand, der Freimaurer werden möchte, aber noch nicht aufgenommen worden ist, wird Suchender genannt oder auch Kandidat. Er möchte sich selbst erkennen. Das ist sein Begehren im ersten Grad, dem Lehrlingsgrad. Der mystische und initiierende Übungsweg des Rituals bietet hier die richtige Gelegenheit, eine »Innenschau« hervorzurufen. Um auch hier keinen falschen Eindruck zu erwecken: Es kann nicht Sinn sein, ein Bild von einem Tempel zu entwerfen, in den wir uns setzen und überlieferten Erkenntnissen lauschen. Wir sind angehalten, selbst diese Erkenntnisse zu erwerben, indem wir sie durchleben.

Die Tempelarbeit ist in sich wandelnde Abschnitte eingeteilt und zeigt den jeweiligen Standpunkt im Menschenleben an. Diese Abschnitte sind bereits aus der Antike bekannt und Inhalt zahlreicher philosophischer Betrachtungen: Geburt, Jugend, Mannesalter, Greisenalter und Tod. Es sind nun also Gedanken, die um die ewige Verwandlung und den steten Wechsel kreisen. Und irgendwie sucht jeder den festen Punkt zu gewinnen, an dem man sich festhalten kann. Dieser feste Punkt ist die Gegenwart, die unendliche Gegenwart – es ist schließlich immer heute. Es ist nie gestern, und es ist auch nie morgen. Wir leben stets und unabänderlich im permanenten Jetzt. Dabei geht es darum, nicht der

Vergangenheit hinterherzulaufen und sich nicht in der Zukunft zu verlieren. Die Vergangenheit ist nicht mehr, und die Zukunft ist noch nicht. Ums Hier und Jetzt – in Achtsamkeit, Festigkeit und Freiheit –, darum geht es.

Die Mannigfaltigkeit der im Ritual genutzten Symbole geht über die Grundfragen des Lebens hinaus. Zahlen als Symbole, um mit ihnen eine metaphysische Gesamtsicht aller Dinge auszudrücken, eine Weltanschauung zu erzeugen. Auch hier nähern wir uns dem freimaurerischen Geheimnis auf eine etwas andere Art. »Alles ist Zahl,« sagte Pythagoras. Sein berühmtester Satz ist zugleich der am meisten missverstandene. Es geht nicht um bloße Rechenoperationen, sondern um die Darstellung der Anschaulichkeit aller materiellen Verhältnisse. Er beschrieb mit Zahlen, Formeln und Formen die Zusammenhänge der Welt. Die Verwendung der Zahlen als Symbole ist eine bildhafte Form der Philosophie, und natürlich bedient sich die Freimaurerei auch ihrer. Beispielsweise spielt der im dritten Kapitel »Europäisches Kulturelles Gedächtnis: die Bibel und die Griechen« bereits näher beschriebene »Goldene Schnitt« eine nicht unerhebliche Rolle für Freimaurer. Der »Goldende Schnitt« oder die »Göttliche Proportion« gibt ein ganz spezielles Zahlenverhältnis wieder, das oft in der Natur zu beobachten ist – ob bei der Nautilusmuschel oder beim Spiralnebel im Weltall.

Diese Ideen passen gut zur Tradition der Steinmetze, deren Symbolik die wohl bekannteste Symbolgruppe in der Welt der Freimaurer ist. Die Traditionen der Steinmetze umfassten sicherlich vom Anfang der Gotik an eine ausführliche Symbolik. Nicht nur biblische und auf Heilige bezogene, sondern auch mathematische Symbolik ist in dieser Zeit schon lange vorhanden. Aber auch geometrische Figuren wie Dreieck, Quadrat, Pentagramm oder Hexagramm werden schon bewusst eingesetzt wegen der ihnen zugedachten symbolischen Bedeutung. Das Dreieck deutet in der abendländischen christlichen Kultur von alters her auf die göttliche Dreieinigkeit.

Wir haben im vierten Kapitel »Neuplatonismus, Gotik und die Entstehung der Freimaurerei« gesehen, dass der Neuplatonismus für Abt Suger von größter Bedeutung war und daher im Konzept der Gotik integriert ist. Damit ging auch die Metapher des Bildhauers für den nach Perfektion strebenden Menschen einher. Dies führte in der Renaissance dazu, dass große Bildhauer tatsächlich als »göttlich« bezeichnet wurden. Durchaus kann die neuplatonische Auffassung der Göttlichkeit der Materie dazu geführt haben, dass die Bildhauer schon im Mittelalter anfingen, ihre Arbeit als ein Amt zu verstehen, wozu man geweiht sein sollte.

Betrachten wir das Ritual nun etwas mehr von »außen«: Die Freimaurerei ist in erster Instanz eine Methode, um in ihren Kandidaten eine bestimmte Art von Erfahrung zu erzeugen, und bedient sich dabei der initiatischen Methode, der allusiven Methode, der Bau-, der Licht- und der Mittelpunktsymbolik. Was ist nun im Einzelnen darunter zu verstehen?

Die initiatische Methode beinhaltet die Verwendung von Ritualen, welche die Merkmale einer Initiation aufweisen. Solche Rituale gehören zu der Klasse von Übergangsritualen, die immer drei Phasen haben: Separation, Übergang und Integration. Dem Kandidaten wird zuerst sein existierender Status genommen (Separation), was ihn in eine Übergangssituation bringt, worin er überhaupt keinen Status hat, woraufhin er seinen neuen Status empfängt (Integration).

Die allusive Methode ähnelt der Symbolik, aber sie verwendet Texte statt Bilder. Das zentrale Symbol in der Freimaurerei ist der

Tempel von Salomon. Dieser Tempel, der die Welt symbolisiert, wird in der Freimaurerei als noch unvollendet angesehen, was bedeutet, dass jeder Mensch aufgefordert ist, mitzuarbeiten an seiner Vollendung. Die Loge wird auch »Tempel der lebendigen Bausteine« genannt. Außerdem werden die Werkzeuge der Steinmetze oder Bildhauer – wie Zirkel, Winkel, Wasserwaage, Senkblei, Meißel und Hammer – symbolisch interpretiert.

In der Lichtsymbolik wird der Gegensatz zwischen Licht und Finsternis benutzt, um mehrere ähnliche Oppositionen zu repräsentieren: neben derjenigen von Licht und Finsternis auch derjenigen von Gut und Böse, Freude und Leid et cetera. Weiter bewegen sich die natürlichen Lichtquellen, die Himmelskörper, alle von Osten nach Westen, wodurch der Osten Symbol für die Quelle des Lichtes wird. In der Mittelpunktsymbolik ist nicht der Osten, sondern das Zentrum der Ort, wo Gott wohnt. Das Zentrum der Loge ist markiert durch eine Zeichnung mit Symbolen auf dem Fußboden, der Tafel, dem »Teppich« oder auf Französisch dem »Tableau«.

Die Symbolik dient in der Freimaurerei also dem höheren Zweck der geordneten Erkenntnis durch die Vermittlung mithilfe eines Rituals. Deshalb muss sich auch die wörtliche Bedeutung von Inhalten der symbolischen Bedeutung beugen. Für sich genommen sind die Symbole der Freimaurerei Bedeutungsträger diverser Inhalte, vereint im Ritual, jedoch bilden sie das Rückgrat der freimaurerischen Tradition. Die Teilnahme am Ritual erlaubt uns also nicht nur, das Erlernte sinnvoll einander zuzuordnen, sondern auch direkt zu erleben und in uns aufzunehmen. Dann erst können wir das Erlernte aus dem Ritual nach außen tragen, um nicht nur uns selbst, sondern durch unser Handeln auch die Gesellschaft zu verbessern.

Die fünf Grundideale der Freimaurerei sind Freiheit, Gleichheit, Brüderlichkeit, Toleranz und Humanität. Sie sollen durch die praktische Einübung im Alltag gelebt werden. Ritual und Symbolik sind das verbindende Scharnier zwischen den freimaurerischen Idealen und dem Bestreben, den Kosmos zu ergründen. Der Dreh- und Angelpunkt dieses Scharniers wiederum ist der Mensch, das Individuum, denn nur jeder für sich kann diese Verbindung suchen und finden. Ein Scharnier bedeutet Bewegung, und nur wer bereit ist, sich zu bewegen, aufzurichten und den Blick in und um sich kreisen zu lassen, kann diesen Weg gehen. Das freimaurerische Ritual ist also ein meisterlicher Kunstgriff: Vorhandenes kulturelles Wissen wurde in eine eigene, philosophische, mystische und spirituelle Ordnung gefasst, die sich an die Seele und das Wesen des Menschen richtet. Das Ritual der Freimaurer macht den Mitgliedern deutlich: Jeder Mensch, ob Freimaurer oder nicht, trägt den göttlichen Funken in sich, die Freiheit und die Verantwortung eines jeden Menschen gilt für ihn selbst und für seine Mitmenschen. Das innere Streben nach Selbstverbesserung und Erkenntnis ist kein esoterischer Selbstzweck, sondern dient im Ritual dem Wohl der Loge und in der profanen Welt dem Wohl aller Menschen. Das Geheimnis daran ist das Geheimnis, das jeder in sich selbst trägt: Die Seele ist kostbar, unbezahlbar, nicht nur die eigene, sondern eine jede Seele ist gleichwertig.

Karl Phillipp Moritz starb mit nur 36 Jahren. Als einer der späten Aufklärer wurde er in seinen Werken maßgeblich von der Freimaurerei geprägt und beeinflusst, wie auch sein Freund Johann Wolfgang von Goethe, der ebenfalls Gedichte und Gedanken zur Freimaurerei hinterlassen hat. Seine weiteren Gedanken zum Schönen und zur menschlichen Seele fasste Moritz in dem von ihm gegründeten Magazin über die »Erfahrungsseelenkunde« zusammen, was durchaus als eine frühe literarische Form einer psychologischen Zeitschrift angesehen werden kann. Die freimaurerischen Geheimnisse, die er für sich gefunden und gelüftet hat, bleiben jedoch die seinen, ganz so, wie sie jedem Bruder und jeder Schwester ganz individuell zu eigen sind.

8. DIE ARBEIT AN SICH SELBST UND IN DER GEMEINSCHAFT DER LOGE

»Der Mensch wird am Du zum Ich.«

MARTIN BUBER (1878–1965)

Dieses Zitat von *Martin Buber* beschreibt eine Grundsäule jedes Erkenntnisweges, der in der Performanz, in der Anwendung und Umsetzung im Leben, münden soll. Die Gemeinschaft spielt dabei eine entscheidende Rolle. Denn hier kann erlangte Erfahrung und erworbenes Wissen um die Tugenden in die Tat umgesetzt werden. Dabei sind Selbsterkenntnis, Selbstveredelung und Selbstbeherrschung die Übungsfelder, die zur Toleranz und Humanität führen sollen.

Um das zu erreichen, wirkt zum einen das individuelle Ritualerlebnis durch Symbole, Metaphern und Allegorien; zum anderen geschieht es über das Reflektieren des gemeinsam Erlebten mit den Brüdern oder Schwestern danach. Es ist die Ebene außerhalb des Rituals, auf der Gespräche stattfinden. Hier geht es auch um einen persönlichen Austausch, der unter Umständen gar nichts mit Freimaurerei zu tun haben muss. Es geht darum, sich besser kennenzulernen. Das alles zusammen könnte man als »Logenleben« bezeichnen. Dieses Logenleben dient dazu, Tugenden »einzuüben«, denn hier handelt es sich um einen geschützten Raum. Das »freimaurerische Geheimnis« bezieht sich eben nicht nur auf die Geheimhaltung gewisser ritueller Handlungen, sondern garantiert auch die

Verschwiegenheit innerhalb der Logengemeinschaft. Nur so kann Vertrauen entstehen, nur so kann gewährleistet sein, sich authentisch zu zeigen und auch tolerant zu sein.

»Glaubens-, Gewissens- und Denkfreiheit sind den Freimaurern höchstes Gut«*, das ist das einzige »Dogma« der Freimaurer – oder treffender formuliert: Es sind ihre »ethischen Leitplanken«. In dem geschützten Raum der Loge kann dies erprobt werden. Der Erprobung folgt der nächste Schritt: das Übertragen in die sogenannte profane Welt, in die Gesellschaft.

Was bedeutet eigentlich »einüben«? Das Wort erinnert in diesem Zusammenhang sehr an die Schulzeit, aber es handelt sich natürlich um keine starre Methodik – denn das Wichtigste ist und bleibt die persönliche Freiheit. Der Freimaurer hat also seinen Weg komplett eigenverantwortlich in der Hand, was diesen Weg einzigartig und auch nicht leicht macht. Freimaurern geht es auch darum: die Gestaltung des eigenen Lebens nach den Tugenden, die innerhalb der Loge erkannt und eingeübt werden sollten.

Es ist bekanntermaßen ein menschliches Verlangen, sich zusammenzuschließen. Die Aufgabe der Persönlichkeitsfindung oder Selbstfindung gelingt dabei am besten durch die gegenseitige Hilfe innerhalb der Logengemeinschaft. Toleranz und Humanität wird zwar im großen Kreis gelehrt, im kleinen Kreis aber besser erlernt und geübt. Der Bund ist ein Ausdruck des Verbundenseins, einer Weggemeinschaft und in diesem Sinne eine Gesinnungs- und Erziehungsgemeinschaft. Im geschützten Innenraum der Loge leben Freimaurer so, wie nach ihrer Überzeugung die ganze Menschheit leben sollte – die Loge als Modell der menschlichen Gesellschaft.**

---

* Vgl. Wenng, Wolfgang: Freimaurerei, eine Philosophie der Menschlichkeit, Bauhütten-Verlag, Münster, 1987

** Vgl. Wenng, Wolfgang

Um das anschaulicher zu erklären: Das, was in der Gemeinschaft, in der Reflexion durch diese passiert, ist ein Perspektivenwechsel. Dadurch lernt man seine Meinung oder auch sein Verhalten zu relativieren, einen Schritt zurückzutreten und noch einmal seine Überzeugung abzuwägen, um sie dann zu bestätigen, zu verändern oder gar zu verwerfen. Diese Stärke – und es ist eine große Stärke, so etwas zu erkennen und sich zuzugestehen, da unsere Gesellschaft seit Jahrhunderten dahingehend geprägt wurde, so etwas als Schwäche oder Fehler auszulegen – kann deshalb nur entwickelt werden, weil es keine Sanktionen gibt, weil man für seine Überzeugungen frei eintreten darf, ganz im Sinne Voltaires: »Mein Herr, ich teile Ihre Meinung nicht, aber ich würde mein Leben dafür einsetzen, dass Sie sie äußern dürfen.«

Dazu gehört auch, anderen zuzuhören und deren Überzeugungen zu tolerieren. Daraus kann ein fruchtbarer Dialog entstehen. Das ist natürlich idealtypisch dargestellt und ein Credo der Freimaurerei, was leider nicht immer in dieser Weise so umgesetzt wird. Aber das stetige Bemühen darum, das ist es, was diese Arbeit für die Freimaurer so wertvoll macht und weshalb es auch als ein Modell für die Gesellschaft gesehen werden könnte.

Tolerant zu sein ist ein Hauptziel für einen Freimaurer. Heutzutage wird dieser Begriff allerdings häufig verzerrt, falsch interpretiert und wie eine Monstranz vor allem hergetragen – oft leider von solchen Menschen, die es gerade nicht sind. Was bedeutet eigentlich Toleranz?

Toleranz bedeutet nichts anderes, als andere Meinungen und andere Menschen da »stehen zu lassen«, wo sie sich befinden in ihrer Art und in ihren Ansichten, es ist also ein Geltenlassen. Es bedeutet nicht, dass man diese Meinung in seiner individuellen Bewertung gutheißen oder sie gar annehmen muss. Diese häufige Forderung danach ist eine Fehlinterpretation von Toleranz. In der öffentlichen Meinung heute gilt es häufig als intolerant, wenn man als Selbstschutz eine Grenze ziehen muss, nämlich dann, wenn die eigene Freiheit und Meinung von anderen eingeschränkt – sprich nicht toleriert – wird. Allerdings ist man dann noch lange nicht intolerant. Die Forderung nach Selbstaufgabe scheint häufig mit Toleranz verwechselt zu werden, und eine Meinung zu haben, die dem Zeitgeist nicht entspricht, gilt als intolerant. Dabei ist es genau umgekehrt: Intolerant sind diejenigen, die beides einfordern.

Das sechste Kapitel »Religiöses Grundbedürfnis« handelte von der Sinnfindung, der Rückbindung, der Suche nach dem Heiligen in uns selbst und in diesem Zusammenhang von der Bedeutung des symbolischen Tempelbaus. Das kann als Entsprechung des eigenen Inneren oder des eigenen inneren Raumes gesehen werden, das Ritual darin als mystischer Übungsweg. Nach dem hermetischen Gesetz »wie oben, so unten« oder »wie innen, so außen« hat dieser innere Raum eine Entsprechung im Außen. Das ist innerhalb des eben erwähnten geschützten Raumes die Gemeinschaft der Loge und in der Außenwelt die Gesellschaft. Die Sinnsuche ist unter diesem Aspekt auch die Suche nach Gemeinschaft. Der innere Raum wird nach außen projiziert und somit in der Gemeinschaft der Loge reflektiert. Die Mitbrüder oder -schwestern dienen als Projektionsfläche, welche Eigenreflexion und somit idealerweise Selbsterkenntnis ermöglichen. Spiegel ist in diesem Fall der andere oder die Gemeinschaft. Diese Methode ist ein unverzichtbarer Teil des Erkenntniswegs, der auch in anderen Kulturen oder Religionen wie etwa im Buddhismus zu finden ist. Dort gibt es die sogenannten drei Juwelen: Buddha, Dharma (die Lehre) und Sangha (die Gemeinschaft) als Methode des mystischen Weges, dem Weg nach Erkenntnis.

Die Suche nach Gemeinschaft sollte nicht mit der Suche nach Geselligkeit verwechselt oder gleichgesetzt werden. Es ist – auch wenn es auf den ersten Blick nicht so erscheint – ein großer Unterschied. In einer Gemeinschaft kann und soll Geselligkeit gelebt werden, aber eine Gemeinschaft reicht weit darüber hinaus. Geselligkeit allein findet man auch beim Stammtisch.

An dieser Stelle ist natürlich der Versammlungsort der Freimaurer zu erwähnen, das Logenhaus. Praktisch gesehen wird mindestens ein Raum benötigt, der für die Rituale dienen kann. Tatsächlich jedoch finden im Logenhaus alle weiteren Aktivitäten statt, von Gästeabenden über gemütliche Grillabende bis hin zu intellektuellen Vorträgen, Seminaren und Weiterbildungsmöglichkeiten. Weltweit gibt es prominente Beispiele für Prunk und Reichtum der Logenhäuser, die gleich mehrere Logenräume, Bankettsäle und Bibliotheken beinhalten. Auch das gediegene Ambiente dient der Geselligkeit und ist nicht selten ein Grund, regelmäßig zur Loge zu kommen.

In Deutschland gibt es solch prächtige und historisch wertvolle Logenhäuser, in denen gleich mehrere Logen niedergelassen sind. Doch ist die besondere Vergangenheit Deutschlands ein Grund dafür, dass viele dieser Versammlungsorte den Zweiten Weltkrieg nicht überstanden haben, einiges an Eigentum für immer verloren gegangen und nicht zuletzt viele Mitglieder als tragende Säulen der Logen nicht mehr heimgekehrt sind. Außerdem haben nicht wenige Logen ihre Häuser nach dem Krieg verkauft, da nicht mehr genügend Mitglieder vorhanden waren, um die Gebäude zu finanzieren. Die Logen in Deutschland sind verhältnismäßig klein, was sich auch in den Logenhäusern niederschlägt.

Dafür sind die Logen in Deutschland bedeutend familiärer und intimer, was den Punkt Brüderlichkeit deutlich stärkt. Während sich beispielsweise in Skandinavien, England oder Amerika die Mitglieder einer mehreren Hundert Mann starken Loge kaum alle untereinander kennen dürften, sind sich die Brüder und Schwestern einer Loge in Deutschland meistens alle bekannt.

Vom wichtigen Teil des geselligen Beisammenseins zurück zum Weg der Selbsterkenntnis – die oben beschriebenen Vorgänge und Prozesse in der Logengemeinschaft sind wechselseitig und bedingen einander. Je authentischer, aber auch empathischer reflektiert und kommuniziert wird, je größer das ehrliche Verlangen des Einzelnen ist, die freimaurerischen Tugenden bei sich anzuwenden, desto mehr profitiert die Loge als Gesamtes davon. Diese Interaktionen weben ein Netz von Gemeinschaft, das umso tragfähiger ist für jeden Einzelnen, je ehrlicher auf sich und die anderen eingegangen wird. Dann hat man das von Martin Buber formulierte Ziel erreicht: »Das Ziel aller Erziehung ist, dass der Mensch von der Gebundenheit zur Verbundenheit komme.«

Dieses zu erleben, ist wahrscheinlich in der heutigen Zeit notwendiger denn je. Denn leider wird auch häufig der Begriff »Freiheit« falsch verstanden und mit »Unverbindlichkeit« gleichgesetzt. Daraus resultiert auch ein »Sich-nicht-verantwortlich-Fühlen«, denn auch Verantwortung wird gerne mit »Unfreiheit« und »bestimmt werden« kongruent gesehen. Aber wie im fünften Kapitel »Freimaurerisches Menschenbild« erwähnt wird, ist es die Gemeinschaft, die das Individuum frei macht. Das ist das Ziel für eine utopistische Gesellschaft im freimaurerischen Sinne: Die einzelnen Menschen leben frei und selbstverantwortlich nach den Tugenden, versuchen sich fortwährend selbst zu verbessern und können auf die anderen, auf die Gesellschaft vertrauen, weil alle den gleichen Weg beschreiten, der natürlich in der individuellen Ausprägung unterschiedlich gelebt wird. Freiheit, die ganz groß geschrieben wird, bedeutet aber auch Verantwortung übernehmen. Das heißt, dass jeder Einzelne über den eigenen Tellerrand schauen muss und nicht nur egoistisch sich und seine Bedürfnisse und deren Befriedigung als oberstes Ziel hat. Es bedeutet auch, nicht nur einzufordern, sondern auch zu geben. Es sollte immer die Frage gestellt werden: Was habe ich zu geben? Was kann ich beisteuern?

Das betrifft auch das brüderliche und schwesterliche Miteinander. Das »Aneinander-Üben« ist nicht nur eine Pflichthausaufgabe. Es können auch dauerhafte und echte Freundschaften entstehen. Nicht selten geschieht es, dass ein Bruder oder eine Schwester andere Logenmitglieder um Rat fragt. Manchmal sind es sogar Dinge, die man sonst mit niemand anderem bereden kann, weder in der Familie noch im Beruf. Aber auch alltägliche Dinge finden in der Gemeinschaft der Loge statt. Einem Bruder muss beim Umzug geholfen werden, eine andere Schwester sucht ein neues Auto und der nächste Bruder ist neu in der Stadt und sucht Anschluss. Es ist die Bandbreite, die jeder Verein bietet – mit einem gravierenden Unterschied: Der Gedanke der Brüderlichkeit verbindet alle Beteiligten. Natürlich kann man nicht gleich mit jedem gut befreundet sein, darum geht es auch gar nicht. Doch wenn ein Bruder oder eine Schwester um Hilfe bittet, kommt es überaus selten vor, dass jemand keine Zeit, keinen Willen oder schlichtweg keine Lust hat. Der respektvolle Umgang miteinander hat in den allermeisten Logen ein sehr hohes Niveau. Die Gemeinschaft dient also nicht nur in der Spiegelung des Selbst am Gegenüber, sondern auch der Frage: Wie möchte ich mich verhalten, welchen Umgang wünsche ich mir, wie will ich leben und wie will ich in der Welt wirken?

Die Loge ist dafür ein ideales Übungsfeld. Die Idee ist, sich da einzubringen, wo man am besten und zum Wohle der Loge beitragen kann. Es wird verlangt, ein aktives und tätiges Mitglied zu sein im Sinne der freimaurerischen Ethik für das »Wahre, Gute und Schöne«. Familie und Beruf gehen dabei natürlich immer vor. Auch Lebensumstände können sich ändern, sodass mal mehr, mal weniger Zeit ist, sich in der Loge einzubringen. Viel eher geht es um die Geisteshaltung, nie auszulernen und stets bereit zu sein, sich weiterzuentwickeln. Genau das sollten Freimaurer in der Gesellschaft dann auch umsetzen.

Bei der Logengemeinschaft handelt es sich um eine äußerlich gesehen lose Gemeinschaft, denn sie greift nicht in das Privatleben ein und schon gar nicht in persönliche Überzeugungen. Genau das ist das Besondere: Die Umsetzung der Ziele des tugendhaften Lebens gibt es auch in Klöstern, seien sie beispielsweise christlich oder buddhistisch. Aber Freimaurer leben nicht nur nicht im Klosterverbund und nehmen dadurch ganz normal am gesellschaftlichen Leben teil, für sie gelten eben auch keine Dogmen und sie können ihr tägliches Leben ohne Vorschriften frei gestalten.

Das ist übrigens auch ein Grund, warum die Freimaurerei unter anderem »die Königliche Kunst« genannt wird: Es ist wesentlich einfacher, einen Erkenntnisweg zu gehen, der Regeln und Verhaltensweisen vorgibt, als einen Weg zu beschreiten, bei dem es zwar Leitplanken als Tugenden gibt, aber keine Richter oder Sanktionen, sondern nur die eigene Selbstverantwortung. Berichtigt werden die Handlungen vom eigenen Gewissen und der eigenen Vernunft. Diese beiden Instanzen finden sich auch im Tempel wieder, wobei man hier abermals sehen kann, dass dieser das eigene Innere widerspiegelt.

Es geht aber nicht um Perfektion im Leben, deshalb gibt es auch keine Dogmen, denn die sind kontraproduktiv. Es geht tatsächlich um den Weg, um das Bemühen und um die Übung, um die Selbstreflexion und die Reflexion in der Gemeinschaft, um das eigene Handeln wieder danach auszurichten. Jeder ist selbstverantwortlich und frei, jeder kann die freimaurerischen Tugenden in dieser Gemeinschaft geschützt einüben, mit dem Ziel, diese in seinem Umfeld in der sogenannten profanen Welt umzusetzen.

Bewusstseinsentwicklung und dadurch die Selbsterkenntnis sind nur durch Reflexion möglich. Das ist die Voraussetzung für die Ausbildung des eigenen Willens. Auch bei den Freimaurern gilt wie bei allen Gemeinschaften: Die Schwester oder der Bruder, der die größte Herausforderung darstellt, ist der größter Lehrmeister für einen selbst. Das Gegenüber zeigt einem die eigenen Baustellen auf, die es zu bearbeiten gilt. Das ist freimaurerisch gesprochen das symbolische Behauen des rauen Steins. Dabei geht es nicht um Unzulänglichkeiten, Fehler oder Schuld, sondern darum, sich selbst zu beobachten und zu ergründen, warum gerade dieses Gegenüber solche Reaktionen bei einem selbst auslöst. Der Freimaurer erzieht sich selbst, und das alles sind Schritte zur Persönlichkeits- oder Selbstfindung. Dabei ist es egal, welcher Schicht, Ethnie, Kultur oder Religion man angehört, hier zählt allein die menschliche Bewährung – und das sind der Wille und die tägliche Praxis.

Freimaurer sind trotzdem keine besseren Menschen, und so schön es sich in der Theorie anhört, die Praxis sieht auch mal anders aus. Es hängt natürlich auch von den einzelnen Personen ab und davon, wie eine Loge geführt wird.

Das Ritual folgt – wenig überraschend – festen Abläufen mit fest verteilten Rollen. Der Vorsitzende Meister einer Loge ist beispielsweise demokratisch gewählt worden, er übt sein Amt nur eine bestimmte Zeit lang aus. Dieses Rollenspiel ist ein besonderes: Die jeweiligen Rollen sind Träger von Symbolen, was wiederum symbolisch zu verstehen ist. Diese komplexe Zusammensetzung dient nicht nur dazu, das Ritual überhaupt stimmig und den freimaurerischen Traditionen folgend abzuhalten.

Die Teilnehmer am Ritual müssen an demselben aktiv mitmachen. Diejenigen, die gerade initiiert werden, agieren sogar noch stärker mit den jeweiligen Rollen zusammen. Dadurch, dass Menschen zu Trägern von Funktionen, Symbolen und Rollen gleichermaßen bestimmt werden, entsteht eine besondere und einzigartige gemeinschaftliche Interaktion. Ein gutes Ritual muss geübt und vorbereitet werden. Man gibt sein Bestes, für die Brüder und Schwestern, die daran teilnehmen, für die neu Aufzunehmenden und für sich selbst. Das Ritual ist also nicht nur ein sehr komplexes und durchdachtes System freimaurerischer Inhalte, sondern ein gemeinschaftsstiftendes Ereignis. Nicht selten bemerkt man an sich selbst, dass es einem nach einem stressigen Tag oder einer schlechten Zeit nach dem Ritual besser geht, man sich über die Gesellschaft freut und man sich tatsächlich in einem anderen Kosmos des eigenen Erlebens befunden hat.

Musik spielt auch eine wichtige Rolle im Ritual. Sie berührt uns auf verschiedenste Weise. Hier sind Einfühlungsvermögen und Kenntnis gefragt, um zum richtigen Zeitpunkt die richtige Musik auszuwählen.

Rituale sind immer etwas Besonderes für diejenigen, die sie gerade zum ersten Mal erleben. Jeder reagiert anders darauf: Die einen bleiben vollkommen gelassen, die anderen sind aufgeregt und wieder die Nächsten sind zutiefst berührt und glücklich über das Erlebte. Das Verblüffende dabei ist: Zu Anfang kommt einem alles merkwürdig, fremd und vielleicht auch etwas komisch vor. Doch dringt das Ritual so tief in die eigene Wahrnehmung und Psyche ein, dass es einem – nach einigen Wiederholungen – vollkommen normal vorkommt, als hätte man nie etwas anderes getan und anders dabei empfunden. Die Vermittlung von Inhalten durch Symbolik und Ritual ist nicht erst durch die Freimaurerei erfunden worden. Doch ist das Zusammenspiel von allem genannten durchaus einzigartig. Man muss es eben erlebt haben, um es zu verstehen. Gemeinsam wird das Ritual ge- und erlebt, gemeinsam nimmt man danach – manchmal auch rituell als sogenannte Tafelloge – eine Mahlzeit ein. Hier finden Austausch und Dialoge statt, auch hier lernen sich die Schwestern und Brüder in ihrer Individualität kennen.

Darum ist die oft gehörte Aussage »Wenn Sie zwei Brüder etwas fragen, bekommen Sie drei Meinungen« durchaus berechtigt. Jeder nimmt die Arbeit in der Loge ganz individuell auf seine eigene Weise wahr. Ein Richtig oder Falsch gibt es nicht – solange die grundsätzlichen Aussagen von Humanität und Menschlichkeit nicht infrage gestellt werden. Die eigene Wahrnehmung ändert sich außerdem immer wieder. Wenn in den ersten Jahren der Schwerpunkt auf Philosophie und Wissenschaft lag, kommt es nicht selten vor, dass danach ganz andere Fragen des Seelenlebens gestellt werden. Zudem lernt jeder am anderen, vollkommen unabhängig davon, welchen Grad der andere hat – ob Lehrling, Geselle, Meister oder *Hochgrad*. Jede Meinung ist gleich wichtig und wird gleichermaßen geschätzt. Der Freimaurer an sich ist also in dieser Hinsicht der »ewige Lehrling«. Daher ist es besser, die Grade mehr als Erkenntnisstufen zu verstehen denn als eine vermeintliche Rangordnung.

Das Logenleben will auch organisiert sein. Neben den bestimmten Ämtern fällt ebenso profane Organisation an. Ganz zu schweigen von Anlässen mit Familie, Vorträgen oder Gästeabenden. Es gibt also genügend Berührungspunkte für Logenmitglieder, bei denen man sich näher kennenlernt und wo man auch zusammenarbeitet. Dies ist so gewollt oder besser ausgedrückt, Teil des freimaurerischen Weges.

Das Ritual selber besteht größtenteils aus einem rituellen Frage- und Antwortspiel. In früheren Zeiten wurde die Tradition vor allem mündlich weitergegeben. Wer sich wie im Logenraum zu bewegen hatte oder wer genau was zu tun hatte, wurde erst später in Ritualbüchern aufgeschrieben. Dieses rituelle, tradierte Spiel kann man als eine platonische Methode des Erkenntnisweges sehen: Mittels bestimmter Fragen erinnert sich der Mensch – in diesem Fall der Freimaurer – an ein Wissen, das schon a priori vorhanden war und im Unbewussten gespeichert ist. Der bewusste Verstand soll so aufgebrochen werden, damit dieser Zugang möglich wird. Es handelt sich dabei um einen rituellen Dialog, wenn man es so bezeichnen möchte.

»Die strengen, überlieferten Formen, die Musik und das gesprochene Wort führen zu einem Gemeinschaftserlebnis, wie es intensiver kaum bei anderen ethisch-humanitären Verbindungen erlebt werden kann.«* Und es geht noch darüber hinaus: Es bildet sich im Ritual eine gemeinsame Ebene heraus, die man mit Worten nicht beschreiben kann. Diese tragfähige Basis scheint der eigentliche Kitt einer Loge für deren Mitglieder zu sein. Das ist es, was sich außerhalb der Logenarbeit dann als soziale Gemeinschaft manifestiert. Vielleicht ist es auch das, was den Freimaurern den Ruf einer verschworenen Gemeinschaft eingebracht hat: Unter Freimaurern gilt dieses Vertrauen, worauf man bauen kann. Und das ist wohl auch der Antrieb, die freimaurerischen Tugenden sowohl in der Logengemeinschaft als auch in der Gesellschaft umsetzen zu wollen.

Von innen her betrachtet handelt es sich um eine Gemeinschaft, deren Basis Vertrauen ist; äußerlich gesehen kann man, wie schon erwähnt, von einer eher losen Gemeinschaft sprechen, denn die Mitglieder der Loge treten nie im Namen der Freimaurerei auf, da es sich um keine geschlossene Gruppe im Sinne einer Ideologie wie

* Vgl. Wenng, Wolfgang

bei einer Partei oder einer religiösen Gemeinschaft handelt. Es gibt keine Programme oder Resolutionen. Jeder versucht als Einzelner, in die Gesellschaft zu wirken – die ursprünglichen Ideen des Humanismus und der Aufklärung zu leben.

Die Idee ist, als einzelne Person je nach Stellung in der Gesellschaft und Beruf ein ideales Ziel zu verwirklichen: mehr Menschlichkeit für alle Menschen, denn Humanismus ist der Kitt, der die Menschen verbindet und dadurch frei macht – ganz im Sinne Martin Bubers.

9. JUNGE MENSCHEN UND FREIMAURERREI

»Menschen, die zum Handeln, zur Geschäftigkeit geboren sind, können nicht früh genug alles selbst betrachten und beleben.«

NOVALIS (1772–1801)

Die Weisheit der Jugend – bei kaum einem anderen Menschen der Zeitgeschichte ist sie besser zu finden als bei Novalis. Sein eigentlicher Name war Georg Philipp Friedrich von Hardenberg. Aus Norddeutschland stammend, war Novalis ein Kind der Aufklärung und wurde zu einem der einflussreichsten Vertreter der Frühromantik. Mit achtzehn begann er sein Jurastudium und nahm auch an den Vorlesungen von Friedrich Schiller teil. Als Schiller 1791 erkrankte, waren beide bereits Freunde, Novalis kümmerte sich hingebungsvoll um den Dichter. Er traf auf Schillers Bekanntenkreis, unter anderem auf Goethe und Herder.

Novalis war eine beeindruckende Erscheinung – seiner Jugend zum Trotz schlummerte in ihm ein wacher, wissbegieriger und intuitiver Geist. Der Tod seiner sehr jungen Liebe und Verlobten zeichnete ihn mit einer tiefgehenden Nachdenklichkeit. Seine Studien, Rechts- und Naturwissenschaften, beendete Novalis mit Bravour. Von irgendetwas muss ein junger Dichter leben: Novalis verdingte sich als leitender Bergbaubeamter in Weißenfels und leistete gute Arbeit.

Novalis war geprägt von der pietistischen Erziehung seines Vaters und von der Disziplin, die er sich selbst auferlegte. Der vermeintliche Träumer und Schwärmer, der faule Dichter und verkopfte Philosoph: Novalis war alles andere als das. Schon zu Lebzeiten verblüffte er seine Mitmenschen, die hinter einem romantischen Dichter alles andere erwarteten als einen arbeitsamen Beamten der Salz- und Bergbauindustrie. Ein Doppelleben führte Hardenberg als Novalis jedoch nicht. Als Naturwissenschaftler war er ein Mann mit einem ausgeprägten Sinn für Realität und Pragmatismus. Seine Poesie war nicht seine zweite Identität, sondern schlichtweg seine Leidenschaft, durch die er seine Intelligenz und sein Können zum Ausdruck brachte. Novalis beschäftigte sich mit Mystik, Lyrik und Philosophie. Bereits im Alter von 28 Jahren veröffentlichte er sein umfangreiches lyrisches Werk: die »Hymnen an die Nacht«. Sie gelten mitunter als eines der wichtigsten Werke der Frühromantik. Seine mystischen Gedanken fasste er auch in der »neuen Mythologie der Natur« zusammen. Er beschreibt das Zusammenspiel von Menschen, Flora und Fauna und gibt eine Idee von dem, was dahinterliegen könnte. Es geht um den Platz des Menschen in der Welt, aber auch um den Platz der Welt im Leben des Menschen.

Die Gedankenwelt von Novalis ist nicht nur in höchstem Maße beeindruckend, sondern weist auch auf das hin, was Ältere oft vergessen: Junge Geister wollen und sollen ernst genommen werden. Ihr Blick auf die Welt und die Gesellschaft ist der Spiegel dessen, was ihnen vorgelebt wird, verbunden mit jugendlicher Freiheit und jugendlichen Wünschen. Besonders aus heutiger Sicht erscheint Novalis als Phänomen: Jung an Jahren war er sich seiner Umwelt stärker bewusst als so mancher andere Dichter und Denker der Aufklärung und Romantik.

Ein solches Denken ist die Voraussetzung für Selbstfindung und Selbstverortung. Heute aber scheint dieses Denken mehr und mehr zu kurz zu kommen. Der Wandel von Werten, Moral und Weltansichten nimmt zusehends an Fahrt auf. Das betrifft vor allem jüngere Generationen. Diverse Jugend- oder Gesellschaftsstudien zeichnen das Bild von sehr interessierten jungen Menschen, die sich in Politik und Gesellschaft engagieren wollen, jedoch auf die klassischen Werkzeuge wie Vereine oder Parteien verzichten, um stattdessen einen eigenen Weg zu gehen. Jugendliche haben in den letzten Jahren einen immer positiveren Blick auf die eigene Zukunft entwickelt. Werte wie Familie, Fleiß und Ehrgeiz, Persönlichkeitsentwicklung und Erfolg spielen eine immer größer werdende Rolle. Gleichzeitig jedoch bleibt scheinbar immer weniger Zeit für das Ausleben dieser Werte. Die Ausbildung muss schnellstmöglich unter Bestnoten absolviert werden, Absolventen von Berufsausbildungen oder Studiengängen werden in immer jüngerem Alter in die Arbeitswelt entlassen, um dort Höchstleistungen zu erbringen. Möglicherweise ist dies einer der Gründe dafür, weshalb Werte und Tugenden in den letzten Jahrzehnten eine immer wichtiger werdende Frage für junge Erwachsene und Heranwachsende spielen.

Was bewegt unsere Jugend gesellschaftlich? Immer wieder treten thematische Trends auf, die nur schwer zu fassen sind, um sie langfristig zu definieren. Der Versuch, einen solchen Themenkatalog zu formulieren, ist an dieser Stelle des Buches nicht sinnvoll. Dennoch lässt sich festhalten: Die sogenannten »digital natives«, also jene Generationen, denen moderne Medien bereits seit ihrer Geburt zur Nutzung zur Verfügung standen, gehen selbstbewusst und kritisch mit eben diesen um. Das hat zur Folge, dass sich das Bild unserer Gesellschaft, das sich junge Menschen aufbauen, viel stärker an Informationsverfügbarkeit und aktuellem Zeitgeschehen orientiert als beispielsweise noch vor 50 Jahren. Traditionen, die Weitergabe von Wertekomplexen und allgemeine Überlegungen zur eigenen Herkunft spielen nach wie vor eine Rolle, sie werden durch das Internet stets auf den Prüfstand gestellt, überarbeitet und von diversen Seiten bewertet. Das Internet ist für die meisten Generationen, ob jung oder alt, ein integraler Bestandteil des Lebens geworden. Während Staat und Gesetzgebung dieses Feld nur zögerlich und reaktiv betreten, entwickeln jüngere Generationen in Rekordzeit Innovationen, die unser Leben konsequent verändern und damit unsere Weltbilder stets aktualisieren.

Scheinbar hatte es das Individuum aufgrund der Digitalisierung und des Internets nie so einfach, sich seinen Baukasten an Werte- und Lebensvorstellungen selbst zusammenzusetzen. Selbstfindung ist das Geschäft ganzer Wirtschaftszweige geworden: Kurse zur Meditation, zur Achtsamkeit oder ganz einfach zum besonderen Erlebnis mit sich selbst stehen seit einigen Jahren hoch im Kurs, und der Trend ist ungebrochen. Von der klassischen Weltreise bis hin zur Gruppenmeditation im Urwald ist alles möglich. Während Glaube und Religion immer weniger von Interesse sind, wird Spiritualität offenbar im eigenen Selbst gesucht und erfahren. Das gilt nicht nur für junge Erwachsene und Jugendliche, sondern für alle Generationen.

Selbstidentifikation und Wertesysteme helfen, die eigene Person zu festigen. Das Internet spielt eine so wichtige Rolle bei dieser Selbstidentifikation, dass selbst Studien dem hinterherhinken. Besonders Jugendliche gestalten ihre Freizeit durch das Internet. Entgegen der verkrusteten Aussagen, dass moderne Soziale Medien die Kommunikation entmenschlichen, scheinen Jugendliche das übergroße Angebot für sich überaus positiv nutzen zu können. Geselligkeit und Internet passen hervorragend zusammen. Noch nie gab es so gute Möglichkeiten des Austauschs und des Organisierens sozialer, sportlicher oder freizeitlicher Tätigkeiten. Junge Menschen sind sich dessen bewusst, nutzen das Internet weitestgehend konstruktiv und schaffen somit Innovationskraft und Möglichkeiten zur Selbstidentifikation. Überhaupt ist das Selbst ein wichtiger Faktor hinsichtlich der Nutzung des Internets durch Jugendliche und junge Erwachsene. Soziale Medien sind ohne Frage Trends und Moden unterworfen, die eben nur Jüngere verstehen können.

Doch werden wir alle eines Tages erwachsen – hoffentlich; zumindest werden wir älter und unsere Wünsche, Ansichten ändern sich genauso wie unser Konsum- und Nutzungsverhalten im Internet. Dennoch wurden und werden wir durch die wichtigste Zeit unseres Lebens – unsere Jugend – für den Rest unseres Lebens geprägt, sodass es uns im Älterwerden immer schwerer fällt, uns selbst zu finden oder gar neu zu erfinden, auch wenn wir uns das nicht gerne eingestehen wollen.

Scheinbar sind wir genauso auf der Suche nach Identität wie unsere Vorfahren. Doch hat sich der Suchprozess verändert, das Angebot zur Selbstfindung ist groß, schnelllebig und unübersichtlich. Das Internet bietet uns Einblicke, Meinungen und professionelle Dienstleistungen dafür. Aber wer kann hier noch den Wald vor lauter Bäumen sehen? Wir sehen uns mit dem Kaufhausprinzip konfrontiert. Wir können zwischen den Weltkulturen, ihren Werten und Tugenden scheinbar frei wählen, uns das auswählen, was uns gefällt. Das Problem ist nur: Passt es zu uns oder haben wir das falsche Kleid angelegt? Wer kann uns das schon sagen, wenn nicht wir selbst?

Besonders für Jugendliche und junge Erwachsene ist dieses Problem offensichtlich, denn der Umgang mit dem Internet liegt ihnen am besten. Wenn wir unser Wertesystem, unseren Tugend- und Moralkatalog in dieser Zeit nicht wenigstens ansatzweise durch Vermittlung und Überlegung aufbauen konnten, bleibt diese bereits beschriebene Lücke vermutlich auch im Erwachsensein vorhanden. Wir bleiben auf der Suche, und das wird uns immer stärker bewusst. Die Lücke lässt sich überbrücken, durch Arbeit, Familie, eben das ganz normale Leben. Wir sind beschäftigt, mit uns selbst und mit anderen. Doch eines Tages, früher oder später, schlägt das Wetter um, unser Leben ändert sich, die Brücke beginnt zu schwanken, und wir sehen uns dem unerbittlichen Abgrund unseres Unvermögens gegenüber, der sich unter jedem von uns erstreckt, egal welchen Status, welches Vermögen oder welche Intelligenz wir haben. Wir müssen ihn nur sehen wollen und können.

Doch wo lassen sich solche Werte nicht nur als Wunsch artikulieren, sondern auch ausleben und weiterentwickeln? Wenn Kirchen, Parteien, Vereine oder Verbände immer unwichtiger für den Nachwuchs werden, wird es immer schwerer, diese Wertelücken institutionell zu schließen. Bildungseinrichtungen wie Universitäten oder Berufsverbände sind aufgrund des Leistungsdrucks nur bedingt dafür geeignet, ein freigeistiges Umfeld dafür zu bieten. Auch autodidaktisch ist der Aufbau eines individuellen Wertekomplexes, der nicht abstrakt, sondern anwendbar ist, die eigene Lebensqualität und die Qualität der eigenen Person steigert, nur schwer zu erreichen.

Für die Autoren bieten Freimaurerlogen einen Rahmen, der eben diese Bedürfnisse auf besondere Weise erfüllen oder sogar erst erwecken kann. Der Freimaurerei gelingt ein besonderer Kniff, der Tradition, Werte- und Tugendsysteme mit dem Individuum verbindet, indem Letzteres in den Mittelpunkt eines gemeinschaftlichen Handels gerückt wird. Der Mensch als Einzelner soll sich durch die Freimaurerei verbessern, zum Wohle aller.

Vielleicht ist das ein Grund, warum Freimaurerlogen in Deutschland immer wieder Zugang von – im Vergleich zu den übrigen Brüdern und Schwestern – sehr jungen Menschen erfahren, die noch im Studium sind oder gerade ihre ersten Berufsjahre absolviert haben. Ihr Beitritt wirkt in den bis vor einigen Jahren noch beinahe im Greisenalter befindlichen deutschen Freimaurerlogen wie eine Verjüngungskur. Gerade die jüngeren Brüder und Schwestern erkennen, dass ein enormes Potenzial aus den Logen zu ziehen ist, das im eigenen Leben helfen kann und die eigene Person festigt und stärkt.

Das ist nicht nur auf die Inhalte der Freimaurerei bezogen. Auch und vor allem aufgrund der Lebenserfahrung der Älteren und der Tatsache, dass Personen aufeinandertreffen, die sich sonst niemals im Leben kennengelernt hätten, beeindruckt immer wieder aufs Neue. Für junge Menschen ist das ein ganz besonderes Potenzial: Aus der Erfahrung der Älteren lernen, im Kontext einer humanistischen und aufgeklärten Gesellschaft der Freimaurerei. Das Tugend- und Wertekonzept der Freimaurerei bietet den Rahmen, Inhalte und Erfahrungen so zu verknüpfen, dass es für alle Generationen ein Geben und Nehmen ist.

Wie ist das zu verstehen? Der im Rentenalter befindliche Handwerksmeister trifft beispielsweise auf den Ingenieursstudenten oder den jungen Musiker. Die Varianzen dieses Aufeinandertreffens sind multipel oder lassen sich beliebig spinnen. Das Ergebnis wird jedoch oftmals ein solches sein, dass die Verbindung der Loge den gemeinsamen Nenner als Grundstein dessen legt, was für beide Seiten von Gewinn sein kann. Der Ältere kann den Jüngeren nicht nur in Berufs- oder Lebensfragen beraten, seine Einblicke berichten und die des Jüngeren bewerten. Es geht vor allem um den Perspektivenwechsel.

Jugendliche und junge Erwachsene haben ein viel größeres kreatives Potenzial, an Probleme heranzugehen, als ältere. Stehen viele Optionen zur Lösung eines Problems oder einer Frage zur Verfügung, tendieren Ältere stets dazu, sich auf ihre Erfahrung zu verlassen. Jüngere hingegen haben diese Erfahrungen oftmals nicht und müssen kreative Wege beschreiten, Optionen abwägen und sich dann entscheiden. Der Austausch innerhalb einer Loge kann dabei helfen, den Horizont zu erweitern, weitere Lösungsoptionen hinzuzuziehen, die vorher unbekannt waren. Die Jüngeren profitieren also ungemein von den Älteren – und umgekehrt ebenso.

Die Integration der jüngeren Mitglieder in der Loge kann dabei durchaus schwierig sein. Je größer der Altersunterschied ist, desto stärker gehen natürlich die Interessen auseinander. Hier ist es wichtig, die Lebensfragen jüngerer Mitglieder anzusprechen. Doch sollte auch klar sein, dass sich besonders in jungen Jahren die Reifegrade sehr stark unterscheiden können. Ein 19-Jähriger, der bereits seine Lehre abgeschlossen hat und ins Berufsleben gestartet ist, sieht die Welt bedeutend anders als ein Abiturient, der noch zu Hause wohnt und nicht weiß, was er nach der Schule mit sich anfangen soll. Die Volljährigkeit ist ein Pflichtkriterium, um sich für eine Aufnahme ernsthaft zu interessieren. Die Erfahrung zeigt jedoch, dass nur wenige in diesem Alter Lust und Bedarf haben, sich in einer Loge zu engagieren.

Eine Loge, die bereits junge Mitglieder hat, wird es natürlich leichter haben, Jüngere zu finden und an sich zu binden, als eine Loge, deren Altersdurchschnitt höher liegt. Logen haben den Grundsatz, nur solche jungen Menschen aufzunehmen, die mit beiden Beinen fest im Leben stehen, eine überzeugende Eigenständigkeit vermitteln und denen zugetraut wird, die Themen der Freimaurerei zu erfassen und ernsthaft zu verfolgen.

Die Identitätsbildung als Aufgabe des Erwachsenwerdens erfährt in diesen jungen Jahren einen ganz besonderen Schub. Die Grundfragen, mit denen sich Freimaurer beschäftigen, »Wer bin ich?«, »Woher komme ich?« und »Wohin gehe ich?«, korrelieren auf geradezu verblüffende Weise mit der Explorationsphase junger Erwachsener in dieser Zeit. Jede Antwort auf ein Problem in dieser Phase wirkt auf die Klärung dieser Grundfragen. Hinzu kommt das Erlangen sozialer Kompetenzen, Normen und Werte, die durch die Loge vermittelt werden. Die Gruppenidentität der Freimaurer überträgt sich auf die eigene Identitätssuche. Das harte Arbeiten an einer eigenen, kohärenten und beständigen Identität in der Phase des jungen Erwachsenwerdens gleicht ebenfalls sehr stark der Symbolik der Arbeit am rauen Stein, der auch Nicht-Freimaurern ein Begriff ist. Das Informationsbedürfnis, das bis zum Abschluss der Identitätsbildung dazugehört, wird durch die Logen und die Freimaurerei im Kern getroffen: Das Bestreben, die eigene Identität zu festigen, trifft auf einen tiefgreifenden Informationsgehalt durch die freimaurerischen Inhalte und das gesellige Beisammensein in den Logen. Kurzum: Die Freimaurerei bietet genau das Material, das notwendig ist, um die Gräben der eigenen Identitätslücke genau dann zu füllen, wenn die Zeit dafür gekommen ist.

Ob Novalis jemals für sich sagen konnte, seinen Platz gefunden zu haben, weiß natürlich niemand. Er starb im Alter von nur 29 Jahren im Jahre 1801. Verklärt wurde behauptet, er sei an gebrochenem Herzen gestorben. Heute wird davon ausgegangen, dass der schon in jüngsten Jahren kränkliche Hardenberg an Tuberkulose litt. Es ist vorstellbar, dass er sich bei Schiller angesteckt hatte, in der Zeit seiner Krankenbesuche bei dem schwäbischen Dichter. Der geniale wie auch fleißige Dichter, Philosoph und Bergbaubeamte hatte Raubbau an sich selbst betrieben. Das Werk von Novalis jedoch ist geblieben. Aus ihm wird für immer die Sprache der Jugend zu uns sprechen, verträumt, wohlwollend und melancholisch mahnend zugleich.

III. FREIMAURER – DENKFABRIK UND ZUKUNFTSMOTOR: BRAUCHEN WIR EINE ZWEITE AUFKLÄRUNG?

10. DER MENSCH ZWISCHEN KÜNSTLICHER INTELLIGENZ UND UNBEGRENZTEM FORTSCHRITT

»Wir sind erfüllter, wenn wir an etwas beteiligt sind, das größer ist als wir selbst.«

John Herschel Glenn (1921–2016)

Was bringt einen Menschen auf die Idee, sich an die Spitze einer kaum erprobten Maschine mit mehreren Millionen Pferdestärken zu setzen, auf den Start zu warten und sich einzureden: »Wird schon schiefgehen«? Maßloser Ehrgeiz, Wissensdurst, Draufgängertum und unbändige Abenteuerlust sind mit Sicherheit einige gute Gründe dafür. Hinzu kommt jedoch auch der Glaube, an etwas Großem beteiligt zu sein, das mehr bedeutet als man selbst.

Nachdem Juri Gagarin der Welt nicht nur die technische Überlegenheit der Sowjetunion in Raumfahrt und Raketentechnik demonstriert, sondern auch bewiesen hatte, dass die Menschheit in der Lage ist, die Erde als ihre Heimat zu verlassen, begann ein neues Zeitalter im menschlichen Streben nach Fortschritt. Das Wettrennen im Weltraum sollte nicht nur die verfeindeten Blöcke bei der Weiterentwicklung und militärischen Nutzbarkeit neuester Technologie stärken, es ging bei dem Interpretationskampf auch um die Überlegenheit der Systeme. Die technischen Quantensprünge jener Zeit suchen bis heute ihresgleichen. Ohne sie gäbe es kein weltumspannendes Internet, keine Mobiltelefone, keine integrierten Schaltkreise, keine Brennstoffzelle und keine verwendbare Solartechnologie. Auch die Grundlagen moderner Software, auf denen die Künstliche Intelligenz heute beruht, sind letztendlich das Ergebnis der Anfänge der Raumfahrt, die numerische und priorisierte Rechenoperationen notwendig machte.

John Glenn, Astronaut der NASA, Kampfpilot und später auch Freimaurer, war ein Idol der amerikanischen Raumfahrt und darüber hinaus. Im Vergleich zu heute glichen er und seine Kollegen im Osten wie im Westen eher den tollkühnen Helden in ihren fliegenden Kisten als Forschern im Weltall. Seine Aufgabe, mit dem Kosmonauten Juri Gagarin mindestens gleichzuziehen, erwies sich als reinste Nervenprobe. Unausgereifte Technik, explodierende Testraketen und Zwistigkeiten zwischen den Astronauten, Ingenieuren und der Führung waren an der Tagesordnung. »Kaputnik« titelte die amerikanische Presse hinsichtlich diverser Fehlschläge im eigenen Land. Glenn hatte zwei Kriege als Kampfpilot erlebt und sich anschließend als Testpilot unter haarsträubend gefährlichen Umständen seinen Lebensunterhalt verdient. Helden wurden er sowie alle anderen Raumfahrer nicht aufgrund ihrer Leistungen, sondern dafür, wofür diese Leistungen standen: den unbedingten Willen einer ganzen Nation zum Fortschritt.

Allen Entbehrungen, irrsinnigen Geldsummen, zahlreichen Test- und Raumflügen, Rückschlägen und Verlusten zum Trotz leisteten die verfeindeten Blöcke Unglaubliches, was schließlich nach nur zwölf Jahren Weltraumrennen in der Mondlandung gipfelte. Niemals wieder ist der Menschheit ein solcher Sprung an Technik, Wissenschaft und Wissen gelungen, niemals wieder war eine Gesellschaft dazu bereit, einen dermaßen großen Aufwand für den Fortschritt zu betreiben. Heute scheitern wir bereits an Flughäfen, Bahnhöfen, Steuerreformen, Altersarmut. Vielleicht, weil diese Leistungen uns heute so unglaublich erscheinen, gibt es tatsächlich Menschen, welche die Mondlandung als Verschwörung, als Fälschung bezeichnen und – welch Wunder – die Freimaurer gleich mit ins Boot der Tunichtgute setzen.

Wo sind wir heute? Das neue Weltraumzeitalter hat bereits begonnen, Hyperschallflugzeuge, die private Raumfahrt, Weltraumtourismus, der Griff nach einer dauerhaften Siedlung auf dem Mond und die bevorstehende Landung auf dem Mars sind keine Science Fiction, sondern echte Projekte mit vielen Tausend Beschäftigten. Doch haben wir darüber hinaus eine Welt entdeckt und geschaffen, die wir trotz allen Expertenwissens auf diesem Gebiet kaum noch überblicken können. Die gesellschaftlichen und kulturellen Veränderungen, die durch eine ungezügelte globale Informationstechnologie bis hin zu Künstlicher Intelligenz herbeigeführt werden, sprechen für eine Neuordnung unseres Denkens.

Dabei braucht die Menschheit zeitnah Lösungen für Fragen, die sie sich selbst stellt. Der Fortschritt hat einen Stand erreicht, an dem wir Erfindungen präsentieren, die wir nicht mehr verstehen und die in ihrer Leistung unsere Vorstellungskraft überflügeln. Wir sind abhängig von Technologie, aber vertrauen der Technik auch blind. Ein gutes Beispiel dafür sind sogenannte künstliche neuronale Netze. Maschinelles Lernen durch neuronale Netze – eine Mammutaufgabe für jeden Programmierer. Sie sind inspiriert von der Natur und orientieren sich an der wirklichen logischen Denkstruktur unserer Gehirne. Die verschiedenen Stufen des neuronalen Netzes bedingen und aktivieren sich gegenseitig. Die Neuronen sind untereinander vernetzt, gewichtet und in ihrer Aktivierung variabel. Das System präsentiert uns ein Ergebnis, mit dem wir arbeiten und anhand dessen wir Entscheidungen fällen. Der Clou: Das System kann trainiert werden, es lernt selbst aus seinen Fehlern und optimiert die Informationsverarbeitung. Das Problem: Was genau hat das System erlernt, um wie zu welchem Ergebnis zu kommen? Bei einfachen Aufgaben erkennen wir rasch, wenn sich ein Fehler eingeschlichen hat. Doch was, wenn der Fortschritt uns überrennt?

Ein Beispiel ist die totale Überwachung in China. In den Großstädten, auf den Autobahnen, in den Zügen, sogar in den Klassenräumen und Universitäten – überall sind Kameras, vernetzt mit dem größten Überwachungssystem, das die Menschheit je gesehen hat. Eine automatische Software erkennt nicht nur jeden Menschen, ordnet ihn seiner Personalakte zu, sondern erkennt auch Fehltritte, Verbrechen oder Verstöße. Das wird gemeldet und menschliche Operatoren entscheiden ab einem gewissen Grad, was mit dieser Information geschehen soll – meistens endet das für den Delinquenten nicht zum Besten. Das Punktekonto eines jeden chinesischen Bürgers wird auf Dauer eine gleichgeschaltete Gesellschaft bewirken. Denn wer will aufgrund seiner Negativpunkte, weil er einmal zu oft falsch geparkt hat oder – wehe ihm – das politische System kritisiert hat, auf Inlandsflüge, Kredite oder Kinokarten verzichten? Was jedoch, wenn die Informationsflut so groß ist, dass nur noch ein Computersystem zeitgerechte Entscheidungen fällen kann? Soll eine Verhaftung stattfinden, ein Eintrag ins Register oder ist die Information zu vernachlässigen? Ein entmenschlichtes System soll über Menschen entscheiden. Es ist die totale Überwachung, die vollständige Unterwerfung des Individuums unter den von einer kleinen Elite gesteuerten Staat. Kann das gut enden? Machen wir uns nichts vor: Auch die demokratischen Staaten dieser Welt sehen sich dem Druck des Fortschritts ausgesetzt – dass Entscheider auf höherer politischer Ebene die Zeit aufbringen können, diese Systeme und diesen Fortschritt im Auge zu behalten, darf zu Recht bezweifelt werden.

Die Übersetzung der biblischen Aufforderung »Macht Euch die Erde untertan« und deren Deutung im Sinne von Herrschaft statt Verantwortung, von Ausbeutung statt Pflege, von Unterdrückung statt Partnerschaft ist eine Rückprojektion der heutigen, mit dem technisch-naturwissenschaftlichen Denken und unserem Wirtschaftssystem zusammenhängenden Problematik auf biblische, völlig andere, vorindustrielle Zeiten.

Seit der Aufklärung haben wir gelernt, das Leben und die individuellen Rechte des Menschen in gewisser Weise über alles zu stellen. Dabei haben wir vergessen, dass der individuelle Mensch nur existieren kann, solange die Menschheit als freies Ganzes existiert. Und das ist inzwischen, anders als im 18. Jahrhundert, nicht mehr selbstverständlich. Zitieren wir an dieser Stelle den slowenischen Philosophen und Kulturkritiker *Slavoj Žižek*. In seinem Buch »Wie ein Dieb bei Tageslicht« kann man lesen: »Menschen können das tun, was sie wollen, nur insofern sie marginal genug bleiben, sodass sie die Parameter des Lebens auf der Erde nicht ernsthaft stören. Die Begrenzung unserer Freiheit, die mit der globalen Erwärmung spürbar wird, ist das paradoxe Ergebnis genau des exponentiellen Wachstums unserer Freiheit und Macht, das heißt, unserer steigenden Fähigkeit, die Natur um uns zu verändern bis zu dem Punkt, an dem wir die geologischen Grundlagen des Lebens destabilisieren.«

So oder so: Der Mensch macht sich die Welt untertan, verändert sich und macht sich derweil selbst zum Untertan des eigenen Fortschritts. Das ist mit Humanismus sicherlich nicht gemeint. Ist uns eigentlich schon aufgefallen, dass wir in den letzten 100 bis 200 Jahren lauter Erfindungen gemacht haben, die Zeit und Arbeit sparen sollen, wie Telefon, Telegraph, Telex, Telefax, Eisenbahn, Automobil, Computer, Internet – bis hin zur Künstlichen Intelligenz? Dass wir aber so gut wie alle sehr viel weniger Zeit haben als die Menschen, die vor diesen Erfindungen lebten? Nun kommt auch noch die Künstliche Intelligenz voll zum Tragen. Sie wird unser ganzes Leben beeinflussen in einem Ausmaß, das wir noch nicht einmal ansatzweise abschätzen können. Mehr Produktivität, mehr Flexibilität und sinkende Kosten – der Beginn einer Entwicklung, die die Gesellschaft zehnmal schneller und 3000-mal stärker verändern wird als die Industrielle Revolution – laut Expertenschätzungen. In Kombination mit immer schnellerer Rechenleistung und dem Internet sind ja überhaupt erst die Grundlagen für Künstliche Intelligenz geschaffen worden. Wir wollen Entscheidungen abgeben, damit sie schneller, effizienter und gewinnbringender vollzogen werden. Software schafft Geschäftsfelder, die nur durch Software zu bedienen sind. Bei den meisten von uns hört die Vorstellungskraft des Fortschritts beim neuesten Smartphone auf. Diejenigen jedoch, die mit hocheffizienten Softwarelösungen arbeiten, werden verstehen, was in den nächsten Jahren auf uns zukommt.

Demokratische Entscheidungsprozesse, die den tatsächlichen Entwicklungen der Software strukturell um Jahrzehnte hinterherhinken, sorgen für Chaos und ein Ungleichgewicht zwischen Anspruch und Realität, was die Gesetzgebung hinsichtlich der Digitalisierung betrifft. Hinter der Aussage des digitalen Neulands für den Staat verbirgt sich weder Resignation noch Spott, sondern die Wahrheit, dass unsere staatlichen Entscheidungsmechanismen dem digitalen Fortschritt nicht mehr gewachsen sind. Solange in Behörden unter der »Digitalisierung« noch das papierlose Büro verstanden wird, wird der Staat nicht in der Lage sein, die richtigen Entscheidungen zu fällen. Das ist jedoch nur menschlich: Mit immer komplexeren Aufgaben im eigenen Arbeitsfeld konfrontiert wird es immer schwerer, über den Tellerrand hinaus zu blicken. Bei dem täglichen Papierkrieg den Überblick – und die Nerven – zu bewahren, ist schwierig genug. Nun auch noch Rechtsstaat und Digitalisierung in Balance zu bringen, ist vielleicht sogar einfach zu viel verlangt.

Neben der Gefahr künstlicher Fehlentscheidungen, die uns mitunter die Existenz kosten könnten, zumindest aber unsere Freiheit einschränken werden, droht auch der Verlust unserer seelischen Ausgeglichenheit. Im sogenannten Informationszeitalter und seinen Auswüchsen bis hin zur Künstlichen Intelligenz werden wir an Informationen so gefesselt, dass sie uns Zeit wegnehmen, wenn wir meinen, alles wissen zu müssen, was uns dargeboten wird. Es braucht aber einige Zeit, um sich von solchen Gewohnheiten zu lösen, die zu Zwängen geworden sind, und ferner zu erkennen, dass Informationen nicht dasselbe sind wie heilsames Wissen oder gar Weisheit.

Der Trend steht dem jedoch entgegen. Ein neuer Glaube an Götter, die wir selbst erschaffen, ist am Entstehen. Menschen fühlen sich immer ein bisschen einsam – so hat auch schon der Höhlenmensch empfunden und sich göttliche Naturwesen zur Hilfe geholt. An die Stelle eines monotheistischen Gottes könnte nun ein neues »übermenschliches Wesen« treten. Damit ist nun nicht der Glaube (eher Hoffnungswunsch, immerhin glaubt mehr als die Hälfte der Menschheit an intelligente Wesen irgendwo da draußen) an Außerirdische gemeint, sondern an die Allmacht des technischen Fortschritts. Der Mensch verkommt dabei zum naiven, einfältigen Wesen, das sich der Macht von Algorithmen unterwirft. Die daraus entstehenden »göttlichen Wesen« werden es schon richten und vom Klimawandel bis hin zur Heilung von Krebs alle Probleme lösen, die Unsterblichkeit wird es dank dieser neuen Superwesen dann auch irgendwann einmal geben, zumindest in unserer naiven Vorstellung von Fortschritt. Der Mensch ist diesem Verständnis zu Folge nur ein Zwischenritt in der Evolution, um am Ende eine künstliche Welt zu ermöglichen. Das ist Posthumanismus in Reinform und beschreibt doch eher ein Entwicklungszeitalter nach der Menschheit, wenn Künstliche Intelligenzen übernommen haben und uns Menschen wie Kinder behüten und einschränken werden.

Die alte Gewissheit, dass eine Mischung aus Demokratie und Marktwirtschaft für alle am besten ist, gerät ins Wanken. Die »je demokratischer, desto wohlhabender«-Phrase hat ausgedient und gilt für die große Mehrheit schon lange nicht mehr. Digitalisierung und Automatisierung schlagen erbarmungslos zu. Und die Umschulung des ehemaligen Fließbandarbeiters zum Software-Programmierer ist nicht nur ein frommer Wunsch, sondern allein zahlenmäßig natürlich ein Aberwitz. Wo heute in ganzen Fabrikhallen vollautomatisiert ein Auto produziert wird, überwacht nur noch eine Hand voll Software-Spezialisten den ganzen Prozess. Die Hunderte oder Tausende Arbeiter, die ehemals ihr Werk fleißig verrichtet haben, bleiben außen vor – dauerhaft. Und die Aktionäre dürfen sich freuen – weniger Arbeiter, weniger Kosten, mehr Digitalisierung, mehr Gewinne. Die Gewinne werden schon bald von Künstlichen Intelligenzen generiert, verwaltet und versteuert.

Zurück zu China als Beispiel – hier zieht eine bedrohliche Datenwolke auf. Der kommende »Digitalkapitalismus« wird in autoritären Staaten besser funktionieren. China setzt die Möglichkeiten der Digitalisierung viel rigoroser und vor allem ohne Bedenken um. Was dem vermeintlichen Fortschritt dient und ihn gar beschleunigt, wird einfach gemacht. Ob die Totalüberwachung am Arbeitsplatz im Sinne einer automatisierten Auswertung samt Rückkopplung oder der gläserne Bürger, dessen Verhalten wie das von einer gut geölten Maschine bewertet und sanktioniert wird – am Ende geht es um Effizienz, koste es, was es wolle. Über die liberalen Demokratien westlichen Zuschnitts können chinesische Partei-Nomenklatur-Mitglieder nur müde lächeln. Kein Wunder, dass es in China bereits Künstliche Intelligenz als Schulfach gibt. Menschenrechte oder gar Demokratie sind in einem solchen Kontext natürlich nur störend aus ihrer Sicht – sie sind ineffizient. Künstliche Intelligenz dagegen wird zum erstrebenswerten Ziel erkoren. Freiheit im Denken und Handeln sieht anders aus. Der Westen – insbesondere Deutschland – blickt mit einer unverhohlenen Bewunderung auf dieses System, das scheinbar so fortschrittlich ist, doch übersehen wir den menschen- und freiheitsfeindlichen Charakter, der auch die Wirtschaftskraft des Westens bedroht: Innovation kann es ohne Freiheit niemals geben, die Geschichte hat es oft genug bewiesen.

Ein System totaler Überwachung schränkt Freiheit massiv ein und kontrolliert sie. Innovation aber ist die Triebfeder jeder gesellschaftlichen Bewegung. Ein Staat ohne Innovation ist zum Stillstand verdammt – das Fahrrad der berühmten Revolution droht eines Tages umzufallen, zumal niemand mehr die Kraft haben wird, in die Pedale zu treten. In einem solchen Land hat Freimaurerei natürlich erst recht nichts verloren – ein Verbot der Freimaurerei in allen totalitären Staatsformen ist daher stets auf der Tagesordnung. Nun wird es erst richtig spannend. Wo verorten Freimaurer den Fortschritt? Wie steht ein vermeintlich anachronistisches und introvertiertes System zu Innovation und Zukunftsthemen?

Die Antwort darauf lässt sich unter anderem in der Symbolik und in den Ritualen finden. Beide sind zeitlos, orientieren sich nicht am aktuellen Geschehen und der Tagespolitik. Es geht viel eher um den Kosmos des Menschen in sich selbst. Herausgetreten aus Alltag und Profanem stellt sich das Ritual und dessen Symbolik als allgemeingültige Ansprache an das Individuum dar. Dabei jedoch ist es universell anwendbar, ohne den Anspruch auf vollständige oder totalitäre Wahrheiten zu erheben. Somit ist die Freimaurerei keine Schwarmintelligenz, denn der Interpretationsspielraum des vermittelten Wissens und der ihr eigenen Ethik ist zu groß. Viel eher handelt es sich um ein individualisiertes Netzwerkwissen, das erstens über die freimaurerische Tradition und zweitens über die Mitglieder selbst vermittelt wird.

Der individualistische Charakter der Freimaurerei ist eindeutig, was den Fortschritt betrifft: Der Mensch erkennt sich selbst, seine Fehler, seine Stärken und sein Leistungspotenzial. Der Mensch erkennt sich aber auch im anderen Menschen, um sein Handeln nicht nur an eigenen Maßstäben, sondern am Ethos des Gemeinwohls zu messen. Der Freimaurer ist dazu angehalten, vernünftig und gewissenhaft zu handeln, in all seinem Tun und Sein. Dies ist natürlich keine Absage an Lust, Freude oder Gewinnstreben. Freimaurer sind keine Heiligen, sondern Menschen wie du und ich. Jedoch versuchen sie, immer bessere Menschen zu werden, als sie es im Moment sind.

Somit verschreibt sich die Freimaurerei sogar vollkommen dem Fortschritt: Der Fortschritt des Individuums, mit dem Bestreben sich selbst stets zu verbessern, bedeutet gleichzeitig die Übertragung dieses Strebens durch Einzelne auf ihr gesellschaftliches Handeln – sei es im Beruf, in der Familie, im Ehrenamt oder im Hobby. »Morgen will ich besser sein als das, was ich heute bin«: Dieses zutiefst humanistische Ansinnen ist ein lebenslanges Streben eines Freimaurers. Doch ist es auch eben dieses humanistische Konzept, das mahnend auf Entwicklungen und Entdeckungen blickt – oder blicken sollte. Dass Freimaurer nicht doch nach Gewinn, Luxus, Lust und Wohlstand streben sollen, ist übrigens vollkommener Unsinn. Es steht jedem Menschen frei, sein Leben so zu führen, wie es ihn glücklich macht, auch einem Freimaurer.

Natürlich wird uns die Künstliche Intelligenz Türen öffnen, die wir jetzt noch gar nicht sehen können. Die Besiedelung des Mondes, eine Landung auf dem Mars oder aber der verantwortungsvolle Umgang mit den Ressourcen unseres Planeten sind ohne ihren Einsatz nicht vorstellbar. Die Menschheit wird ihr eigenes Potenzial vervielfachen. Der Mensch muss dabei aber stets selbstbestimmt und frei bleiben. Er wird entscheiden müssen, wie er seinen Willen nach Fortschritt ausrichtet: Dient der so ausgerichtete Fortschritt dem Menschen und seiner Umwelt oder entwickelt sich aus dem Fortschritt eine zerstörerische Kraft?

Die Frage nach dem freien Willen war übrigens bereits bei den ersten Raumflügen eine der wichtigsten Fragen. John Glenn und seine Kollegen, anders als ganz zu Beginn Yuri Gagarin, hatten die Möglichkeit, ihre Raumkapsel selbst zu steuern – was sich gerade bei den Kinderkrankheiten der ersten Raumschiffe als dringend notwendig erweisen sollte. Gleich bei seinem ersten Raumflug hatte Glenn mit diversen Fehlfunktionen zu kämpfen, sodass er seine Kapsel manuell neu ausrichten musste. Ein – wie ursprünglich vorgesehen – fremdgesteuertes System hätte seinen sicheren Tod bedeutet.

Die Piloten hatten auf so viel Autonomie wie möglich bestanden, obwohl es technisch fraglos möglich war, das gesamte Geschehen vollkommen vom Boden aus fernzusteuern. Viele leitende Ingenieure trauten den Astronauten nicht das Geschick zu, mit der damals modernsten Technik, welche die Menschheit zu bieten hatte, umzugehen – für sie waren die Astronauten lebender Ballast. Mit ihrer Weigerung, sich dem zu unterstellen, hatten die Astronauten gegenüber den Ingenieuren nicht nur ihren Berufsstolz als Kampfpiloten und Raumfahrer durchgesetzt, sondern die Maßstäbe für die Raumfahrt bestimmt, die bis heute gelten. Der Mensch bestimmt den Fortschritt selbst. Er muss stets in der Lage sein, die Kontrolle zu behalten.

Wie tief die Verbindung von Fortschritt, Freiheit und Gemeinwohl in der Gedankenwelt der Freimaurerei miteinander verwoben ist, zeigte sich tatsächlich bei der Mondlandung. Neil Armstrong war der erste Mensch, der den Mond betrat. Buzz Aldrin der zweite. Er ist Freimaurer. Neben unzähligen, beängstigenden oder auch belustigenden Anekdoten der Apollo-Flüge (wer hätte gedacht, dass Neil Armstrong die Kamera, die ihn auf dem Mond gefilmt hatte, noch Jahre später in seinem Badschrank versteckt hatte) ist ein Geschehen besonders interessant: Die Astronauten hatten ihren Vorgesetzten stets mit einer gewissen Renitenz, Eigenarten und Sturheit so manche graue Haare beschert. So kam es auch zu einem Ereignis, das so nicht bei der Planung des größten Ereignisses der Menschheit vorgesehen war. Bei seiner Reise zum Mond hatte seine Großloge Buzz Aldrin eine seidene Flagge mit freimaurerischer Widmung mit auf den Weg gegeben. Als er von der Leiter der Landefähre trat, trug er außerdem eine schriftliche Sonderabordnung bei sich, die ihn ermächtigte, im Namen der Grand Lodge of Texas die erste freimaurerische Jurisdiktion auf dem Mond zu gründen. Die Tranquility Lodge 2000, die nach dem Meer der Ruhe, dem Landeplatz der Fähre, benannt wurde, zeugt bis heute von diesem Ereignis.

11. HUMANKAPITAL UND MENSCHENBILD

»Es wird hier angestrengtester und zielbewußtester Arbeit bedürfen, um den Frauen im staatsrechtlichen und wirtschaftlichen Leben zu der Stellung zu verhelfen, die ihnen zukommt.«

MARIE JUCHACZ (1879–1956)

Mit knapp 40 Jahren stand Marie Juchacz als erste Frau überhaupt am Rednerpult eines deutschen Parlaments. Die Nationalversammlung von Weimar sollte Geschichte schreiben, auch für die Rechte der Frauen in Deutschland. Als hervorragende Rednerin bekannt, brachte Juchacz ihre Kollegen nicht nur ins Schwitzen, erntete so manche Beschimpfung und Anfeindung, sondern legte das Fundament der Gleichberechtigung im Parlament, nach dem bis heute gestrebt wird. Die gelernte Schneiderin war aus ärmlichen Verhältnissen zu einer begnadeten Rednerin und Politikerin aufgestiegen. Doch der Weg dorthin war durchaus steinig gewesen. Ihre Ausbildung hatte sie sich in Jugendjahren selbst finanziert. Ihre junge Ehe scheiterte bereits nach kurzer Zeit – sie zog nach Berlin, um sich mit einfachster Näharbeit das Überleben zu sichern. Doch das hielt sie nicht auf, sondern trieb sie nur noch mehr an, sich politisch einzusetzen. Das preußische Gesetz machte politisches Engagement von Frauen zu Beginn des 20. Jahrhunderts unmöglich. Stattdessen trafen sich findige und engagierte Frauen in Bildungsvereinen – zur Tarnung, denn dort wurde politische und nicht allgemeine Bildung betrieben und organisiert, vor allem aber wurde diskutiert, debattiert und Meinung gebildet.

Erst 1908, als das überholte Verbot der politischen Beteiligung von Frauen aufgehoben wurde, traten Frauen Parteien und Vereinigungen bei. Die politische Arbeit von Juchacz war bereits zu Zeiten des Verbots in der Sozialdemokratie ein offenes und zelebriertes Geheimnis gewesen, und sie stieg rasch über die kommunalen Ebenen zu einer deutschlandweit gefragten Referentin auf. Ihr erstes politisches Mandat trat sie mit 34 Jahren in Köln an, doch währte die Freude darüber nur kurz. Der Erste Weltkrieg veränderte auch das Leben von Juchacz, die mit ihrer Schwester nun im Rheinland lebte. Ihr wurde rasch klar: Der Krieg lässt die Schwächsten in der Gesellschaft hilflos zurück. Sie engagierte sich in der Sozialpolitik, vor allem in der Hilfe für Arme und Mütter.

Die Probleme im Land waren tiefgreifend: Junge Mütter, deren Männer in den Schützengräben saßen oder bereits gefallen waren, wurden mehr von Familie oder Freunden getragen als vom Staat. Wer beides nicht hatte, dem drohte die Armut. Und Armut bedeutete Hunger. So wurden viele Mütter und Witwen aus finanziellen Gründen dazu gezwungen, harte Arbeit in der Kriegswirtschaft anzunehmen, die ihnen das Leben als Alleinerziehende zur Tortur machte.* Mangelwirtschaft, Blockade, Fehlentscheidungen: Die sogenannte Heimatfront forderte der Bevölkerung viel ab – die Frauen jener Zeit wussten genau, was damit in Wirklichkeit gemeint war.** Das Los der vom Krieg ausgezehrten Arbeiterklasse zu erleichtern, das waren Ansporn und Triebfeder von Juchacz. Sie war

* https://www.awo-bs.de/fileadmin/downloads/Juchacz.pdf

** https://www.aerzteblatt.de/archiv/167694/Erster-Weltkrieg-1914-1918-Hunger-und-Mangel-in-der-Heimat

nicht nur eine Frau der großen Worte, sondern eine Frau der Tat. Was ihr wiederum und wenig überraschend so manchen Neider einbrachte. Ihre meist männlichen Gegenspieler lehrte sie mit ihrer Schlagfertigkeit das Fürchten, ihre Unterstützer achteten sie für ihr Herzblut und ihre unerschütterlichen Überzeugungen des sozialen Wirkens.

Es war das Jahr 1919. Der Krieg war zu Ende, Deutschland hatte verloren: Millionen Männer waren in den Schützengräben gestorben, invalide, traumatisiert oder in Kriegsgefangenenlagern, und Millionen Frauen blickten in den Abgrund ihrer Existenz. Neben ihrer Berufung in die Nationalversammlung stand Juchacz der Gründung der Arbeiterwohlfahrt, heute bekannt als die AWO, vor. Verzweiflung, Leid und Verlust war wie die Pest über Europa hergefallen, Deutschland wurde von Aufständen, Instabilität und Wirtschaftskrisen heimgesucht. Es begann in Deutschland aber auch die große Zeit der Reformen, der Demokratie und der Neustrukturierung, in dem das Kaiserreich durch ein republikanisches System das Volk zum Souverän machen sollte. Die Rolle des selbstbestimmten Menschen neu zu denken, Humankapital zu schaffen und das Individuum nicht mehr als Teil der arbeitenden Masse, sondern als ein sich selbst verwirklichendes und würdig selbstbestimmtes Wesen zu verstehen, das ist eine der Errungenschaften der noch jungen Demokratie von 1919 in Deutschland.

Unter Humankapital verstehen wir allgemein die Kenntnisse, Qualifikationen, Kompetenzen und Merkmale, die es uns ermöglichen, unser persönliches und soziales Wohlergehen zu steigern. Der wirtschaftliche Erfolg einer Gesellschaft und eines Landes hängt hiervon wesentlich ab. Doch handelt es sich nicht um ein fiskalisches Vermögen, sondern um einen viel tiefgründigeren und nachhaltigen Wohlstand, der kaum mit Geld zu bemessen ist. Humankapital fasst Ausbildung, Leistungspotenzial, Erziehung, Ertragskraft mit den sozialen Aspekten der Freiheit, Zivilgesellschaft und individuellen Lebenswelt zusammen.

Dass Menschen mit höherem Bildungsniveau in der Regel ein höheres Einkommen beziehen, ist bekannt, ebenfalls, dass diese höheren Erträge auch ein größeres Wirtschaftswachstum bewirken. Bildung kommt in diesem Sinn beim Aufbau von Humankapital eine Schlüsselrolle zu. Für den Erfolg einer Gesellschaft, eines Staates und eines Systems ist dieses Humankapital entscheidend. Es geht nicht nur um universitäre Bildung, sondern um das vermittelte Wissen an den Menschen, das er selbstbestimmt, frei und verantwortlich anwendet.

Vielen Menschen jedoch wird heute nicht die Möglichkeit gegeben, ihre Fähigkeiten voll zu entwickeln, was ihre Beschäftigungsmöglichkeiten erheblich beeinträchtigt. Das führt zu wirtschaftlicher und sozialer Marginalisierung. Die Auswirkungen des Humankapitals gehen deshalb über wirtschaftliche Aspekte hinaus und haben auch Auswirkungen auf den Leistungs- und Gesundheitszustand. Daraus wird ersichtlich: Nur eine Gesellschaft, die das individuelle Wohl mit all dessen Facetten der Selbstverwirklichung, Verantwortung des Einzelnen gegenüber dem Gemeinwohl und die individuelle Lebensvorstellung ins Zentrum ihres Handelns stellt, kann leistungsfähig sein. Da die Globalisierung Wachstum und immer größere technologische Kompetenzen und Anpassungen verlangt, wird davon ausgegangen, dass die Bedeutung des Humankapitals in den kommenden Jahren mit Sicherheit weiterhin wachsen wird und damit ebenfalls die Notwendigkeit des lebenslangen Lernens.

Um aber eine Sinnhaftigkeit des Lebens zu finden, innere Ruhe und Zufriedenheit in uns herzustellen und uns so dem eigenen inneren Wesen zu nähern, bedarf es mehr als nur einer Verbesserung des persönlichen Wohlergehens auf Grundlage der Herstellung von Humankapital. Denn elementare Fragen des Lebens – woher komme ich, wohin gehe ich, was ist meine Aufgabe oder wie gehe ich mit meinen Mitmenschen um – werden in der Profanität der Arbeitswelt oder des Sozialwesens nicht bearbeitet, dazu ist die Welt schon seit Langem zu schnelllebig geworden. Da ist schon eher ein sich am Sinn des Lebens orientierendes und auf die individuellen Bedürfnisse eingehendes Erklärungsmodell gefragt, das moralische und ethische Entwicklung möglich macht.

Humankapital und Individualität gehen Hand in Hand. Freimaurerei ohne Individualität wiederum kann es nicht geben. Der selbstbestimmte, freie und nach dem Guten strebende Geist der Freimaurerei findet im Begriff des Humankapitals einen Dreh- und Angelpunkt, mit dem er sich im System einer Gesellschaft integrieren kann: Die Freimaurerei – seit den Enteignungen des Dritten Reiches insbesondere die deutsche – hat keine großen Reichtümer, geheimen Weltformeln oder lebensverlängernden Riten, mit denen sie gesellschaftlich etwas beitragen kann. Das einzige und größte wirkliche Potenzial liegt im Humankapital der Mitglieder. Der Aufbau dieses menschlichen Kapitals liegt – tief verankert im Urgedanken der Freimaurerei – in der Stärkung des Individuums, das sein Leben nach seinen Wünschen ordnet, befreit von negativen Zwängen und idealerweise zum Wohle der Gemeinschaft führt.

Die heute unter 30-Jährigen wuchsen mit Themen und Diskussionen über Krisen, Reformen und Alternativlosigkeit auf, sie sollen aber gleichzeitig Verantwortung übernehmen, nachhaltig sein und ein sinnhaftes Leben führen. In der heutigen Postmoderne finden sie kein Streben nach Endzuständen mehr, vielmehr geht es um technische Lösungen konkreter Fortschrittsprobleme – ohne jedoch eine weitere Angabe darüber zu machen, was denn nun das

Ziel des Fortschritts sei, da ja ein vollkommener Verzicht auf jedwede Form von Metaphysik und Meta-Erzählung propagiert wird. Ethik wird zunehmend als freie Verabredung und Übereinkunft mehrerer Beteiligter gedacht. Dabei wird völlig ausgelassen, ob etwas objektiv gut oder schlecht sei, es anderen nütze oder schade, ob es mithin eine objektiv gültige Zentralperspektive gebe, die einen universal gültigen Blick auf ein kulturübergreifendes Natur- oder Menschenrecht erlaubt. Es zählt nur noch permanente Innovation und Kreativität. Das Individuum bleibt dabei in seiner Entwicklung immer mehr auf der Strecke. Das Leben wird nicht mehr als eine Annäherung an Ideen im Geiste einer Schöpfung, sondern als autonome Teilnahme an einer »göttlichen Kreativität« verstanden.*

Das Projekt der Postmoderne ist die permanente Modernisierung. So ist beispielsweise die Folge unserer veränderten Lebenswelt durch Informationstechnik und der globalisierten Informationsgesellschaft eine radikale Relativierung unserer bisherigen traditionellen Werte und überlieferten Meta-Erzählungen. In unserer scheinbar perfekten und technisch beherrschbaren Welt wird Gesundheit zum letzten weltlichen Ziel erklärt. Es wird nicht erklärt, welchem Ziel nun die Gesundheit dient, außer, um zu überleben. Man ist also gesund, um gesund zu sein. Hinter dieser Aussage versteckt sich ein Dämon, den wir zwar glauben ausgetrieben zu haben, der sich jedoch tief und unwiderruflich in der arbeitsteiligen Gesellschaft etabliert hat: Nur wer gesund ist, kann Leistung bringen.

Leistung wird als Ware, als Zahlungsmittel gesehen, ganz gleich in welchem politischen System wir leben. Nur wer etwas leistet, kann etwas dafür bekommen, um sich zu ernähren. Vom Kapitalis-

* http://www.katholischeaerztearbeit.de/uploads/pdf/paderborn_aerztetag_2005.pdf

mus über den Kommunismus bis hin zur Sozialen Marktwirtschaft: Ein Staat ist immer eine Gemeinschaftsleistung, und diese Leistung muss von Individuen erbracht werden. Leistungsausfälle können in einem sozialen Gefüge getragen werden, können aber niemals die Regel sein. Wie rasch ein vermeintliches höheres Gut, eine scheinbar höhere Moral oder ein angeblich höheres Ziel jedoch das Individuum entmenschlicht zurücklässt, krank und ausgezehrt, bedroht, in seiner Freiheit eingeschränkt, gebrochen oder vernichtet, davon hat die Weltgeschichte unzählige Beispiele, bis heute.

Das digitale Zeitalter hat das Individuum schon seit der Inbetriebnahme der ersten Server und Homepages als Massenprodukt entdeckt. In einer unglaublich schnellen Taktung entstehen Berufe und Markttrends, die kurz vorher noch nicht einmal vorstellbar waren. Diese digitale Welt gehört der Jugend, den jungen Erwachsenen, denn von ihnen kommt die Innovation. Sie wird aber bestimmt von Älteren, die innovativ immer weniger mithalten können. Die Alten verstehen die Jungen nicht, den Jungen jedoch fehlen Erfahrung und Weitblick, sich zu verorten und festen Grund im Treibsand des schnell fließenden Flusses der Digitalisierung zu finden. Die Flucht in die Auflösung der Individualität ist die unvermeidliche Folge dessen. Ein gefestigtes humanistisches Weltbild kann im rauschenden Fluss Halt bieten, indem es durch Werte Inhalte schafft, auf denen das Individuum Fuß fassen kann.

Freimaurerei ist nicht exklusiv und verträgt sich mit jedem religiösen oder philosophischen Weltbild – sofern dieses nicht dogmatisch gelebt wird –, aber sie setzt sich verbindliche ethische Normen, die für Menschen jeder Kultur, Herkunft oder Überzeugung akzeptabel sind. In seinem Buch »Die Freimaurerei und ihr Menschenbild« beschreibt Giuliano di Bernardo die Freimaurerei in etwa so: Sie versteht sich als hohe Schule der Toleranz und Brüderlichkeit und eint in diesem Ideal alle Freimaurer der ganzen Welt. Jedem lässt sie seine eigenen Überzeugungen und Lebensweisen, aber jeden verpflichtet sie auf die gleichen ethischen Normen. Sie vermittelt keine Offenbarungen oder Dogmen, aber sie will zu einem ganz besonderen Stil der Lebensgestaltung führen, appelliert dabei an das von Kant beschriebene »moralische Gesetz in uns« und bezieht sich dabei auf geistesgeschichtliche Zusammenhänge im humanistisch-philosophischen Denken.*

Humankapital ist keine Investition in die Gesellschaft, denn das würde freie Verfügung von Individuen nach wirtschaftlichen Gesichtspunkten bedeuten. Humankapital ist viel eher die Ursache einer Gesellschaft, ihre Grundlage und ihr Bestimmungszweck. Gleichermaßen wiederum ist Humankapital der Stoff, der eine Gesellschaft überhaupt erst zusammenhält. Es ist also ein sich gegenseitiges bedingendes, dialektisches Verhältnis, das sich hier auftut.

Das kleinste Pixel, das wir in einer Betrachtung von Gesellschaft und Humankapital darstellen können, ist das Individuum. Es hat Privilegien, Rechte und Pflichten. Gleichmacherei und Individualität schließen sich aus. Kein Mensch gleicht dem anderen, jeder Mensch hat andere Begabungen, Talente, Einschränkungen oder Vorteile, mit denen er in die Welt tritt. Humankapital besteht nicht aus gleichen Teilen, sondern aus der bunten Mischung der Individuen, die eine Gesellschaft bilden. Im gleichen Atemzug bedeutet Humankapital, das Individuum zu stärken, vor zu großer Ungleichheit und Ungerechtigkeit zu beschützen und zu fördern. Das ist keine Gleichmacherei, sondern das, was Demokratie bedeutet: gleiche Rechte für alle.

* Vgl. Di Bernardo, Giuliano: Die Freimaurer und ihr Menschenbild, Passagen Verlag, Wien 3. Auflage 2010

Dieses kleinste Pixel also, den einzelnen Menschen, sucht und findet die Freimaurerei. An ihn und sie richtet sie sich. Individualität als Währung des Humankapitals wird in der Freimaurerei geradezu wertschöpfend betrieben. Vom Ritual über Schriften bis hin zum gemeinschaftlichen Erlebnis: Im Mittelpunkt des Ganzen steht jeder Einzelne für sich, im Kreise der gleichgestellten Gruppe. Es ist eine Investition ohne Rückversicherung: Der Einzelne wird gefördert, die von ihm verlangten Gegenleistungen sind überschaubar und leicht zu erbringen, denn der Einzelne soll in sich selbst investieren. Die Freimaurerei steuert etwas Fremdkapital bei, indem sie den Einzelnen an der Gruppe und der Tradition teilhaben lässt, ihn zur Arbeit an sich selbst aufruft und den Zins davon an die übrigen Mitglieder abgibt. Diese asymmetrische, wechselseitige Investition in die persönliche Entwicklung fördert alle Beteiligten im freimaurerischen System, die es ernst meinen und die das auch erkennen.

Wohlfahrt ist eine Hilfe zur Selbsthilfe, wie die Freimaurerei auch. Doch wählt Wohlfahrt einen sozialpolitischen Ansatz: Dieser muss an Bedingungen geknüpft sein, die in der Freimaurerei aufgrund ihres freizügigen Charakters keinen Bestand haben können – politische Weltanschauung wird in der Freimaurerei toleriert, aber niemals propagiert. Freimaurerei fördert den Austausch, auch den politischen und gesellschaftlichen zwischen den Mitgliedern, schränkt sie aber gleichzeitig ein: Jede Meinung, die auf Humanität, Toleranz und Freiheit beruht, ist erlaubt und erwünscht. Die Freimaurerei tritt niemals geschlossen nach außen auf, kann keine Maximen oder Manifeste herausgeben, denn das bedingungslose Bekenntnis zum freien Individuum untersagt jede gruppenspezifische und diskursiv errungene Willensbekundung für die Öffentlichkeit, die im Gegensatz dazu Vereinigungen oder Parteien zwingend zu eigen sein muss. Es wirkt der Freimaurer als Individuum, die Wohlfahrt aber wirkt als Institution. Das zugrunde liegende Prinzip, die Anerkennung eines jeden Menschen als fühlendes, bedürftiges und liebenswertes Wesen, ist beiden jedoch gemeinsam.

Marie Juchacz war mit harter Arbeit zu einer der bedeutendsten Personen der Weimarer Republik aufgestiegen. Ihre Weggefährten lernten sie als lernbereite, tolerante und einfühlsame Kämpferin für die Rechte der Frauen und die Rechte der Armen kennen. Mit der Machtergreifung der Nationalsozialisten jedoch fand die Arbeiterwohlfahrt ein jähes Ende. Nach gescheiterten Versuchen einer Gleichschaltung löste sich die Vereinigung selbst auf. Juchacz floh über diverse Stationen in Europa schließlich in die Vereinigten Staaten und engagierte sich dort ebenfalls in der Wohlfahrt für die in Amerika lebenden Opfer des Nationalsozialismus weiter. Nach dem Krieg kehrte sie nach Deutschland zurück und betrieb mit voller Kraft den Wiederaufbau der Arbeiterwohlfahrt in ihrer Heimat. Sie hatte in ihrem Leben viel erlebt und gesehen. Sie hatte das Potenzial, die Bedürftigkeit und die Menschlichkeit in jeder Seele erblickt und sich für die Anerkennung der Würde eines jeden Einzelnen eingesetzt. Die Ungerechtigkeit, mit der sie früh konfrontiert war, hat sie dazu bewegt die Gesellschaft verändern zu wollen, hin zu mehr Gleichberechtigung und Fürsorge als Verpflichtung des Staates gegenüber dem Einzelnen. Als eine der Mütter des modernen Sozialstaates hat sie ein Menschenbild gestützt, das dem der Freimaurerei bekannt ist: der Mensch als freies, selbstbestimmtes, gleichberechtigtes und würdiges Lebewesen.

12. HUMANISMUS UND PSEUDOHUMANISMUS

»Du trägst in dir den Himmel und die Erde.«

Hildegard von Bingen (1098–1179)

»Du kannst zum Niedrigen, zum Tierischen entarten; du kannst aber auch zum Höheren, zum Göttlichen wiedergeboren werden, wenn deine Seele es beschließt.«

Giovanni Pico della Mirandola (1463–1494)

Der »Phoenix der Geister«, ein bewunderter Gelehrter, ein Schöngeist und ein Menschenfreund: So feierte man bereits zu Lebzeiten Giovanni Pico della Mirandola. Er war zu diesem Zeitpunkt gerade einmal 23 Jahre alt.* Als jüngster Sohn des Grafen della Mirandola war Giovanni ein wahres Wunderkind, das schon mit vierzehn Jahren bestens mit der klassischen Philosophie vertraut war. Das Leben eines Klerikers, wie seine Eltern es ursprünglich für ihren Sohn vorgesehen hatten, war nichts für ihn. Stattdessen studierte er Rechtswissenschaften und Philosophie. Von Bologna nach Florenz übergesiedelt fand er schon rasch im Kreise des Lorenzo il Magnificos Anschluss, welcher der berühmten Familie der *Medici*

* https://www.deutschlandfunk.de/Renaissance-philosophie-im-vorfeld-der-reformation-ueber.2540.de.html?dram:article_id=389628

entstammte. Als Förderer der Künste war Lorenzo einer der reichsten und mächtigsten Menschen Europas. Der geistige und kulturelle Einfluss der Medici ging weit über die Grenzen Italiens hinaus, beeinflusste alle Denker, Gelehrten, aber auch die Einflussreichen, Reichen und Mächtigen jener Zeit, der Renaissance.

Mit dem Buchdruck wurden die griechischen Schriften und die der Humanisten in der Welt der Gelehrten bekannt. Im 15. und 16. Jahrhundert fand man an vielen Universitäten Humanisten, sodass der Humanismus auch viele spätere Reformatoren prägte. Italien spielte eine bedeutende Rolle bei seiner Verbreitung. Den Gelehrten ging es um das alte Wissen in seiner Reinform. Mit viel Geld und Mühe machten sie verloren geglaubte literarische Werke allgemein zugänglich. Das Kulturelle Gedächtnis Europas erlebte somit einen Boom der Wiedergeburt – die Erkenntnisse über Zusammenhänge und Auswirkungen von Religion, Tradition und Geschichte waren kein Herrschaftswissen mehr, das in seltenen Ausgaben handschriftlich auf Pergament überliefert wurde, sondern ein Kulturgut, das immer mehr Menschen offenbart wurde.

Die Familie der Medici gehörte zu den größten Förderern von Kunst, Literatur und Wissenschaft. Florenz entwickelte sich zum damaligen Zentrum des Humanismus, der Kultur und der Schönen Künste. Giovanni stieg trotz seiner jungen Jahre rasch zu einem gut vernetzten Universalgelehrten auf. Mit nur 24 Jahren hielt er seine Gedanken zur Würde des Menschen schriftlich fest. Er setzte den Schwerpunkt auf die Freiheit des Menschen, der seinen Platz in der Schöpfung selbst findet und besetzt, also selbst Gestalter seines Lebens ist.

Wie auch Suger von Saint-Denis – wir haben ihn bereits als den geistigen Vater der Gotik kennengelernt – hatte Mirandola den Pseudo-Dionysius Areopagita gelesen und daraus seine Schlüsse über den Platz des Menschen im Kosmos und sein Verhältnis zu Gott gezogen. Der Mensch als Abbild Gottes hat demnach eine besondere Würde und Freiheit inne – die Menschenwürde. Gott als der höchste Baumeister hat den Tempel seiner Schöpfung zuletzt mit dem Menschen versehen, ihm jedoch keinen festen Wohnsitz in diesem Tempel zugeteilt, auf dass er sein Leben so gestalten könne, wie er es sich wünsche. Adam als Archetyp steht es demnach frei, sich zum Göttlichen zu erheben oder zum niedrigsten Geschöpf hinab zu entwickeln.*

Der Mensch soll sich seiner Begierden entledigen, den Wissenschaften nachgehen, die Moral als sein Gewissen und die Logik als seine Vernunft nutzen, um die Erleuchtung zu erfahren und zu Gott aufzusteigen. Dieser dreistufige Prozess ist mit der Idee des freimaurerischen Erkenntnisweges mehr als nur eng verwandt.** Das ist kein Zufall, denn der Humanismus der Renaissance ist eindeutig im freiheitlichen Menschenbild der Freimaurerei übernommen worden.

Der Humanismus hat seine Ursprünge im antiken Griechenland, auch Mirandola war ein begeisterter Leser der antiken Werke. Welcher Staat ist für die Menschen der richtige? Was ist das Gute und was ist das Glück? Wie dienen Gesetze dem Menschen, und wie sieht die ideale Gesellschaft aus? Diese Fragen hatten sich im antiken Griechenland insbesondere durch die Kulturkrise nach dem Peloponnesischen Krieg ergeben. Mit Platon und Isokrates begann ein neues Kapitel im kulturellen Austausch zwischen Ägypten und Griechenland. Die Philosophen stellten diese grundlegenden Sinnfragen und suchten Antworten in der Weisheit des Nils. Als die Pto-

---

* https://www.logon.media/de/node/486
** https://de.wikipedia.org/wiki/Giovanni_Pico_della_Mirandola

lemäer die Herrschaft über das alte Pharaonenreich erlangten, war die Verbindung aus dem progressiven Denken der Hellenen und dem mystischen, traditionellen und staatsdienenden Verständnis der Ägypter perfekt. Das Kind dieser Verbindung ist der paneuropäische Hellenismus – die Wiege des Abendlandes und des modernen Humanismus.* Es geht dabei um den Gedanken der Kulturerziehung und Menschenbildung im Zusammenspiel mit dem Geist der übrigen Völker des europäischen Kulturkreises.

Wie eng Freiheit und Humanismus zusammenliegen, zeigt sich in Platons Politeia, indem er fragt: »Wohlan denn, lieber Freund, welches ist wohl die Art, wie die Tyrannei entsteht? Denn daß sie sich aus der Demokratie abändert, ist wohl fast offenbar!«** Das Schicksal des Einzelnen ist nicht nur bestimmt durch Staat und Herrschaft, sondern vor allem durch die übergeordnete Ansicht dessen, was ein gutes, menschenwürdiges, nützliches und freies Leben sei. Freiheit braucht einen Rahmen, um nicht missbraucht zu werden – die Humanität.

Doch das tiefergehende Streben um Menschlichkeit verblasste über die Jahrhunderte, es war in anderer Form in der Entstehung der christlichen Mystik eingeflossen. Erst im 14. Jahrhundert wurde in Italien den originalen Schriften der antiken Autoren wieder mehr Beachtung geschenkt. Es war der Beginn einer neuen Gelehrsamkeit. Es begann eine umfassende Rückbesinnung auf die Antike, sowohl in der Kunst als auch in der Architektur. Das, was wir heute allgemein unter Humanismus verstehen, kann auch als Synthese aus dem Humanismus der Antike und dem christlichen Men-

* Assmann, Jan: Weisheit und Mysterium. Das Bild der Griechen von Ägypten, Verlag C. H. Beck, München 2000, S. 31 f.

** Platon, Sämtliche Werke, Band 2, Rowohlts Enzyklopädie, Hrsg. Burghard König, Reinbek bei Hamburg, 30. Auflage 2004, Politeia 562a, Seite 471

schendbild bezeichnet werden. Die Wiedergeburt der Welt der Antike ist die Suche nach dem eigenen Ursprung. Es geht dabei um den Ursprung der Kultur, aber auch der Religion und des eigenen Ichs.

Bereits begrifflich richtet sich der Humanismus direkt an den Menschen, an seinen Geist, sein Wesen, seine Seele und seinen Verstand. Der einzelne Mensch steht also im Vordergrund. Zu den Prinzipien des Humanismus gehören unverzichtbar Meinungsfreiheit und Toleranz. Dazu gesellen sich auch Güte, Mitgefühl und Freundlichkeit. Der Mensch sollte an sich arbeiten und seine Fähigkeiten voll entfalten. Auf diesen Grundlagen soll das menschliche Zusammenleben beruhen. Der Humanismus ist also der Grundpfeiler der Demokratie.

In Deutschland beschäftigte sich *Nikolaus von Kues* (Cusanus) intensiv mit den Ideen des Humanismus; als erster deutscher Humanist gilt bis heute Johannes Reuchlin aus Pforzheim, Großonkel Philipp Melanchthons. Der schwäbische Gelehrte war vor allem von den italienischen Humanisten inspiriert, die sich um die Medici versammelt hatten. In Deutschland gehörten ferner *Ulrich von Hutten* und der Wegbegleiter Martin Luthers, Philipp Melanchthon, zu den Befürwortern und Vertretern des Humanismus.

Der Buchdruck wurde über die Jahrhunderte mehr und mehr das analoge Internet: So schnell eben ein Mensch eine Druckmaschine bedienen und ein Pferd reiten kann, wurden Gedanken, Informationen und Nachrichten verbreitet. Für die Entwicklung der Demokratie war der Buchdruck eine grundlegende Bedingung. In den damals noch britischen Kolonien auf dem amerikanischen Kontinent hatten sich im 18. Jahrhundert immer mehr Zeitungen und Verlage gegründet, aber auch privat wurde reichlich gedruckt und veröffentlicht. Nun wurden die Ideen des Humanismus, der Aufklärung und die daraus resultierenden politischen Ansprüche des

Bürgertums in alle Ecken des Landes verteilt, zugänglich für jeden, der lesen konnte. Es war die logische, ja einzige Folge dessen, was durch den Buchdruck und den Humanismus Jahrhunderte zuvor in die Gesellschaft gesät wurde: freies Denken, für freie Menschen, die gleichwertig leben und handeln wollen. Diese Ideen kamen mit der Demokratie als Trägerin zurück nach Europa und zündeten den Funken für die großen Revolutionen der Moderne, den Kampf um Freiheit und um die Anerkennung der Rechte des Individuums.

Das in der deutschen Klassik durch Johann Gottfried Herder, Johann Wolfgang von Goethe hin zu Friedrich Schiller und Friedrich Hölderlin geprägte Menschenbild erkennt den mündigen Menschen im Zusammenwirken von Vernunft und Sinnlichkeit. Es entdeckt sozusagen den freien und selbstbestimmten Menschen. Der Mensch steht im permanenten Widerspruch zu jeder Form von kirchlicher oder staatlicher Bevormundung. Er strebt danach, die Welt menschenwürdiger zu gestalten. So wird der Humanismus immer von der jeweiligen Zeit und Gesellschaft geprägt sein, so auch in den Menschenrechten, wie sie in der französischen Nationalversammlung 1789 gefordert und 1791 in der amerikanischen Verfassung verwirklicht worden sind.

Den Begriff »Pseudohumanismus« findet man unter anderem in der Imperialismusforschung. Der Historiker Wolfgang J. Mommsen gab hierzu 1969 einen pluralistischen und nicht-marxistischen Erklärungsansatz. Er betonte hierin die ideologische Komponente des Imperialismus, ohne die ökonomischen Antriebskräfte auszublenden. Mommsen sah den europäischen Imperialismus als die äußerste Form nationalistischen Denkens an. Er stellte klar, dass die Idee der »Nation« ursprünglich mit der Demokratie verbunden war. Ab 1885 sei dann ein pathetischer Imperialismus hervorgetreten, sodass es zu einem antiliberalen Verständnis von »Nation« gekommen sei. Als Gründe für den Imperialismus nannte er den Pseudohumanismus, das religiöse Sendungsbewusstsein der Europäer und das Bestreben der Großmächte, Weltmachtstatus zu erlangen.*

Darüber hinaus verbreitet sich der Begriff »Pseudohumanismus« zunehmend in unserem Sprachgebrauch. Hierbei sind Humanismus und Pseudohumanismus nicht Namen desselben, sondern meinen das Gegenteil, vielleicht ähnlich gegensätzlich zu werten wie in der Antike die Philosophie und die Sophistik. Die Philosophie hatte dabei den Stellenwert der Liebe zur Weisheit, die Sophistik hingegen wurde als Rede der Rede wegen und als Verführerin des Volkes angesehen.

Wir leben in einer postmodernen Zeit neuer Ungewissheiten, Risiken, Krisen und chaotischen Entwicklungen. Vieles beginnt sich unserer bisher bewährten Rationalität zu entziehen. Auch beginnen wir zu erkennen, dass viele aus der Aufklärung entwickelten Errungenschaften nicht selbstverständlich und selbsttragend sind. Ebenso müssen wir das Für und Wider weltweiter offener Kommunikation und technologischer Entwicklungen neu berücksichtigen.

Erschwerend bei der Suche nach Sinn, Orientierung und Ordnung sind die vielfachen pseudohumanistischen Umdeutungen von moralischen und ethischen Wertbegriffen zur Durchsetzung eigener materialistischer, politischer oder ideologischer Interessen, die Freiheit, Toleranz und den Respekt gegenüber dem andersdenkenden Menschen einschränken und oft ausgrenzende Wirkung haben. Und in dieser gefühlten Unordnung endet das Streben nach Selbstverwirklichung oft beim Psychotherapeuten.

So läuft nach dem Neurologen und Psychiater *Viktor Frankl* diese oft gepriesene pseudohumanistisch-psychologische Rede nach

---

* https://de.wikipedia.org/wiki/Imperialismustheorie

der Selbstverwirklichung auf eine Täuschung hinaus. Selbstverwirklichung sei nie auf direktem Weg zu erzielen, sondern stelle sich immer nur als unbeabsichtigte Nebenwirkung ein. Er war auch der Überzeugung, dass der Mensch nicht darauf aus sei, glücklich zu sein, sondern vielmehr darauf, einen Grund zu haben, glücklich zu sein. Von Frankl stammt auch der Satz »Je mehr es dem Menschen um Lust geht, umso mehr vergeht sie ihm schon.« Also scheitert das Lustprinzip an sich selbst. Der Psychologe *Abraham Harold Maslow* gilt als Gründervater der Humanistischen Psychologie und stellte an die Spitze seiner Bedürfnispyramide die Selbstverwirklichung. In seinen letzten Publikationen begann er Frankl zuzustimmen und schrieb: »Meine Erfahrung stimmt mit Frankl überein, dass die Selbstverwirklichung von jenen, die diese direkt anstreben, in Wirklichkeit nicht erreicht wird. Ich stimme ganz mit Frankl überein, dass das ursprüngliche Anliegen des Menschen sein Wille zum Sinn ist.«

Bei dieser Sinnfindung zu Zeiten des Umbruchs müssen Menschenrechte, Meinungsfreiheit, persönliche Freiheit, Privatsphäre, aber auch Bildung, Gleichberechtigung und soziale Teilhabe bewahrt und jeweils neu erstritten werden. Auch die Rolle der Religion gilt es neu zu untersuchen und zu bewerten, was nicht nur hierzulande, sondern auch anderswo gilt. Tun wir dies nicht, drohen uns neue Gewalt, neuer Wahn, neue Ideologien, Unwissenheit und Aberglaube. Dem kann man entgegentreten mit dem, was schon zu Zeiten der Aufklärung die Parole war: Bildung, Aufbruch aus Verdummung und Überwachung, aus Ungerechtigkeit und Knechtschaft, aus Terror und Gewalt. Hierzu müssen Ziele und Werte neu formuliert werden, muss Verantwortung neu buchstabiert werden, müssen kritisches Bewusstsein und entschiedenes Eintreten für unsere Freiheit geübt werden. In Zeiten von Fake-News, Pseudohumanismus, Postmoderne und Künstlicher Intelligenz gilt es, den wahren Humanismus vor Missbrauch und wie auch immer gearteter Vereinnahmung zu schützen. *

Die Folge dieser Welt ohne Halt ist die immer stärker werdende Tendenz zum Narzissmus, als selbstbetrügerische Selbstfindung. Finde dich selbst und optimiere dich. Lebe besser, genieße mehr, finde dich im Konsum. Der Druck der Gesellschaft auf den Einzelnen zur Selbstoptimierung ist jedoch altbekannt und nichts Neues. Neu hingegen ist die digitale Dynamisierung des Prozesses, der zum Narzissmus aufruft. Menschen müssen gar nicht mehr erst dazu aufgefordert werden, sich selbst zu optimieren und im bestmöglichen Profil darzustellen, sie machen es bereits ganz von selbst. Das Individuum ist zum digitalen Massenprodukt geworden. Dabei wendet es sich kruden Ideen, Philosophien oder Techniken zu, die Giovanni Pico della Mirandola oder Johannes Reuchlin die Haare zu Berge stehen lassen würden.

Es wirkt für narzisstische Denkstrukturen sehr attraktiv, durch pseudoesoterische Ideen die eigene – hervorgehobene – Position im Kosmos zu finden und zu festigen. Psychologisch gesehen ist Pseudoesoterik der Nährboden des Narzissmus, denn der Zusammenhang mit einer verborgenen, übersinnlichen oder gar überirdischen Realität und dem eigenen Individuum erhebt eben jenes über die Banalität des Lebens hinweg. Das Heranziehen diverser okkultistischer oder metaphysischer Lehren und Praktiken zur Selbsterkenntnis und Selbstverwirklichung des Menschen stellt das Ego in den Mittelpunkt, leider allzu oft, ohne einen klaren Rahmen als Orientierung zu setzen. Klare Gesetzmäßigkeiten oder Sittengesetze wie Religion oder Naturgesetze werden umgangen oder ausgeblendet.

---

* https://publicopinia.de/?tag=geschichte

Die Freimaurerei lehnt eine solche sinnbefreite Egozentrierung – trotz der eindeutigen Adressierung an das Individuum – eindeutig ab. Der zutiefst humanistische Grundgedanke der freimaurerischen Idee ist in Anbetracht der Herausforderungen der Postmoderne absolut angebracht und tagesaktuell: Sie vermittelt Sinnfindung durch Selbsterkenntnis. Der Humanismus ist der Orientierungspunkt allen freimaurerischen Geschehens. Dabei ist der undogmatische Monotheismus die Grundlage dieser Gedankenwelt: Der Mensch ist Teil des Ganzen und trägt den göttlichen Funken in sich. Dies muss er allen seinen Mitmenschen ebenso zugestehen, sie als seinesgleichen anerkennen und genauso behandeln wie sich selbst.

Die Freimaurerei versteht sich selbst als humane Gesellschaft. In seinem Werk »Ernst und Falk« hat sich Lessing unter anderem eben diesem Thema gewidmet: Ernst und Falk sind Freunde, sie haben mehrere Gespräche zur Freimaurerei. Sie sind sich darin einig, dass eine Gesellschaft absolute Gleichheit unter den Menschen weder schaffen könne noch solle. Auch könne es keinen Weltstaat geben, der Herkunft, Nation oder Stand für alle gleich mache. Die Freimaurerei versuche diese Ungleichheiten aber zu beseitigen, da sie weltliche Belange unangetastet lasse, sich staatliche oder politische Gegebenheiten nicht zu eigen mache, sondern den Menschen als göttliches Wesen, losgelöst von seinen gesellschaftlichen Bindungen, betrachte. Reichtum, Besitz, Stand, Herkunft oder staatliche Zugehörigkeit werde es in der bürgerlichen Gesellschaft immer geben, die Freimaurerei jedoch sehe nur gleiche Menschen unter Gleichen. Die humane Gesellschaft der Logen enthebt sich nicht von Staat und Gesellschaft, sondern sieht sich als Teil des Ganzen. Alle Menschen sind Teil der gleichen Humanität. Es ist dem Menschen freigestellt, ob er sich zum niedersten oder zum höchsten

Wesen der Erde entwickelt – die Grundbedingung dafür ist, dass er diese freie Entscheidung seinen Mitmenschen ebenfalls zugesteht.

Dies ist im Sinne Mirandolas, der Freiheit und Menschenwürde untrennbar miteinander verknüpft hatte. Als junger Gelehrter war er seiner Zeit nicht nur weit voraus, sondern hatte es sich wie so mancher Vordenker zum Sport auserkoren, die Mächtigen gegen sich aufzubringen. Mit seiner losen Feder brachte er mit seinen Thesen außerdem nicht nur den Papst gegen sich auf, sondern verschaffte sich auch allerhand andere Feinde, Gegner und Neider – vor denen ihn selbst die mächtigen Medici nicht vollständig schützen konnten. Mit gerade einmal 31 Jahren starb er nach mehrtätigem Fieber in seiner Wahlheimat Florenz – wie sich knapp 500 Jahre später herausstellen sollte, durch eine Arsenvergiftung. Sein Vermächtnis hingegen ist unsterblich – Freiheit, Menschenrechte und Gleichberechtigung sind das Erbe der ersten Humanisten. Es ist unwiderruflich Teil unseres Kulturellen Gedächtnisses, das unser Denken, Handeln, unsere Ansprüche und unsere Zugeständnisse definiert.

13. GESETZ UND MORAL, VERNUNFT UND GEWISSEN

»Geh mir ein wenig aus der Sonne.«

DIOGENES VON SINOPE (413–323 V. CHR.)

Gesetz und Moral, Vernunft und Gewissen, sie können im Rahmen dieses Buches nicht ohne den Verweis auf die Menschenrechte genannt werden. Die Ursprünge des Menschenrechtsgedankens lassen sich bis in das Alte Athen zurückverfolgen. Es handelte sich damals um die noch rudimentär vorhandenen Vorgänger von Begriffen wie Menschenwürde, Menschenrechte oder gar Völkerrecht.

Bereits im fünften Jahrhundert vor unserer Zeitrechnung wurde die Idee, dass alle Menschen die gleiche, angeborene Würde in sich tragen, von den Kynikern getragen. Zu ihnen gehörte auch Diogenes von Sinope, dem vieles unterstellt wurde und bis heute wird. Schon zu seiner Zeit war Diogenes keine unbedingt wohlgelittene Persönlichkeit. Er richtete seine Kritik auf mitunter recht unorthodoxe und den Überlieferungen zufolge auf recht amüsante – und angeblich obszöne – Weise auf das, was wir heute das Establishment bezeichnen würden.

Auch wenn die Betroffenen ihm scheinbar auch nach Jahrhunderten nicht verzeihen wollten, wird ihm für damalige Zeiten neben Schmähungen und unsittlichen Betragens recht progressives Denken nachgesagt: Seinem Humor und seiner Gewandtheit lagen ernste Gedanken zugrunde; er sah alle Menschen nicht nur lediglich als Bürger eines bestimmten Stadtstaates, Stammes oder Volkes, sondern als Kosmopoliten, die als Weltbürger frei von Zwängen der Zugehörigkeit leben und denen die gleichen Rechte und Pflichten zugestanden werden sollten. Auch wenn seine Zeitgenossen die gesellschaftliche Ordnung von Sklaverei und Klassengesellschaft als unanfechtbar bezeichneten, waren auch bei ihnen ähnliche Gedanken zu finden.*

Das Kulturelle Gedächtnis Europas hat diese Ideen nie vergessen. Über die Jahrhunderte hinweg wurden die Gedanken zum Völkerrecht immer weiterentwickelt, sie überstanden die brutale Realität von Pest, Kriegen und Völkermorden. Den Kontext bildete jedoch vom Mittelalter bis zur Neuzeit stets das Christentum und die Gemeinschaft christlicher Staaten. Zu nennen sind die Denker Thomas von Aquin, Franceso di Vitoria, aber selbstverständlich auch Hugo Grotius, später unter anderem Jean-Jaques Rousseau.

Mit dem Ende des Zweiten Weltkrieges geschah dann aber etwas, was es noch nie zuvor in der Geschichte der Menschheit gegeben hatte. Die verbliebenen Verantwortlichen des Dritten Reiches wurden durch die Nürnberger Kriegsverbrecherprozesse zur Verantwortung gezogen. Das Tribunal schrieb Geschichte und verband endgültig das Völkerrecht mit der persönlichen Verantwortung einzelner Kriegsverbrecher.

Doch woher nahm die Welt das Recht, andere dort zu richten, wo es kein geschriebenes Gesetz gab? Robert H. Jackson, der US-amerikanische Chefankläger des Tribunals, zog Legitimität aus nichts anderem als dem Kulturellen Gedächtnis der Menschheit. Kläge-

* Tönnies, Sybille: Die Menschenrechtsidee. Ein abendländisches Exportgut. VS-Verlag für Sozialwissenschaften, Wiesbaden 2011, S. 29–31

rin war in seinen Augen nicht irgendeine Siegermacht, sondern die Zivilisation. Die Menschenrechte waren immer dagewesen, hatten sich über die Jahrhunderte hinweg entwickelt und waren somit zur Grundlage allen völkerrechtlichen Handelns geworden. Er eröffnete einen Horizont, den wir bis heute verfolgen: Recht und Gerechtigkeit, Moral und Gesetz bilden keine Konfliktlinie, sondern sind verbunden durch die Menschlichkeit. Dadurch, dass er diese Frage auf internationale Ebene erhob, schuf er die Basis dessen, was heute nicht nur das Völkerstrafrecht ausmacht, sondern unsere Wahrnehmung von der Gültigkeit der Menschenrechte.

Anders als Diogenes war Jackson ein Mann des Establishments. Seine steile Karriere, bis hin zum Richter am Obersten Gerichtshof der Vereinigten Staaten, hatte ihn für seine Paraderolle in Nürnberg empfohlen. Seine Recherche hatte ihn quer durch die Rechtsgeschichte Europas geführt bis zu dem Punkt, an dem er den Bogen zwischen Moral und Recht spannen und die Begründung für die Anklage liefern konnte. Natürlich kann es keine Gerechtigkeit als Antwort für die schlimmsten Verbrechen geben, zu denen Menschen überhaupt fähig sein können. Dennoch zeugen die Anklagereden Jacksons davon, dass Recht auch auf den höchsten Ebenen des Staatswesens kein Selbstzweck ist, sondern Ordnung schaffen soll zwischen den Menschen und ihren Völkern, auf der Basis von Menschlichkeit, Vernunft und Gewissen. Die Menschenrechte sind in unserem Kulturellen Gedächtnis in die Moderne überliefert worden, ohne kodifiziert sein zu müssen. Die Botschaft dahinter war eindeutig: Niemand kann sich vor ihnen verstecken. Auch dort, wo Verbrechen geschehen und Verbrecher nicht angeklagt werden, gelten sie trotzdem. Jackson war Freimaurer.

Vernunft und Gewissen sind Begriffe, die einem Freimaurer auf Schritt und Tritt begleiten. Sie sind Teil der Idee und stets Teil des freimaurerischen Rituals. Und vor allem: Sie treten immer gemeinsam auf. Das scheinbar ungleiche Paar ist Wegbegleiter und Mahner zugleich. Sie sind Zeugen dessen, dass weder Recht noch Gesetz und Moral ohne die beiden auskommen können. Individuell mögen sie sich bei jedem Menschen unterscheiden. Die intellektuelle Leistung, die wir mit ihnen erbringen, ist aber in jedem von uns die gleiche. Wir schätzen die Situation, in der wir uns befinden, ein und wägen unser Handeln ab. Mit unserem Gewissen sind wir in der Lage, Recht und Unrecht abzuwägen. Das gelingt uns dann am besten, wenn andere Menschen von unseren Handlungen betroffen sein könnten und wir die Fähigkeit haben, uns in diese hineinzuversetzen. Dabei verkörpert unser Gewissen jene Normen und Werte, die wir als Individuen internalisiert, also verinnerlicht haben und in unserem Leben ausüben – oder ausüben sollten. Unser innerer Richter ist Kläger und Verteidiger zugleich. Wer andere betrügt, hat mitunter ein schlechtes Gewissen, doch muss das nicht zwingend der Fall sein. Betrüger, Hochstapler, Psychopathen oder Kriminelle bauen sich ganz eigene Sphären ihres Gewissens auf oder lassen es gleich ganz verschwinden. Das Gewissen allein vermag also kein guter Ratgeber zu sein. Es kann in die Irre leiten, falsche Werte suggerieren, Normen ausblenden oder überbewerten.

Eine dieser Normenstrukturen ist die Moral. Der Begriff der Moral hat sich gewandelt, für die heutige Gesellschaft ist nicht mehr die christliche Morallehre ausschlaggebend, sondern eine moderne, die dem jeweiligen Zeitgeist entspricht. Das ist nicht ungefährlich. Was unmoralisch ist und was nicht, entscheidet heute vor allem der artikulierte Wille der Mehrheit – und gerade das hat Platon bestimmt niemals gewollt. Das Individuum wiederum prägt sich diese Moralehre ein und wird daraus seine eigenen Schlüsse ziehen. Während es vor einigen Jahren noch völlig normal war, Gewalt als

Erziehungsmittel einzusetzen, sind wir heute aufgeklärter und wissen darauf zum Wohle unserer Kinder zu verzichten. Doch gibt es auch fragwürdige Entwicklungen, die das zwischenmenschliche Leben der Weltbevölkerung nicht unbedingt erleichtern – wie etwa die moralische Selbstbefriedigung des Westens durch halbherzige Aufbauhilfe in anderen Ländern dieser Welt, parallel zu Massenkonsum und gesellschaftspolitischen Utopien. Diogenes hätte seinen Spott daran gefunden.

Das Gewissen bedarf also der Vernunft, wenn es nicht eine leere Hülse sein soll. Mit der Vernunft lassen sich beispielsweise auch Moralkonstruktionen hinterfragen. Genauso bedarf die Vernunft auch des Gewissens. Eine Gesellschaft, die Moral ohne Gewissen für sich definiert und ausübt, läuft stets Gefahr, sich dem Fanatismus auszuliefern und die Menschlichkeit als zentrales Glied aus dem Auge zu verlieren. Eine Gesellschaft, die den Menschen und die Menschlichkeit, zu welchen scheinbar höheren Zwecken auch immer, aus dem Auge verliert, hat keinen Bestand. Dies gilt für die Vergangenheit, für die Gegenwart und die Zukunft.

Ein eindrucksvolles Beispiel dafür zeigt sich am Schicksal des bereits erwähnten Freimaurers Leo Müffelmann. Als hochdekorierter Veteran des Ersten Weltkrieges machte er als Jurist und Geschäftsführer nach dem Krieg rasch Karriere. In einer sich verdunkelnden Welt erkannte er die Zeichen der Zeit. Die von ihm 1930 gegründete Symbolische Großloge von Deutschland fand sehr großen Zulauf. Freimaurer wurden dann aber als Volksverräter, Staatsfeinde und Teil der jüdischen Weltverschwörung diffamiert. Statt sich dem Regime anzupassen, löste sich die Symbolische Großloge von Deutschland wie auch einige andere Bünde 1933 selbst auf. Wie wir bereits wissen, wurde Müffelmann im gleichen Jahr wegen seiner Zugehörigkeit als Freimaurer von der Gestapo festgenommen und im Konzentrationslager inhaftiert. Nur seine Kontakte auf höchster Regierungsebene konnten ihn aus seiner misslichen Lage befreien; er musste eidesstattlich versichern, sich über alle körperlichen und seelischen Misshandlungen während seiner Haft auszuschweigen. Aufgrund seines daraufhin allgemein schlechten Gesundheitszustands starb er bereits im darauffolgenden Jahr.

Nichtsdestoweniger hat Müffelmann das Vergangene abgehakt und in seinem letzten Lebensjahr nach vorn geblickt. Seine Bemühungen um den Fortbestand der freimaurerischen Idee hatten ihm neben vielen Feinden auch Freunde gebracht. Ihm zu Ehren wurde sogar eine Freimaurerloge in Israel gegründet und nach ihm benannt – sie arbeitete deutschsprachig. Moral ohne Gewissen, Vernunft ohne Menschlichkeit, das widerstrebte Müffelmann zutiefst. Stets galt er als ein Mann, der keine Auseinandersetzung scheute, um voller Hoffnung nach dem Guten im Menschen und nach Freiheit und Menschlichkeit zu suchen.

Ebenso tat es übrigens wohl auch Diogenes. Eine von Plutarch überlieferte Anekdote unterstellt ihm zwar abermals despektierliches und unangemessenes Verhalten, jedoch ist es Diogenes zuzutrauen, dass es sich genau so zugetragen hat. Alexander der Große – er erhob später den Anspruch, von göttlicher Abstammung zu sein – kam nach Korinth, das er unterworfen hatte, um Kriegsrat gegen die Perser zu halten. Alexander hatte alle Städte Griechenlands unter der makedonischen Herrschaft im Bund der Hellenen vereinigt, nicht wenige von ihnen hatten seinen Aufstieg mit dem Leben oder mit der Freiheit bezahlt. Auch Korinth hatte sein Haupt vor Alexander geneigt und die Waffen gestreckt. Doch er war der Einzige, der sich Persien, dem mächtigsten Reich seiner Zeit, stellen konnte, und so kam alles, was Rang und Namen hatte, zu Alexander, um am profitträchtigen Feldzug gegen die Perser teilzunehmen.

Das Geschäft mit dem Krieg hat offenbar damals wie heute diejenigen angelockt, die Geld und Einfluss zu erlangen hofften – Unterwerfung und Unfreiheit hin oder her.

Diogenes aber blieb dem fern, faulenzte lieber auf der Agora und hielt hie und da ein Schwätzchen. Als Alexander, neugierig auf den eigensinnigen Denker, schließlich persönlich zu Diogenes kam, fragte er den Philosophen im Scherz, ob er, der Große Alexander, etwas für ihn tun könne. Die Antwort von Diogenes mag zwar weniger von Vernunft und Gewissen als von dem ihm eigentümlichen Humor geleitet gewesen sein, doch zeigte sie seine gesamte Sichtweise auf die Welt: Diogenes war ein freier Mann und beugte sein Haupt vor niemandem. Er betrachtete Alexander nicht als Monarchen von göttlicher Abstammung oder mächtigen Feldherren, der ganz Griechenland unterworfen hatte und sich anschickte, das Perserreich zu bezwingen, sondern als seinesgleichen, als freien Mann, geleitet von ganz menschlichen Bedürfnissen, Machtgelüsten und ganz und gar menschlichen Fähigkeiten: sterblich, verletzlich, fühlend und offenbar mit einem gewissen Witz gesegnet. »Ja,« antwortete Diogenes auf die Frage Alexanders, »sei so gut und geh mir ein wenig aus der Sonne.«

14. ZEIT FÜR EINE ZWEITE AUFKLÄRUNG?

»Wer Freiheit sät, wird Demokratie ernten.«

»Ich hatte immer zu viel zu lernen, um etwas ganz zu lernen.«

CAROLINE HERSCHEL (1750–1848)

Den Blick in den Himmel gerichtet – um zu lernen, zu träumen und um Neues zu entdecken: Das war die Leidenschaft der Geschwister Herschel, Caroline und Wilhelm. Ihre zweite Liebe galt der Musik. Die beiden wirken aus heutiger Sicht nicht nur unzertrennlich, sondern auch hochbegabt und wissbegierig. Die ausgebildeten Konzertmusiker – sie waren in Hannover aufgewachsen – lebten in England von der Kunst und schlugen sich für die Sterne so manche Nacht gemeinsam um die Ohren. Dies jedoch nicht als bloßes Hobby: Anhand von Berechnungen, Notizen und Aufzeichnungen erstellten sie detaillierte und professionelle Abbilder des Nachthimmels und der Milchstraße. Heute würde man die beiden als Multitalente bezeichnen.

So half Caroline ihrem Bruder Wilhelm nicht nur beim Bau seiner großen Spiegelteleskope, bei mathematischen Berechnungen und Beobachtungen, sondern war auch selbst eine hervorragende Naturwissenschaftlerin. Wenige Tage vor Frühlingsbeginn im Jahr 1781 entdeckten sie bei ihren Arbeiten eher zufällig Uranus und läuteten damit ein neues Zeitalter der Astronomie ein – seit mehr als 1.500 Jahren wurde erstmals ein neuer Planet in unserem Sonnensystem gesichtet. In Anerkennung seiner Leistungen bekam der Musiker Wilhelm eine Anstellung als königlicher Astronom, auch Caroline wandte sich ebenfalls von ihrer Musikerkarriere ab und wurde seine wissenschaftliche Assistentin. Sie war die erste Frau, die ihren Lebensunterhalt durch die Wissenschaft bestritt. Gleichwohl war die Rolle der Frau damals natürlich noch eine vollkommen andere als heute, sodass Caroline Wilhelm ein Leben lang untergeordnet war. Dennoch: Die Geschwister Herschel haben somit in der Schlussphase der Aufklärung die Sicht auf die Welt, in der wir leben, und das, was sie umgibt, maßgeblich verändert und das Fundament weiterer Forschungen gelegt. Caroline war talentiert, engagiert, bescheiden, liebevoll und familiär – und kam vermutlich gar nicht auf den Gedanken, die Wissenschaft den Männern überlassen zu sollen. Sie wollte ihren Beitrag zur Wissenschaft, zum Wissensschatz der Menschheit beitragen. Die Wissenschaft – eine, wenn nicht sogar *die* Errungenschaft der Aufklärung.

Bildlich kann man sich die Wirkung der Aufklärung als eine dichte, schwer behangene Wolkendecke vorstellen, die plötzlich aufreißt, den Blick in den Himmel freigibt und die Welt darunter erleuchtet. Dieses neue Licht gibt Hoffnung, Erleichterung und Befreiung von Lasten, Zwängen und Denkverboten. Caroline und Wilhelm waren Kinder dieser Epoche, sie haben sie erlebt, gelebt, sie in ihr Denken und Handeln übernommen und berechtigte Erfolge gefeiert.

Die Aufklärung wird heute oftmals als ein singuläres, epochales Phänomen verklärt. Sie ist jedoch nicht in sich geschlossen, sondern ein fortlaufender Prozess. Die »Epoche der Aufklärung« mag historisch beendet sein, ihr Mechanismus jedoch ist das kulturelle Erbe des Alten Europa und wirkt bis heute. Nach einer griechischen Aufklärung folgte eine römische. Es entwickelte sich dann die nachmittelalterliche Aufklärung, die ihren eigenen Höhepunkt im Buchdruck und in der Reformation fand. Der Höhepunkt dieser Entwicklung war die »Epoche der Aufklärung«, die sich zu ihrem Ende mit der Französischen Revolution explosionsartig entlud. Die westlichen Demokratien unserer Zeit verbinden mit der Aufklärung vor allem die Befreiung von Knechtschaft und Sklaverei – mit der Freiheit als verbrieftes Grund- und Menschenrecht zur Folge. Diese Freiheit richtet sich an das Individuum, das sich frei entwickeln und entfalten soll. Doch meint Freiheit zwingend auch die Übernahme von Verantwortung in der Gesellschaft als Individuum.

Die Gründe zu dieser letzten »großen Aufklärung« sind uns bekannt. Einst waren es die Monarchen, der Adel und der Klerus, die dem Volk vorschrieben, was es zu denken und zu machen hatte. Das System schaffte über Jahrhunderte ziemlich klare Verhältnisse: Durch Steuern und Abgaben wurde das Feudalsystem aufrechterhalten, die Stände waren in sich geschlossen und nur selten gelang ein gesellschaftlicher Aufstieg, der ein besseres Leben und die Erfüllung von Träumen und Hoffnungen versprach.

Das Aufbrechen dieses Systems, die großen Revolutionen des 18. Jahrhunderts, haben wir bereits kennengelernt. Gleichheit, Freiheit, Brüderlichkeit – im Laufe der Jahrhunderte ist diesem Grundgedanken einiges hinzugefügt, angedichtet oder abgesprochen worden. Die Errungenschaften der Aufklärung waren schon immer Spielball von Politik und gesellschaftlichem Wandel. Der Beginn der Krise der deutschen Demokratie begann mit der Weimarer Republik vor 100 Jahren – die Goldenen 1920er-Jahre konnten nicht verhindern, was geschehen sollte. Im Dritten Reich wurden diejenigen, die nicht ins System passten, inhaftiert und ausgelöscht. Das betraf auch jene, die sich offen zur Freimaurerei bekannten.

Totalitäres Denken und Freimaurerei werden niemals zusammenpassen. In Deutschland hat die Freimaurerei bis heute mit Verschwörungstheorien, die, wie schon erwähnt, maßgeblich von den Nationalsozialisten in die Welt gebracht worden sind und denen Millionen Menschen weltweit Glauben schenken, als Folge des Totalitarismus des 20. Jahrhunderts zu kämpfen. Vorurteile, Abneigung, Hass und Verachtung gegenüber der Freimaurerei sind in der Welt des Internets, aber auch in der Gesellschaft, nichts Ungewöhnliches. Bisweilen reagieren auch die vernünftigsten Menschen mit Ressentiments gegenüber jemandem, der sich als Freimaurer bekennt, ohne zu wissen, dass sie der Propaganda des Dritten Reiches und anderer Verschwörungstheoretiker auf den Leim gehen. In China ist die Freimaurerei bis heute verboten – selbst als Ausländer in China ist ein jeder in seiner Freiheit bedroht, der sich zu ihr bekennt.

Oft ist zu hören: Die Freimaurerei ist ein Kind der Aufklärung. Oder ist die Aufklärung ein Kind der Freimaurerei? Zumindest kommen sie aus der gleichen Familie freiheitlichen Denkens und Handelns. Der Apfel fällt nun mal nicht weit vom Stamm. Viel interessanter ist die Frage nach dem Kulturellen Gedächtnis des Westens, dem Ursprung unseres Freiheitsbestrebens und der ewigen Suche nach uns selbst. Das ist die Saat dessen, was uns bis heute ausmacht, aber auch unsere Entwicklung ein Stück weit determiniert. Wer Freiheit sät, wird Demokratie ernten.

Die Demokratie ist die große Errungenschaft der Aufklärung. Aus den revolutionären Bewegungen jener Zeit sind, allen Gegenrevolutionen, Restaurationen, dem Nationalsozialismus und dem Kommunismus zum Trotz, unsere heutigen freiheitlichen Demokratien entstanden, deren Vorzüge wir genießen können – und sollten.

Doch sollten wir uns nicht in Sicherheit wiegen. Wir haben den Terror zweier Weltkriege überstanden und die drohende totale nukleare Vernichtung nicht erleben müssen, doch ist die Demokratie nach wie vor ein grundsätzlich sehr gebrechliches und pflegebedürftiges Konstrukt. Der errungene große Preis der Aufklärung, die Erhebung des Volkes zum Souverän, will vom Individuum verinnerlicht und erlernt sein. Die demokratischen Grundfragen, denen sich Gesellschaft, Medien und Staat hinsichtlich der Digitalisierung stellen müssen, sind kein Drahtseilakt, sondern ein Ritt auf der Rasierklinge: Ohne die sogenannte vierte Macht im Staate, die Medien, kann keine Demokratie existieren. Die Ideologisierung in einem Rechtsstaat darf nicht dazu führen, dass die freie Meinungsäußerung eingeschränkt wird, Debatten politisch beschränkt werden und somit Tür und Tor für Populismus oder Spaltung öffnen. Gleichermaßen dürfen sich Medien nicht von der Gesellschaft entkoppeln und um ihrer selbst willen arbeiten. Es droht die Entstehung losgelöster, selbstreferenzieller Systeme, welche die Gesellschaft spalten, anstatt in Debatte und Diskurs zu einen. Die »Digitale Aufklärung« wird für die nächsten Jahrzehnte eine epochale Herausforderung der freien Gesellschaft sein.

Die Freimaurerei war stets und wird immer ein Spiegel der freiheitlichen Gesellschaft sein. Politik und Religion sind mit der Gesellschaft verbunden, ebenso die Freimaurerei. Beide auszuschließen, wie 1723 in den Alten Pflichten formuliert, mag damals für das friedliche Miteinander in den Logen richtig gewesen sein: Die Äußerung freiheitlichen Gedankenguts konnte damals nicht nur für Streit sorgen, sondern auch den Entzug eben jener Freiheit zur Folge haben.

Humanismus, Freiheit, Wissenschaft und Demokratie wurden nicht durch Untätigkeit errungen. Wer Positives für die Menschheit will, muss positiv handeln, zu Debatten bereit sein und sich anderen Meinungen tolerant stellen. Erst die Entfesselung von Zwang macht frei, Sprech- und Denkverbote sind Schritte in den Totalitarismus.

Das Gegenüber zu schätzen, seine Meinung nicht nur hinterfragen, sondern verstehen und tolerieren zu wollen, ist eine der Pflichtübungen im Miteinander in den Logen. Das bunte Zusammenspiel aller verschiedenen Berufe, Lebensläufe und Einstellungen macht einem jedem Mitglied sehr schnell klar: Aus jedem Gespräch, aus jeder Begegnung und aus jedem Handschlag ist etwas zu lernen, was man vorher noch nicht wusste. Dahinter verbirgt sich nichts anderes als folgende Maxime: die zwingende Toleranz und Achtung meines Gegenübers. Hinter jedem Menschen, dem man begegnet, verbirgt sich – so zumindest bleibt es zu hoffen – das gleiche Potenzial einer tiefen, nachdenklichen und nach Glück strebenden Seele, mit Hoffnungen, Nöten, Sorgen und Freuden.

Die Anerkennung einer jeden Schwester und eines jeden Bruders in einer Loge jedoch soll uns in Erinnerung rufen, dass in diesen Reihen Gleichwertigkeit und Ebenbürtigkeit vorhanden ist. Der Versuch der Übertragung dieser Gruppendynamik auf das eigene, normale Leben außerhalb der Loge ist nicht als Gedankenspiel zu verstehen, sondern als Persönlichkeitstraining und Lebensaufgabe im Umgang miteinander. Das Ergebnis: Wer sein Gegenüber als ebenbürtig zu sich selbst einstuft oder es zumindest versucht, erkennt dessen Gedanken und Wünsche an, was die Mindestvoraussetzung für eine jede demokratische und freiheitliche Gesellschaft ist. Das ist die Grundvoraussetzung für jede Debatte. Ohne Debatte können keine Werte oder Inhalte geschaffen werden, keine Innovationen und keine Erfindungen. Die Gesellschaft verkümmert und zerfällt.

Doch geht es hierbei nicht um tagespolitische Themen oder Trends. Immer wieder ist zu hören: Gegenüber früher habe sich gar nicht so viel geändert. Das aber stimmt nicht und ist eine gefährliche Verharmlosung. Zugegeben – der Mensch an sich hat sich in den letzten Jahrtausenden nur geringfügig verändert, sein Gehirn ist im Verhältnis zu seinen Vorfahren aus der Höhle beispielsweise kleiner – ein Schelm, wer Böses dabei denkt. Das Handeln des Menschen jedoch hat ihn selbst und seine Umwelt maßgeblich und grundlegend verändert. Der Standpunkt, wir leben in der besten und fortschrittlichsten aller Zeiten, ist berechtigt. Dennoch können wir nicht über die Schattenseiten menschlicher Errungenschaften hinwegsehen. Von der Digitalisierung über die Atombombe bis hin zum Abbau von Ressourcen des Meeresbodens – der Mensch tendiert dazu, sich und die Umwelt immer stärker zu gefährden und somit seine Lebensgrundlagen zu zerstören. Die freimaurerischen Aspekte von Vernunft und Gewissen werden scheinbar aller Aufklärung und Zivilisation zum Trotz nach wie vor dem Gewinnstreben und dem Konsum geopfert.

Als Caroline Herschel und ihr Bruder durch Teleskope das Weltall erforschten, war die Welt noch groß und ihre Erforschung das reinste Abenteuer. Heute jedoch ist die Welt buchstäblich zum Dorf geschrumpft. Kein Platz, an dem nicht schon vor uns jemand anderes gewesen ist, kaum ein Ort, an dem wir allein sind.

Es macht den Eindruck, dass wir in einer Zeit des Übergangs leben; ein gesellschaftlicher Konsens wird immer schwerer erkennbar. Wir streiten und scheitern mittlerweile bei vielen gesellschaftlichen Themen; an vielen bedeutenden Stellen herrscht Orientierungslosigkeit. Deshalb wollen wir uns die Frage stellen, ob und wie aus Sicht von Freimaurern ein Impuls in die Gesellschaft gegeben werden kann.

Der Mensch hat seine Umgebung verändert, das ist seit dem ersten Schritt aus der Höhle so (erinnern wir uns an unseren nachdenklichen, doch etwas rabiaten Höhlenmenschen). Als einen wesentlichen Entwicklungsschritt und Höhepunkt unserer abendländischen Kultur und des sich daraus entwickelnden Humanismus erkennen wir immer noch die Zeit der Aufklärung an. Aber was ist heute? Es scheint, als hätten wir den Faden verloren. Wen man auch fragt, alle sind – auf welche Art auch immer – auf der Suche nach einem existenziellen Sinn, verbunden mit großer Sorge um die Zukunft. Die Frage ist: Können wir den Faden wieder aufnehmen?

Die Zeit scheint reif. Diese Erkenntnis schlummert in uns seit Anbeginn der Zeit: Wollen wir die Welt verändern, müssen wir mit uns selbst beginnen. »Da ich das ›Außer mir‹ nicht ändern konnte, so beschloss ich, das ›In mir‹ zu ändern«, wusste schon Johann Gottlieb Fichte.

Wir müssen lernen – und das passiert nicht von allein. Lernen kann aber nur funktionieren, wenn wir bereit sind, höhere Ziele zu verfolgen, ohne dabei in volatile Moral- und Ideologiekämpfe zu verfallen. Die Herschel-Geschwister hatten sich wohl voll und ganz der Astronomie verpflichtet, lern- und wissbegierig, bereit, das eigene Leben dafür einzuschränken. Das bedeutet jedoch keinesfalls, in Askese und Verzicht die eigene Person, den eigenen Wohlstand und das eigene Glück einem scheinbar moralisch höheren Ziel zu unterstellen. Ganz im Gegenteil – es geht um die freie Entfaltung des Individuums, das nach Höherem trachtet als bloße Alltäglichkeit. Wie kann so ein Programm zur Persönlichkeitsentwicklung gestaltet sein?

Freimaurerei hat den Menschen in Bezug auf sich selbst, seine Umwelt und den Kosmos zum Kerninhalt. Sie motiviert ihre Mitglieder, das eigene Handeln und den Umgang mit sich selbst sowie der eigenen Umwelt nach moralischen Maßstäben auszurichten. Der Kniff dabei ist, dass es sich nicht um wandelbare Moralvorstellungen handelt – davon hatten und haben wir in Europa genug. Es werden die Grundmaximen vermittelt, die einen Menschen im Kern seiner Persönlichkeitsstruktur ausmachen und stärken. Vereinfacht gesagt: Es geht um das Grundprogramm Seele, das in unserem Unbewussten einprogrammiert ist. Es soll gestärkt, gehegt und gepflegt werden. Das systemische Vorgehen der Freimaurerei gibt dem Einzelnen damit Rüstzeug an die Hand, das ihn auf seinem persönlichen Entwicklungsweg begleitet. Ein Ziel hierbei ist – idealtypisch gesprochen – ein vorbildlich handelnder Mensch mit gefestigtem Charakter sowie ein verantwortlich handelndes Mitglied unserer Gesellschaft zu werden – oder besser gesagt, es stetig zu versuchen. Die in der Freimaurerei verwendeten Symbole sind mit der immer wiederkehrenden Aufforderung verbunden, ständig über sich selbst sowie die eigene Beziehung zu anderen nachzudenken. Hierauf aufbauend ist das eigene Handeln nach anspruchsvollen moralischen Maßstäben ausgerichtet. Der so freimaurerisch gebildete Mensch soll seinen individuellen Beitrag zu einer besseren Welt leisten. Die Freimaurerei gibt dabei weder konkrete Verhaltensmuster für die ganze menschliche Gesellschaft vor, noch ist sie dogmatisch. Sie ist stets diesseitsbezogen. Das freimaurerische Menschenbild hat somit eine Sonderstellung im europäischen Denken. Denn rein philosophische Systeme und Religionen neigen dazu, sich voneinander abzugrenzen, ihre Gegensätze zu betonen und damit ihre Mitwelt in Befürworter und Gegner zu trennen.*

Freimaurerisches Denken ist ganz auf das Verbindende und Integrierende ausgerichtet. Für jeden Freimaurer gibt es eine Grundla-

* http://freimaurer.org/freimaurerei/was-ist-freimaurerei/

ge der eigenen sittlichen Verantwortung. Jenseits dessen ist es in die Freiheit des Einzelnen gestellt, den Vorstellungen seines Bekenntnisses oder seiner eigenen philosophischen Überzeugung zu folgen. Die Freimaurerei zielt darauf, wissenschaftliches Denken und Handeln mit der humanistisch aufgeklärten Tradition des Abendlandes in Einklang zu bringen. Wissenschaft und Technik sollen dabei ethischen Normen folgen und dem Menschen dienen, statt Menschlichkeit und die Menschheit zu gefährden. Dieses Denken identifiziert sich mit unserer freiheitlich demokratischen Grundordnung und staatlichen Gesellschaft – und ist mit jeder Form des totalitären Anspruchs wesenhaft unverträglich. Toleranz und Brüderlichkeit bilden die geistige Grundlage jeder pluralistischen Gesellschaft, Prinzipien, die im freimaurerischen Menschenbild ihren Ausdruck finden. Das macht die Freimaurerei seit jeher zu einer unvermindert wichtigen geistigen Bewegung: modern, aufklärerisch und aktuell – und ihre Methode vielleicht nachahmenswert zur Bewältigung unserer heutigen gesellschaftlichen Probleme.

Die Freimaurerei bedient die Neugier des Menschen an sich selbst, seinen Mitmenschen und seiner Umwelt. Nur ein freier Geist kann sich umblicken und das sehen, was wirklich ist. Diese Neugierde ist ein heißes Eisen: Wer kann schon von sich allen Ernstes behaupten, frei von Vorurteilen zu sein, und seinen Blick unvoreingenommen auf für ihn gänzlich Neues werfen? Ein freier Geist muss sich also nicht nur von äußeren, sondern auch von inneren Zwängen befreien. Nichts hat sich in der Menschheitsgeschichte schlimmer erwiesen, als die Existenz und die Meinung anderer Menschen als gering zu erachten, da sie einem selbst falsch oder unpassend erscheint. Neugierde bedeutet also auch Selbstbeherrschung.

Caroline Herschel war ein Leben lang neugierig. Sie arbeitete nach dem Tod ihres geliebten Bruders, inzwischen Sir William Herschel, in ihrer Heimat in Hannover weiter als Astronomin. Sie unterstützte auch ihren Neffen, den Sohn Wilhelms, der ebenfalls ein begnadetes Multitalent wurde und sich einen unsterblichen Namen in der Astronomie, der Mathematik und als Erfinder der Fotografie machte. Caroline hatte das Zeitalter der »großen Aufklärung« erlebt, die Amerikanische und die Französische Revolution verfolgt, die Napoleonischen Kriege überstanden sowie die Befreiungskriege der von Napoleon eroberten Gebiete. Auch der Beginn der Revolution von 1848 und die Epoche der Industriellen Revolution fällt in ihre Lebenszeit. Für ihre Arbeiten wurde sie von allen Seiten geehrt, sie erfuhr zahlreiche akademische und staatliche Würdigungen. Sie starb mit 97 Jahren in Hannover als hoch anerkannte Wissenschaftlerin und als eine der beeindruckendsten Personen der Aufklärung und der Zeit darüber hinaus.

EPILOG

Für einen Freimaurer gibt es keinen »Vermittler« der Wahrheit – echte Freiheit bedeutet für einen Freimaurer, einen Weg einzuschlagen, auf dem er seinen ganz persönlichen Zugang findet. So wie Meister Eckhart vor allem die Freiheit und die Verantwortung jedes einzelnen Menschen in den Vordergrund gestellt hat, weil »jeder Mensch einen göttlichen Funken in sich trage« und so »jede Vermittlung Gott fremd ist«*, so kann auch jeder Freimaurer diese Worte für sich beanspruchen. Mit dieser radikalen Betonung der Innerlichkeit hat Meister Eckhart sich all die zu Feinden gemacht, die sich im alleinigen Besitz der Wahrheit wähnten – und genau das macht ihn heute noch so interessant, insbesondere natürlich für Freimaurer.

Im vorangegangenen Kapitel wurde klargestellt, dass eine zweite Aufklärung letztlich eine Revolution des Denkens meint. Nur freie Denker haben seit jeher die Menschheit bewegt und vorangebracht. Denn nur wer es wagt, frei zu denken, kann es wagen, frei zu handeln. Man kann es zuspitzen: Das Kulturelle Gedächtnis Europas ist unser Fundament der Freiheit. Und um in Zukunft frei bleiben zu können, müssen wir uns daran erinnern, wie wir die Freiheit errungen haben.

Die Aufklärung hat uns die Freiheit gegeben, die wir immer wollten. Wir dürfen sie nicht verspielen. Eine zweite Aufklärung könnte uns beibringen oder ermöglichen, wie wir die Freiheit behalten und

* Vgl. Meister Eckhart: Deutsche Predigten und Traktate, Carl Hanser Verlag, München, 7. Auflage 1995

festigen. Vernunft und Gewissen, Gesetz und Moral sind dabei keine Allgemeinplätze, sondern Wegweiser für den freien Menschen. Im Zeitalter von Digitalisierung, Globalisierung und zum Teil naiver bedingungsloser Fortschrittsgläubigkeit müssen wir mehr denn je das Wohl des Menschen im Blick behalten. Dabei müssen Ethik und Moral dem Wohl des Menschen und seiner Umwelt dienen und dürfen auf keinen Fall zum Selbstzweck werden. Allerdings darf man natürlich auch nicht dabei vergessen und unerwähnt lassen, dass eine Gesellschaft, die ausschließlich den einzelnen Menschen übertrieben in den Mittelpunkt rückt und die Menschheit als solche dabei aus dem Auge verliert, letztlich die Menschheit als Ganzes zugrunde richten kann. Hier kommt einem das freimaurerische »Maßhalten« sofort in den Sinn.

Die Demokratien der Welt haben heute zum Teil schon vergessen, was es bedeutet, als Individuum frei zu sein, Freiheit zu leben und sie anderen zuzugestehen. Doch nur eine freie Gesellschaft ist auf Dauer lebenswert, denn ohne Freiheit schneiden wir uns von dem ab, was uns geprägt hat: unserem Kulturellen Gedächtnis der Freiheit. Freimaurer werden immer gebraucht werden. Persönlichkeitsentwicklung, Freiheit, Humanität und Fortschritt sind in der Freimaurerei untrennbar miteinander verbunden – das haben wir in den vorherigen Kapiteln deutlich herausstellen wollen.

Slavoj Žižek beschreibt die Entwicklungen in der digitalen Welt treffsicher: »Das sind neue unvorstellbare Formen der Kontrolle und sie bedrohen die klassisch demokratische Idee, dass die Leute selbst entscheiden sollen – wie denn? Wenn die Art und Weise, wie wir kommunizieren, durch Google und Co. kontrolliert wird.«*

* Vgl. Žižek, Slavoj : Wie ein Dieb bei Tageslicht. Macht im Zeitalter des posthumanen Kapitalismus. S. Fischer Verlag, Frankfurt am Main 2019

Dass Internetmonopolisten und autoritäre Staaten das Internet als Raum kollektiver Freiheit immer mehr einschränken – meistens sehr geschickt und indirekt –, liegt auf der Hand. Unsere intimsten Wünsche und Gedanken werden so zu einer Ware, und am Ende landen diese wie auf dem Silbertablett serviert auch dort, wo wir sie bestimmt nicht haben wollen. Gleichzeitig gibt es keinen Bereich des Lebens mehr, der nicht mit dem Internet verbunden ist.

Vom technologischen Fortschritt in diesem Zusammenhang ganz zu schweigen – ob Eingriffe ins menschliche Genom oder der Einsatz von Computer-Hirn-Schnittstellen –, Žižek ist sich sicher: Wir steuern auf eine posthumane Zeit zu, in der unser Leben von Algorithmen gesteuert wird – auf die eine oder andere Weise. In jedem Fall hat die Persönlichkeitsbildung, wie sie freimaurerisch betrieben wird, auch im angenommenen »posthumanen« Zeitalter einen wichtigen Stellenwert in unserer Gesellschaft – wahrscheinlich mehr denn je.

Freimaurer wird es immer geben, auch unter widrigen Umständen. Manche Zeitgenossen bezeichnen sie sogar als älteste Nichtregierungsorganisation der Welt. Sogar im Kommunismus gab es Freimaurer. Holen wir ein bisschen in der Geschichte aus. Im November 1922 wurde auf dem 4. Kongress der Kommunistischen Internationale folgender Beschluss gefasst: »Es ist unbedingte Notwendigkeit, dass die führenden Organe der Partei alle Brücken abbrechen, die zum Bürgertum führen, und deshalb auch einen radikalen Bruch mit der Freimaurerei vollziehen. Der Abgrund, der das Proletariat vom Bürgertum trennt, muss der kommunistischen Partei voll zum Bewusstsein gebracht werden. Ein Bruchteil der führenden Elemente der Partei hat versuchen wollen, über diesen Abgrund maskierte Brücken zu schlagen und sich der freimaurerischen Logen zu bedienen.«* Trotzdem konnte sich im kommunistischen Kuba die Freimaurerei sehr aktiv halten – bis zum heutigen Tage. Die Freimaurerei war eine bedeutende Bewegung in Lateinamerika, fast alle Unabhängigkeitsbewegungen dort entstanden aus Freimaurerlogen. Kuba war und ist also das einzige Land, in dem unter dem Kommunismus offen freimaurerisch gearbeitet werden kann. In einem Beitrag des Deutschlandfunks vom 17.2.2018 kommt der zu dem Zeitpunkt amtierende Großmeister der Großloge von Kuba, Lazaro Cuesta, zu Wort: »José Julián Martí Perez** war Freimaurer, genau wie die Freiheitskämpfer Maceo, Agramonte und Carlos Manuel Cespedes. Auch die Patrizier und die Intellektuellen, die unsere Nation gegründet haben, waren Freimaurer. Zeitweise bekamen wir Schwierigkeiten, es gab unangenehme Entwicklungen, aber wir existieren weiter. Denn die Freimaurerei zu beenden hieße Seiten aus dem Geschichtsbuch Kubas zu streichen.« Weit mehr als 300 Freimaurerlogen gibt es aktuell auf Kuba, in denen rund 28.000 Brüder arbeiten. Damit wird klar ersichtlich, wie stark die Freimaurerei in der kubanischen Bevölkerung mit ihren 11 Millionen Einwohnern verankert ist. Auf Kuba gibt es also fast doppelt so viele Freimaurerbrüder wie in Deutschland mit seinen rund 15.000 Freimaurern bei knapp 83 Millionen Einwohnern.

Kommen wir wieder zum Begriff einer zweiten Aufklärung zurück. Oftmals liegt ja der Schlüssel zur Zukunft in der Vergangenheit. Wenn wir ein humanes 21. Jahrhundert erleben wollen, sollten wir die Erkenntnisse des 18. Jahrhunderts verinnerlicht haben – für einen Freimaurer eine geübte Praxis. Erschwerend kommt aktuell

---

* https://freimaurer-wiki.de/index.php/Russland

** Anmerkung: José Julián Martí y Pérez (* 28. Januar 1853 in Havanna; † 19. Mai 1895 in Dos Ríos, Jiguaní, Oriente) war ein kubanischer Poet und Schriftsteller und gilt als kubanischer Nationalheld sowie als Symbol für den Unabhängigkeitskampf seines Landes.

hinzu, dass sich unsere Welt noch nie so schnell verändert hat wie in den letzten zwei Jahrhunderten – und das Tempo nimmt noch an Fahrt auf. Betrachten wir nur die letzten zwei bis drei Jahrzehnte, was Internet und Mobilfunk mit uns angestellt haben – in weniger als einer Generation. Fest steht: Arbeit wird zunehmend automatisiert, Geld virtualisiert und ganz allgemein steht uns eine Künstliche-Intelligenz-Revolution bevor. Alles Bewährte, Bekannte und Gewohnte scheint hier regelrecht zu verdampfen. Irgendwie hat man den Eindruck, dass wir die Fliehkräfte austesten wollen – mit ungewissem Ausgang. Strukturen wie beispielsweise Familie und Kirche haben massiv als Orientierung und als Rückhalt an Bedeutung verloren und neue sind nicht wirklich in Sicht. Die Frage nach Identität und was menschliches Dasein wirklich bedeuten kann, rückt verständlicherweise mehr denn je in den Mittelpunkt. Freimaurer geben darauf zeitlose Antworten in unumstößlicher Art und Weise – nämlich durch persönliches Erfahren in der Loge unter den Brüdern oder den Schwestern. Freimaurer werden ihren festen Platz auch im Zeitalter des Posthumanismus einnehmen – trotz oder wegen der Digitalisierung und der Globalisierung.

Heute suchen viele Menschen wieder dieses verlorene Verweilen, das zugunsten einer angeblichen »schöpferischen Unruhe« aufgegeben worden ist. Diese endet, wenn sie nicht weiß, was sie tun soll, im Aktionismus. Da das Getane nicht sinnvoll ist und nur dafür sorgt, in Bewegung zu bleiben, ist es lediglich ein Rennen, ein Davonrennen, ein Rasen. Es sind viel weniger die Sachzwänge als wir selbst, die uns hetzen, zum Fortschritt zwingen. Fortschritt ist ein verkanntes, aber verräterisches Wort, denn hier wird nicht auf ein Ziel zugeschritten, sondern von etwas – wohl von der Mitte, die der Meditierende wieder sucht – »fort« geschritten. Die Ambivalenz dieses »Fortschritts« ist uns trotz aller hilfreichen

Erfindungen langsam klar geworden. Aber die Ursachen – besser der Verlust jener Mitte, jenes Grundes, von dem wir uns dabei entfernen – sind noch lange nicht erkannt. Sie liegen tief im technisch-naturwissenschaftlichen Denken verborgen, das uns so viele Erfolge auf einer bestimmten Ebene gebracht hat, aber die Welt so vergegenständlicht, entseelt und entmenschlicht, dass sie leer und öde wird.

Der Preis für die großartigen Erfolge und all die Macht, die wir heute durch Technik und Naturwissenschaft haben, ist hoch, sehr hoch. Jedenfalls solange nicht deren Wesen erkannt wird und damit deren Grenzen gesehen werden. Nur so lassen sie sich wieder in ein menschlicheres, nicht nur kausales und funktionales Weltverständnis von der »großen Weltmaschine« einbetten. Es geht nicht darum, Technik und Naturwissenschaft zu leugnen oder abzuschaffen – wir brauchen sie –, aber im Hegel'schen Sinne sollten wir sie »aufheben«, also zugleich überwinden *und* bewahren.

Daher kann man durchaus sagen, dass es Zeit für eine zweite Aufklärung ist. Und Freimaurerei bietet hierfür ganz entscheidende Werkzeuge für jeden Einzelnen.

Ein Anliegen dieses Buches ist es, die Zusammenhänge des großen Ganzen aufzuzeigen. Im Sinn und Geiste Lessings, der da sagte: »Freimaurerei war immer.« Freimaurerei ist nötig, nichts Willkürliches, nichts Entbehrliches. Sie ist also etwas Notwendiges, das im Wesen des Menschen und der menschlichen Gesellschaft gegründet ist. Man wird hier schon zur entscheidenden Frage verleitet, nämlich nach dem Sinn der Freimaurerei, des menschlichen Lebens überhaupt. Den Sinn der Freimaurerei kann man nicht im Selbstzweck sehen, »l'art pour l'art«. Einen Zweck, ein Ziel muss es schon geben. Zweck und Ziel bedeutet aber auch Eingrenzung. Grenzen, die uns gesetzt sind, Grenzen, die wir uns selber setzen müssen.

Die immerwährende Verbindung von »Grenzen und Freiheit« – darüber sollten wir uns in jedem Fall Gedanken machen.

Was mit Sicherheit nicht Sinn und Lebenszweck sein kann, wäre, den Mitmenschen das Leben schwer zu machen. Die Behauptung, dass es mir selber nur dann gut gehen kann, wenn es meinen unmittelbaren Mitmenschen auch gut geht, setzt die Erkenntnis voraus, dass der Mensch ein soziales Wesen ist und nur als solches überhaupt überleben kann.

Man kann feststellen, dass Menschen nach erfülltem, also glücklichem Leben streben, indem sie durch Kultivierung ihrer Charaktereigenschaften die Gesellschaft erträglicher machen wollen.

> »Würden die Menschen danach streben,
> sich selber zu vervollkommnen,
> statt die ganze Welt zu erretten,
> selbst innerlich frei zu werden,
> statt die ganze Menschheit befreien zu wollen,
> wie viel würden sie zur wahren Befreiung der ganzen
> Menschheit beitragen.«
>
> LAOTSE (6. JH. V. CHR.)

Zu guter Letzt bleibt dann noch die Sinnfrage, was der Dreiklang »Geburt – Leben – Tod« nun eigentlich soll. Womöglich sind sie, ähnlich wie bei der aus dem Christentum stammenden Dreifaltigkeit »Vater – Sohn – Heiliger Geist«, einfach alle drei ein und dasselbe, wie beim Beispiel »Eis – Wasser – Dampf« alle drei einfach Wasser sind, nur in unterschiedlicher Erscheinungsform. Damit sind wir im Diesseits an unserer natürlichen Grenze angelangt und stehen nun vor dem großen, spannenden Geheimnis, das es in Demut anzunehmen gilt. Hier nun setzt für die einen der tragende Glaube ein, für andere ist es Vertrauen oder sogar Gewissheit. Natürlich kann man sich auch einem anderen Kulturkreis zuwenden, aber man wird auch hier letzten Endes nur zur gleichen Einsicht gelangen. Bemühen wir eine alte Weisheit aus dem Zen-Buddhismus. Hier heißt es dann sinngemäß: »Wasser erstarrt zu Eis, Eis schmilzt zu Wasser. Was geboren ist, stirbt wieder; was gestorben ist, lebt wieder. Wasser und Eis sind letztlich eins. Leben und Tod ebenso.« Und um an dieser Stelle mit Johann Gottfried Herder (1744–1803) einen Freimaurer zu Wort kommen zu lassen:

»Was geboren ward, muss sterben!
Was da stirbt wird neu geboren.
Mensch, du weißt nicht, was du warest;
Was du jetzt bist, lerne kennen.
Und erwarte, was du sein wirst.«

EXKURS: DIE ENTSTEHUNG DER FREIMAUREREI, FRAUENLOGEN UND ILLUMINATEN

»Übt brüderliche Liebe, den Grund- und Schlussstein,
den Kitt und Ruhm der alten Bruderschaft.«

James Anderson (1678–1739)

Die Entwicklung der heutigen Freimaurerei und die Entstehung der Logen ist ein sehr weites und komplexes Feld. Deshalb soll zu der Thematik im Folgenden etwas Licht ins Dunkel gebracht und zumindest eine Übersicht gegeben werden, die keinen Anspruch auf Vollständigkeit hat.

DER BEGINN UND URSPRUNG DER HEUTIGEN LOGEN

Der Startschuss dessen, was heute allgemein als moderne und organisierte Freimaurerei aufgefasst wird, war die Gründung der *Ersten Großloge von England*. Im Jahre 1666 wurde London durch den Großen Brand fast vollständig zerstört. Für den Wiederaufbau der Stadt kamen Handwerker aus ganz Europa nach London. Als 1715 der Kurfürst von Hannover als König Georg I. von England antrat, fand er London fast wieder vollständig aufgebaut vor, die Staatskasse war dafür aber leer. Daher beendete er die Bauaktivitäten, worauf die meisten Handwerker wieder zurück in ihre Heimat gingen. Der Baumeister des Königs war in dieser Zeit Christopher Wren. Er hatte die Pflicht, die Baulogen viermal pro Jahr zusammenzurufen, damit sie ihre Angelegenheiten besprechen und gemeinsam lösen konnten. Wren war zu diesem Zeitpunkt bereits über 80 Jahre alt und offensichtlich nicht mehr hierzu fähig.* König Georg I. hatte anscheinend nicht den Mut, den inzwischen schon sehr berühmten Architekten zu entlassen und einen Nachfolger zu ernennen. Die Baulogen der *London Company of Freemasons* hatten jetzt aber eindeutig große Probleme. Daher trafen sich vier Logen aus London außerplanmäßig, um gemeinsam ihre Themen besprechen zu können. Ihr größtes Problem war wohl, dass es zu wenig hochqualifizierte Steinmetze als potenzielle Mitglieder der Logen gab.

Wir nehmen an, dass zwei Mitglieder, die keine Steinmetze waren, nämlich John Theophilus Desaguliers und James Anderson, vorschlugen, eine neue Zielgruppe als Mitglieder zu wählen, und zwar die sogenannten Gentlemen. Um dabei erfolgreich zu sein, sollten die Logen sich von der London Company of Freemasons loslösen und in »Gentlemen's Clubs« umwandeln. Dazu wurde die Aufnahme von Frauen auch zum ersten Mal explizit verboten. Um für die »Gentlemen« attraktiv zu sein, war es natürlich eine gute Idee, einen Adligen als Großmeister zu wählen.

Fakt ist, dass am 24. Juni 1721 John, der zweite Herzog von Montagu, als Großmeister installiert wurde. Die in dem Moment existier-

* Snoek, Jan: »Researching Freemasonry: Where are we?« in Snoek, Jan: Formen und Inhalte freimaurerischer Rituale, Quatuor Coronati, Salier Verlag, Leipzig 2017, 163-164

enden Londoner Logen übergaben dabei ihre Rechte und Autorität an den Großmeister.* Damit war die Erste Großloge von London gegründet.

James Anderson verfasste 1723, im Auftrag seiner Großloge, die sogenannten *Constitutions*. In der überarbeiteten Fassung von 1738 datierte er die Gründung dieser Großloge auf 1717. Allerdings gibt es für dieses Datum keine Belege. Weder gibt es Urkunden oder Protokolle noch Zeitungsartikel, die das Datum bestätigen würden. Auch die sonst üblichen Schmähschriften oder Verschwörungstheorien sind für dieses Jahr nicht auffindbar. Lange Jahre war es unklar, warum Anderson behauptete, dass die Gründung 1717 stattfand. Die aktuelle Forschung konnte, wie schon erwähnt, stattdessen nachweisen: Das Datum ist falsch – absichtlich.

Die Erste Großloge von England war also ein Zusammenschluss von gerade einmal nur vier bestehenden englischen Logen. Im 18. Jahrhundert gab es fünf unabhängig voneinander arbeitende freimaurerische Traditionen auf den britischen Inseln, die Logen oder logenähnliche Vereinigungen umfassten. In Irland existierte seit etwa 1725 eine Großloge und die schottischen Logen gründeten 1736 ihre eigene Großloge.

Als Reaktion darauf erwähnten Andersons Constitutions von 1738 zum ersten Mal 1717 als das Gründungsjahr der Ersten Großloge von London, um ganz deutlich zu machen, wer die älteste Großloge war – damit wurde das Gründungsdatum vier Jahre vorverlegt. Dieses Vorverlegen hatte offensichtlich auch machtpoli-

* Prescott, Andrew & Susan Mitchell Sommers, 2017, »Searching for the Apple Tree: Revisiting the Earliest Years of English Organized Freemasonry« in: J.S. Wade (Hg.): Reflections on 300 Years of Freemasonry. Papers Delivered to the Quatuor Coronati Lodge Tercentenary Conference on the History of Freemasonry, Queen's College, Cambridge, 9-11 September 2016, Lewis Masonic, London, S. 681–704

tische Gründe, denn noch heute gelten weltweit fast nur diejenigen Großlogen als regulär, die von der Ersten Großloge von England als solche anerkannt werden.

Das Glaubenschaos, das damals in England herrschte, war ebenfalls entscheidend für das Gelingen der Aktion. Seitdem sich König Heinrich VIII. von der Römischen Kirche 1534 losgelöst hatte, war die Vorherrschaft der Kirchen umkämpft. Je nach Herrscher hatte die katholische, anglikanische oder puritanische Glaubensrichtung mehr oder weniger die Oberhand. Wer nicht das Glück hatte, auf der richtigen Seite zu stehen, sah sich mit Unterdrückung, Verfolgung und dem Ausschluss von jeglichen Staatsämtern und Lehrstühlen konfrontiert. Die Protestanten gewannen die Oberhand, politisch waren sie in der Whig-Partei organisiert. Der katholische *Jakob II. von England* wurde auf deren Bestreben von der Thronfolge ausgeschlossen und der Kurfürst von Hannover trat 1714, wie schon erwähnt, als König Georg I. an.

James Anderson, der Verfasser der Constitutions, gehörte als Pfarrer zur Minderheit der Presbyterianer, einer calvinistischen Kirche, die ihren Ursprung in Schottland hatte. Seine Familie stammte aus dem schottischen Aberdeen und hatte eine freimaurerische Vergangenheit: James' Vater war der Meister vom Stuhl der Loge seiner Heimatstadt gewesen. Es ist kein Wunder, dass Anderson in seiner Schrift Toleranz einforderte und von einer Religion schrieb, worin alle Menschen übereinstimmen, womit er das Christentum meinte. Anderson sprach von Toleranz der christlichen Religionsgemeinschaften untereinander, was in der Zeit der gegenseitigen Unterdrückung und Diffamierungen in England nicht selbstverständlich war. Sein Toleranzgedanke entsprach der damaligen Zeit – der Pfarrer Anderson meinte natürlich nicht die Toleranz gegenüber nicht-christlichen Religionen, diese Glaubensrichtungen waren noch außen vor. Er suchte das Allgemeinverbindende in einer Zeit der Glaubenskämpfe zwischen den christlichen Religionen.

Außerdem waren die Mitglieder der Logen grundsätzlich nicht sehr interessiert, welcher Konfession ihre Kollegen angehörten, denn was für sie zählte, war nur die Qualität ihrer Arbeit. So konnte Anderson den Gedanken der Toleranz in seine Constitutions aufnehmen: Alle Christen sind gleichwürdig, ihre unterschiedliche Kirchenangehörigkeit ist kein Ausschlusskriterium, denn im Kern ist die Lehre aller Kirchen gleich. Damit lieferte die Freimaurerei einen Beitrag für die Aufklärung, die im Begriff war zu entstehen. Federführend und Kopf bei der Ausformulierung den Constitutions war übrigens Desaguliers, Physiker und hugenottischer Prediger. Dieser Freund Isaac Newtons war seinerzeit stellvertretender Großmeister der Ersten Großloge von England.

Aber es kam, wie es kommen musste: Andersons Constitutions hatten ihm nicht nur Freunde eingebracht. Er konnte damals nicht wissen, dass sich seine Constitutions, worin der Mythos um Ursprung und Gründung der Freimaurerei im Sinne Londons beschrieben wurde, eines Tages zu dem am meisten beachteten historischen Schriftstück der Freimaurerei aufsteigen sollte. Aber wie entstanden überhaupt die Logen? Dazu müssen wir einen Blick in die fernere Vergangenheit werfen.

Manche Bauleute der gotischen Kathedralen waren keine einfachen Handwerker. Um die Arbeit auszuführen, mussten sie sich mit dieser inhaltlich auseinandersetzen, sie reflektieren. Die Idee, die dem gotischen Kathedralenbau zugrunde lag, war göttliches Licht und göttliche Schönheit in göttliche Materie, in Stein, zu fassen. Die Steinmetze, die Bildhauer oder Baumeister waren, mussten also von dieser Interpretation der neuplatonischen Ideen auch inhaltlich durchdrungen sein, um diese mit Stein gestalten zu können. Sie waren nicht nur handwerklich, sondern auch akademisch und spirituell gebildet. Damit einher ging meistens auch ein beachtliches Einkommen. Zeitgenössische Darstellungen zeigen manchen französischen Baumeister nicht umsonst in der Tracht der Pariser Professoren, was für die Verwissenschaftlichung der Architektur steht.

»Freemasons« – oder »Free-stone-masons« – waren ein spezialisierter und hochqualifizierter Berufszweig der Steinmetze. Sie waren es, die »freestone«, also Stein von höchster Qualität, bildhauerisch bearbeiten konnten und durften. Während und nach der Ära des Kathedralenbaus gingen aus diesen »Freestone Masons«, sogar noch in der Renaissance und im Barock, die Baumeister und Architekten hervor.*

Aus den Regeln der Steinmetzbruderschaften, also der Freimaurer, die zwischen dem 15. und 17. Jahrhundert entstanden sind, lässt sich ableiten, wie wichtig neben Verhaltensregeln die Ausbildung in den sieben freien Künsten oder Wissenschaften der Antike war. Es handelte sich um Grammatik, Rhetorik, Mathematik, Arithmetik, Musik, Astronomie und Geometrie – letztere war die wichtigste für die Freimaurer.** Diese hochgebildeten Freimaurer nahmen tatsächlich schon ab dem 13. Jahrhundert sogenannte *Gentleman Masons* auf, die aber nur eine kleine Minderheit darstellten. Sie waren keine Handwerker, wurden aber von dem symbolisch-spekulativen Aspekt der Arbeit angezogen. Spekulativ, das umfasst den symbolischen, rituellen, spirituellen, mystischen, esoterischen und philosophischen Aspekt. Operativ bedeutet nichts anders als die tatsächliche Bearbeitung von Stein.

---

* Vgl. Ammen, Bettag, Snoek: Wurzeln der Freimaurerei, Hrsg. Freimaurerische Forschungsvereinigung Frederik e.V. 2016

** Vgl. Jessen, Elsje: Feminine Freimaurer damals und heute. Vortrag vom 10.04.2014

Deshalb stimmt die Gould-These, die hundert Jahre lang vertreten wurde, zur Entstehung der Freimaurerei nicht. Sie besagte, dass es zuerst rein operative Logen von einfachen Bauleuten gab und nur durch die Gentleman Masons das spekulative Arbeiten in die Logen gekommen sei. Aber es ist inzwischen deutlich, dass die *operativen Freimaurer* von Anfang an auch spekulativ waren.*

Die ersten Logen entstanden also auf den Baustellen der Kathedralen. Die Bauleute hatten eine Unterkunft, Loge genannt, in denen sie sich treffen konnten. Dort wurden Arbeitspläne besprochen und Werksteine bearbeitet.

Bereits aus früher Zeit lassen sich Belege von Frauen auf den Baustellen finden – und zwar als Steinmetzmeisterinnen, Mörtelmacherinnen und Gipserinnen. Es waren oft Ehefrauen, Töchter oder Witwen von Steinmetzmeistern. Frauen leisteten damals übrigens nicht nur leichtes Handwerk, wie oft behauptet wird.** Sie partizipierten wohl genauso wie die Männer an den operativen, werkmaurerischen Arbeiten wie auch an den spekulativen.

Die Bauhütten des Mittelalters sind also eine wichtige Quelle, aus der sich die Freimaurerei speist. Es darf jedoch nicht außer Acht gelassen werden, dass die gesamte westliche Esoterik einen prägenden Einfluss auf die Rituale der Freimaurer hatte. Diese Esoterik ist unter anderem in den platonischen Akademien der Renaissance zu finden. In den freimaurerischen Ritualen sind vor allem Neuplatonismus, christliche Kabbala, Alchemie und Hermetik als wichtige Bestandteile und Quellen zu erkennen.

Diese Einflüsse müssen in einem richtigen Zusammenhang gesehen werden: Die gesamte Entwicklung und diese unterschiedlichen

* Vgl. Snoek in: Amman, Bettag, Snoek: Wurzeln der Freimaurerei, Freimaurerische Forschungsvereinigung Frederik e.V. 2016

** Vgl. Jessen, Elsje

Einflüsse fanden alle in einem christlichen Kontext statt – denn das war die Klammer und das Weltbild Europas, welches damals nicht infrage gestellt wurde. Diese esoterischen Einflüsse standen übrigens nicht im Widerspruch zu den christlichen Lehren, sogar ganz im Gegenteil, denn die esoterischen Strömungen bauten auf dem Christentum auf und die christliche Lehre konnte sich deshalb darin wiederfinden. Die Bauhütten und damaligen Logen haben neben diesen esoterischen und christlichen Inhalten maßgeblich die Struktur für die heutigen Logen der Freimaurer begründet.

Wir können heute sagen, dass die Freimaurerei irgendwann zwischen 1137 und 1598 schrittweise entstanden ist. In diesem Zeitraum tauchten sogenannte *Manuscript Constitutions* auf, also Verhaltensregeln und Verordnungen für Steinmetze. Es sind die ältesten handschriftlichen Dokumente, die mit Freimaurerei in Zusammenhang gebracht werden können.* Sie waren ausdrücklich christlich geprägt, schrieben vor, wie man sich ordentlich und tugendhaft zu verhalten hatte, und interpretierten das Handwerk und die Werkzeuge symbolisch. Hier haben wir schon eine klare *Spekulative Freimaurerei* als ein besonderes, in Allegorien gekleidetes und durch Symbole dargestelltes Moralsystem.

Am 28. Dezember 1598, dem Tag nach dem Winter-Johanni, unterschrieb *William Schaw* die sogenannten ersten *Schaw-Statuten*, eine Verordnung und Verhaltensregeln für Steinmetze und Grundlage der Freimaurerei in Schottland. Genau ein Jahr später unterschrieb er eine Ergänzung dazu, die zweiten Schaw-Statuten. Schaw war Minister für Bauangelegenheiten unter *König Jakob VI. von Schottland*, später auch *König Jakob I. von England*. Seine Statuten sind der älteste Beleg der Existenz von Logen mit explizit freimaurerischer Aktivität.

* Vgl. Snoek in: Amman, Bettag, Snoek: Wurzeln der Freimaurerei

Die ältesten rückverfolgbaren Logen sind die in Edinburgh, Kilwinning und Sterling. Sie werden in den Schaw-Statuten erwähnt und es gibt sie alle drei noch heute als Logen der *Großloge von Schottland*. Schaw meinte, dass die Loge, die sich in der Edinburgh Saint Mary's Chapel traf, die älteste Loge wäre. Die Loge in Kilwinning war aber der Meinung, dass sie die älteste sei. Da es keine Zeitzeugen mehr gab, entschied sich nach Schaws Tod dessen Nachfolger, beiden den Status »Time immemorial« zu verleihen. Da die Loge aus Edinburgh von Schaw schon die Nummer 1 zugewiesen bekommen hatte, gab sein Nachfolger der aus Kilwinning jetzt die Nummer 0. Vielleicht sogar zu Recht, denn es gibt eine schriftliche Nachricht in den Archiven der Stadt Kilwinning, »dass im Jahre 1150, unter Alexander III., ›fremde Bauleute, die nicht englisch sprachen‹, allda eine Abtei erbaut und eine Loge errichtet hätten, auf deren Existenz man jetzt noch in eben denselben Archiven bis zum Ende des 15ten Jahrhunderts zurückgehen kann.«* Das deckt sich mit der schon erwähnten beginnenden gotischen Bautätigkeit in Frankreich ab 1137, die sich insbesondere auf den britischen Inseln rapide ausbreitete.

Die Logen der Freimaurer in Schottland unterschieden sich klar von den damaligen Zünften, worin alle Bauhandwerker Mitglied waren. Wer damals in Schottland Steinmetz werden wollte, suchte sich einen Meister, um bei ihm in die Lehre zu gehen. Wer als Lehrling angenommen wurde, wurde von seinem Meister in seine Loge zur Registrierung gebracht. Somit war man dann ein registrierter Lehrling – »Booked Apprentice«. Nach einigen Jahren Lehrzeit nahm der Meister seinen Lehrling wieder mit in die Loge, wo er jetzt als angenommener Lehrling – »Entered Apprentice« – registriert wurde. Nach einer zweiten Lehrzeit von einigen Jahren leg-

* https://freimaurer-wiki.de/index.php/Kilwinning

te der »Entered Apprentice« vor der Zunft seine Meisterprüfung ab. Nach bestandener Prüfung nahmen Meister der Loge den Kandidaten zu einem Aufnahmeritual zum »Fellow of the Craft«, Teilgenosse des Handwerks, mit. Der Kandidat war jetzt »Master Mason and Fellow of the Craft«, also Meister Steinmetz und Teilgenosse des Handwerks. Er durfte selbstständig arbeiten, selbst Aufträge annehmen und selbst Lehrlinge ausbilden.

Es ist nicht verwunderlich, dass die höchste Qualifikation hier »Fellow of the Craft« ist. Auch heute noch ist ein »Fellow« einer Universitätsfakultät (College) in Großbritannien einer der »alten Hasen«, die alles schon gesehen haben und die man alles fragen kann. »Fellow of the Royal Society« (Nationale Akademie der Wissenschaften) zu sein ist sogar eine solch bedeutende Ehre, dass man dann »RS« hinter seinen Namen schreibt.

Kurz nach 1600 finden wir innerhalb der London Company of Freemasons Logen der »Acception« (Annahme), aber sie waren, genau wie die Logen in Schottland, wohl schon einige Zeit da, bevor sie in den Dokumenten auftauchen. Von ihnen gibt es eine durchgehende Verbindung zu den Logen von 1721, die die Erste Großloge gründeten. Die »Acception« kannte, wie die Logen in Schottland, einen rituellen Grad, obwohl sie das natürlich nicht als einen Grad bezeichneten, solange es nur diesen einen gab. Aufgenommen wurden nur die bedeutendsten Mitglieder der Company. Meistens waren sie schon »Warden« (Aufseher) oder sogar Meister der Company gewesen. Auch hier geht es also um eine Elitegruppe. Der Eintritt kostete auch wesentlich mehr als der Eintritt in die Company. Aber für diese Spitzenhandwerker war Geld nie ein Problem. Viele von ihnen hatten eine eigene Werkstatt. Sie reisten durch Europa und sammelten original griechische und römische Statuen als Vorbilder für ihre Arbeit.

Ende des 17. Jahrhunderts entstand aus den zwei freimaurerischen Systemen – das von Schottland und das von London – ein Zweigrad-System, das mit ihren Unterschieden an beiden Orten verwendet wurde. In Schottland wurde das Londoner Ritual jetzt für den »Entered Apprentice« verwendet.

Anderson beschreibt das in London verwendete System in seinen Constitutions. Er nennt den Grad der »Acception« (erster Grad) hier »Entered Apprentice«, wie in Schottland. Wahrscheinlich war ihm diese Terminologie von seinem Vater bekannt. Wenn er den zweiten, schottischen Grad erwähnt, nennt er ihn meistens »Fellow Craft or Master Mason«. Er vertauscht also die zwei Teile des schottischen Namens. Als um 1725 der erste Grad (»Acception«) in zwei Teile aufgespaltet wird, werden diese »Entered Apprentice« und »Fellow Craft« genannt. Der vormalige zweite, jetzt dritte Grad (»Fellow Craft or Master Mason«) heißt von nun an nur noch »Master Mason«. Damit ist das Drei-Grad-System entstanden, das ab 1726 auch in Frankreich auftaucht. Die Namen der Grade werden als »Apprenti«, »Compagnon« und »Maître« übersetzt. »Compagnon« für »Fellow Craft« ist natürlich ein Übersetzungsfehler. Aber dies wird wieder auf Deutsch als »Lehrling«, »Geselle« und »Meister« übersetzt.

Die Freimaurerei machte ab dem 18. Jahrhundert eine rasante Entwicklung durch. Sie kennzeichnete sich dadurch, dass der operative, handwerkliche Aspekt von dem rein spekulativ-symbolisch-rituellen endgültig verdrängt wurde, da die Gentleman Masons die Logen fluteten, überhandnahmen und im Laufe des 18. Jahrhunderts die operativen Freimaurer zum größten Teil verschwanden. Zudem veränderten sich die Rituale in den 1720er-Jahren gravierend. Ab etwa 1726 erlebte die Freimaurerei eine immense Blütezeit: Wie ein Lauffeuer gründeten sich Logen und Großlogen, nicht nur in Großbritannien, sondern in ganz Kontinentaleuropa und in den Kolonien.

ORDENSGRÜNDUNGEN UND IHR EINFLUSS AUF DIE FREIMAUREREI

Der Mythos der Freimaurer wurde vor allem wegen der Querverbindungen zu anderen Organisationen immer wieder Quell so mancher Spekulation, wie groß der Einfluss der Templer sei, der Ritterorden oder der *Kreuzfahrer*. Auch manche Freimaurer pflegen diese Mythen. Die Wahrheit ist oftmals weniger legendär als weltlich bedingt. Dennoch sind Verbindungen vorhanden, die nicht verschwiegen werden sollen.

Akademien und nichtkirchliche Ordensgründungen gab es während des Entstehungszeitraums der Freimaurerei. Zu nennen wäre hier die »Fruchtbringende Gesellschaft«, die zwischen 1617 und 1680 existierte. Sie hatte knapp 900 Mitglieder und war die größte deutsche Sprachakademie. Sie war höfisch, politisch, militärisch und diplomatisch vernetzt und knüpfte sowohl an die italienischen Renaissance-Akademien als auch an Ritterorden an.[*] Das weibliche Gegenstück war die »Tugendliche Gesellschaft« (1619), deren Mitglieder ein tugendhaftes Leben anstrebten. Beide Gesellschaften waren protestantisch geprägt. Die ersten femininen Orden für Damen aus dem Hochadel waren katholischen Ursprungs. Die Mitglieder dieser Orden verpflichteten sich, ein tugendhaftes Leben zu führen und Barmherzigkeit aktiv auszuüben. Zu nennen wäre hier der »Sternkreuzorden«[**] von 1668, der »Orden der Sklavinnen der Tugend«[***] von 1662 und die »Ritterinnen des Kreuzes«[****] von 1709. Jeweilige Großmeisterin war die Kaiserin oder die Kaiserinwitwe; Mit-

---

* https://de.wikipedia.org/wiki/Fruchtbringende_Gesellschaft

** https://de.wikipedia.org/wiki/Sternkreuzorden

*** https://de.wikipedia.org/wiki/Orden_der_Sklavinnen_der_Tugend

**** Vgl. Snoek in: Ammen, Bettag, Snoek: Wurzeln der Freimaurerei

glieder konnten ausschließlich Damen aus dem Hochadel werden. Zur damaligen Zeit gab es ein breites Interesse an den Kreuzzügen, was diese Ordensgründungen beeinflusste. Der »Orden der Ritterinnen des Kreuzes« war der einzige im deutschen Sprachgebiet, der dort wohl etwas mit der Entstehung der Freimaurerei zu hatte.

Diese Ordensgründungen lagen zeitlich vor denen der sogenannten freimaurerischen Tempel-Ritter-Orden in Frankreich, die zwischen 1728 und 1733 entstanden. Der *Erhabene Orden der Auserwählten Ritter* wurde um 1730 gegründet. Eine entscheidende Rolle spielte dabei *Andrew Michael Ramsay*, der behauptete, dass die Kreuzfahrer die Vorfahren der Freimaurer seien. Er selber gehörte dem Lazaristenorden an, der sich vor allem um die Armen und Bedürftigen kümmerte. Vielleicht hatte Ramsay aber auch die Idee eines Ritterordens aus seinen Verbindungen zu jenen oben genannten Damen aus dem Hochadel übernommen, in deren Familien – namentlich auch die der Stuarts – er als Privatlehrer tätig war.

Jedenfalls entwickelten sich anscheinend aus diesen Tempel-Ritter-Orden die Logen der *Strikten Observanz*, die sich tatsächlich als Nachfolger der Tempelritter sahen. Interessant in diesem Zusammenhang ist auch die Gründung des schottischen Distelordens 1687 von *König Jakob VII. von Schottland*. Er gründete ihn zu einer Zeit, als seine Regentschaft als Jakob II. von England auf wackeligen Füßen stand. Tatsächlich wurde er 1688 von seiner protestantischen Tochter Maria und seinem Schwiegersohn Wilhelm abgesetzt und floh ins französische Ausland, wo bis zum Tod Ludwigs XIV. die Stuarts in der Nähe von Paris residierten. Jakob wollte mit dieser Gründung den Hochadel an seine Person binden und somit seinen Rückhalt stärken. Der Orden bestand nur aus zwölf adligen Mitgliedern. Bis heute ist das Oberhaupt dieses Ordens der König oder die Königin vom Vereinigten Königreich.

Obwohl der Distelorden damals wie heute nur wenige Mitglieder aufnahm, scheint es doch eine Parallele zu bestimmten freimaurerischen Hochgradsystemen zu geben. Der heilige Andreas ist der Schutzpatron des Distelordens, das Andreaskreuz und die Farbe Grün sind seine symbolischen Kennzeichen. In Anbetracht der Tatsache, dass die Ordensgründungen in Frankreich ihren Anfang nahmen und die Stuarts zu dieser Zeit dort residierten, kann man annehmen, dass es sehr wohl hier einen Austausch gab – übrigens wieder ganz konkret durch den oben erwähnten Ramsay.

Trotzdem kann daraus nicht so ohne Weiteres geschlossen werden, dass die Hochgradfreimaurerei nur aus einer Übertragung der Inhalte aus diesen Orden – allen voran der Erhabene Orden der Auserwählten Ritter – entstanden ist. Außerdem darf man sich die Hochgradfreimaurerei nicht als System vorstellen. Es handelte sich vielmehr um eine Sammlung verschiedener Rituale, die um 1800 als ein einheitlicher *Ritus* missverstanden wurden. Das betrifft ganz spezifisch die Hochgrade des *AASR*.

FRAUEN IN MÄNNERLOGEN

»Die Tür, die mir geöffnet wurde,
wird nicht hinter mir geschlossen«

Maria Deraismes (1828–1894)

Wie schon vorher beschrieben, gab es im Mittelalter bereits einige Fälle von weiblichen »Freestone Masons«. In der Geschichte der Freimaurerei gab es immer wieder Frauen, die diesem eigentlich rein männlichen Bund angehörten. Die Logen, die seit dieser Zeit entstanden sind, handhabten das eigenständig und unterschiedlich. Natürlich waren Frauen in den Logen damals Ausnahmen und nicht die Regel. Erst später mit der Gründung der Ersten Großloge von England und ihrer Vormachtstellung konnten auch europaweit nur jene Logen als anerkannt gelten, in denen Frauen die Mitgliedschaft untersagt war.

Der bekannteste und am besten dokumentierte Fall ist Elizabeth St. Leger Aldworth. Die Tochter eines irischen Adligen und aktiven Freimaurers wurde zufällig Zeugin einer Tempelarbeit, die auf dem heimischen Landsitz stattfand – und da sie sich beim Verschwinden nicht sonderlich geschickt angestellt hatte, wurde sie entdeckt. Sie hatte die geheimen Rituale gesehen sowie jeden, der daran teilgenommen hatte. Was also tun, damit die Geheimnisse gewahrt blieben? Wahrscheinlich hatte man ihr ordentlich ins Gewissen geredet, ihren Vater in Verlegenheit gebracht – und sich anschließend entschlossen, sie direkt als Mitglied in die Loge aufzunehmen. Das war vor ihrer Hochzeit im Jahre 1713. Sie blieb nicht die einzige Frau, die in eine Loge aufgenommen wurde. Und anscheinend geschah dies meistens ausgerechnet deswegen, weil diese Frauen den Logenarbeiten zufällig oder aber heimlich gelauscht und sogar versteckt beigewohnt hatten.*

Gräfin Helene Hadik-Barkoczy hingegen war die erste Frau, die ohne List oder Tricks, ganz offiziell, 1875 in der Loge »Egyenlöség« in Ungarn aufgenommen wurde. Ihr Fall war ebenso kurios wie einzigartig: Sie war die Letzte des Geschlechts der Barkoczy, einem sehr alten, angesehenen und reichen ungarischen Adelsgeschlecht. Das Erbe konnte nur ein männlicher Nachkomme antreten, und als ihr Vater verstarb, wurde Helene juristisch als Mann eingestuft.

* Vgl. Kidd, Karen: Haunted Chambers, Cornerstone Book Publisher, New Orleans 2009

Außerdem waren die Barkoczys traditionell immer in führenden Freimaurerpositionen vertreten – es war eigentlich undenkbar, dass niemand aus dieser Familie Freimaurer war. Aus diesen Gründen wurde sie nach altem Brauch in die oben genannte Loge aufgenommen. Natürlich hatte die ganze Geschichte ein Nachspiel: Die Großloge von Ungarn akzeptierte dieses Vorgehen ganz und gar nicht, alle Brüder der Loge wurden vom Ehrengericht der Großloge von Ungarn verurteilt, der Abgeordnete Meister als Hauptverantwortlicher verlor alle maurerischen Rechte und wurde auf Lebenszeit von der Maurerei ausgeschlossen.[*]

Mit der französischen Feministin *Maria Deraismes* wurde 1882 eine weitere Frau in einer Männerloge aufgenommen. Sie hatte sich nach dem deutsch-französischen Krieg für Frieden und Frauenrechte stark gemacht und war federführend bei den ersten Kongressen und Versammlungen für die internationalen Frauenrechte. Sie setzte sich für das Frauenwahlrecht ein sowie für einen besseren Zugang für Frauen an Bildung und Gesellschaft. Zwar lehnte die Großloge des Grand Orient de France die Aufnahme von Frauen in Logen prinzipiell ab, doch vertrat man humanistische und liberale Ideen der Gleichberechtigung der Frauen in Gesellschaft und Staat. Deraismes war darum auch bei den öffentlichen Abenden der Freimaurerlogen in Paris eine gern gesehene und beachtete Referentin. Die Loge »Libres Penseurs« war von ihr so begeistert, dass die Brüder beschlossen, auch Frauen aufzunehmen, sodass Deraismes als erste aufgenommen wurde[**] – allerdings zu einem hohen Preis. Die Loge »Libres Penseurs« musste ihre Großloge verlassen.

---

* Vgl. Kidd, Karen: Haunted Chambers

** https://de.wikipedia.org/wiki/Maria_Deraismes

In den folgenden zehn Jahre kämpfte Deraismes zusammen mit dem Arzt und Freimaurer Georg Martin für die Aufnahme von Frauen – erfolglos. Letztlich entschlossen sie sich, selber eine gemischte Loge zu gründen, und taten dies 1893 mit dem *Le Droit Humain*. Dass diese nicht anerkannt wurde, war fast eine logische Konsequenz, eben aufgrund der Tatsache, dass Frauen aufgenommen wurden.*

Jedenfalls kann das als die Geburtsstunde der heutigen gemischten Freimaurerei gesehen werden. Mit der Loge »Goethe zum flammenden Stern« wurde 1921 in Frankfurt die erste deutsche Loge gegründet, in der Frauen und Männer als Mitglieder gleichberechtigt aufgenommen wurden. Neben dem Le Droit Humain entwickelten sich auch andere gemischte Großlogen, wobei heute in Deutschland die *Großloge Humanitas* die bekannteste ist.

Tatsächlich gab es schon 150 Jahre zuvor gemischte Logen, die sogenannten *Adoptionslogen*, deren Entstehung aber nicht feministisch-politisch motiviert war.

ADOPTIONSLOGEN IM 18. JAHRHUNDERT

Im 18. Jahrhundert waren auch andere Wege für Frauen offen, Zugang zur Freimaurerei zu bekommen. Schon ab 1744 gab es in Frankreich sogenannte Adoptionslogen. Sie hatten das Ziel, die Schwestern in die Leitidee der moralischen Verbesserung und der universellen Brüderlichkeit mit einzubeziehen. 1774 gab die Großloge »Grand Orient de France« ihnen neue Regeln. Adoptionslogen – »Adoption«

* Vgl. Lennhoff, Eugen und Posner, Oskar: Internationales Freimaurer-Lexikon, Amalthea-Verlag, Wien/München, unveränderter Nachdruck 1975 von 1932

steht hier für Zulassung, Initiation oder Einweihung – waren auch erst ab dieser Zeit Männerlogen untergeordnet, bis dahin waren sie eigenständig. Es wurden Männer und Frauen aufgenommen, später dann nur Frauen.

Frauen wie Männer begleiteten die Ämter. Adoptionslogen hatten ein anderes Ritual als die Männerlogen dieser Zeit, jedoch nicht, weil den Frauen die »echte« Freimaurerei vorenthalten werden sollte. Ganz im Gegenteil: Das Ritual der Adoptionslogen hatte sehr viel Ähnlichkeit mit dem des »Royal Order of Scottland« – einem Hochgradsystem. Das Ritual der Adoptionslogen hatte einen biblischen-christlichen Hintergrund mit einer anders – nämlich sehr positiv – interpretierten Rolle Evas. Als um 1815 die Rituale im Sinne eines bürgerlichen Zeitgeistes geändert wurden – Eva wurde wieder diejenige im Ritual, die die Erbsünde verursacht hatte (man musste ja die »historische« Faktenlage »richtigstellen«) –, konnten sich viele Frauen darin nicht mehr wiederfinden und sie verloren das Interesse an der Freimaurerei. Erst mit den Neugründungen von Adoptionslogen ab 1901 änderte sich das wieder: Der Hintergrund war aber jetzt ein feministischer; daraus entwickelte sich die feminine Freimaurerei.*

Eine Kuriosität unter den Adoptionslogen sei noch erwähnt: Der sogenannte *Mops-Orden*, eine katholische Gründung angeblich von Clemens August Herzog von Bayern um 1740 als Antwort auf die päpstliche Bannbulle gegen die Freimaurer. An den europäischen Höfen fand er großen Zuspruch, er verschwand aber ebenso schnell wieder, wie er entstanden war. Das freimaurerische Ritual wurde hier persifliert; weniger, um den freimaurerischen Ideen zu schaden, als eher den päpstlichen Bann metaphorisch ins Lächerliche zu ziehen.

---

* Vgl. Snoek, Jan: Formen und Inhalte freimaurerischer Rituale, Festschrift zum 70. Geburtstag, Freimaurerische Forschungsgesellschaft e. V., 2017

FRÜHE ENTWICKLUNG DER FREIMAURERREI IN DEUTSCHLAND

Den formalen Beginn der Freimaurerei in Deutschland kann man auf das Jahr 1727 festlegen, mit der Gründung der Loge in Mannheim. Der Gründer war Graf Albrecht Wolfgang zu Schaumburg-Lippe, der ein Freund Desaguliers war, dem stellvertretenden Großmeister der Ersten Großloge von England.

Diese erste deutsche Loge wurde aber 1737 verboten – wohl im Zusammenhang mit der päpstlichen Bannbulle. Letztlich fasste die Freimaurerei im Jahre 1737 in Deutschland nachhaltig Fuß, die Loge d'Hambourg besteht bis heute unter ihrem neuen Namen »Absolom zu den drei Nesseln« und ist somit die älteste Loge Deutschlands.

Eine Delegation dieser Loge nahm in Braunschweig in der Nacht vom 14. zum 15. August 1738 den Kronprinzen von Preußen, den späteren König Friedrich den Großen, zum Freimaurer auf. Seiner Mitgliedsnummer zufolge war er der 31. Freimaurer Deutschlands. Später hielt Friedrich der Große selbst Logenarbeiten ab, leitete Aufnahmen und übernahm das Protektorat über die Logen in seinen Provinzen. Er förderte die Freimaurerei ein Leben lang und blieb ihr stets verbunden. Dadurch verbreitete sie sich in Deutschland rasch, weshalb letztlich vor allem die sogenannten *Altpreußischen Großlogen* eine große Bedeutung erlangen konnten. Dabei handelt es sich um folgende: die *Große Landesloge der Freimaurer von Deutschland* oder *Freimaurerorden*, die *Große National-Mutterloge »Zu den drei Weltkugeln«* und die *Große Loge Royal York zur Freundschaft*.

Mit Friedrich dem Großen kam die Freimaurerei nach Berlin. Bei seiner ersten Arbeit nahm er seinen Bruder Wilhelm und später auch seinen Schwager, den Markgrafen Friedrich von Brandenburg-Bayreuth, auf. Friedrich beeinflusste nachhaltig die Entwicklung der Freimaurerei in Preußen – vor allem durch seinen Protektionsbrief vom 16. Juli 1774, mit dem er der Großen Landesloge der Freimaurer von Deutschland seinen königlichen Schutz gewährte. Wie sehr ihm die Freimaurerei am Herzen lag und was er auch darin an Potenzial sah, welches weit über die alleinige Entwicklung der individuellen Persönlichkeit hinausging, zeigt folgendes Zitat von ihm:

> »Eine Gesellschaft, die nur daran arbeitet, in meinen Staaten alle Tugenden auf fruchtbringende Weise hervorzurufen, kann immer auf meine Protektion rechnen. Dies ist eine rühmliche Aufgabe für einen jeden guten Herrscher, und ich werde nie aufhören, sie zu erfüllen.«*

Im Laufe der Zeit bildeten sich unterschiedliche Systeme aus. Im 18. Jahrhundert gab es zahlreiche Logengründungen, es gab eine regelrechte Freimaurereuphorie, und der Fantasie in Ausgestaltung der Rituale waren keine Grenzen gesetzt. Das betraf vor allem die schon erwähnten Hochgrade. Zu dieser Zeit kam neben der mittelalterlichen Ritterbegeisterung auch eine Ägypteneuphorie auf und floss mit hinein. Darunter tummelten sich auch merkwürdige Gestalten – der Esoteriker *Cagliostro* wäre hier ein prominentes Beispiel.

Es ist nachzuvollziehen, dass man diesen Auswüchsen ein Ende setzen wollte. Nicht alle waren mit diesen bunten und fantasievollen Ritualen einverstanden, und es entstanden Gegenbewegungen.

---

* Zitat aus einem Schreiben Friedrich des Großen an die Loge »La Royale York de l'Amitié«, 1777

Das gipfelte in der Gründung des Illuminatenordens. Dieser war ein erklärter Gegner der Hochgrade, obwohl er später selber über ein eigenes Hochgradsystem verfügte.

Was bei diesem vehementen Kampf gegen die Hochgrade in der Freimaurerei allerdings versäumt wurde, war, die Spreu vom Weizen zu trennen. Dass es Scharlatane gab, bedeutete nicht automatisch, dass jedes Hochgradsytem frei erfunden war und keine Daseinsberechtigung mehr hatte. Deshalb entwickelten sich in Deutschland ab dem 18. Jahrhundert zwei unterschiedliche Richtungen in der regulären Freimaurerei: die christlichen Logen in Form der Altpreußischen Großlogen, die integrierte Hochgrade besitzen, und die humanitären Logen, die ein System mit drei Graden haben.

Eine weitere Besonderheit zeigt sich auch in der Entwicklung der deutschen Freimaurerei: Im 18. Jahrhundert gab es in Deutschland viele Kleinstaaten – dementsprechend wurden auch viele unterschiedliche Großlogen gegründet, was es so in keinem anderen Land gab. Das spiegelt sich in der heutigen Großlogen-Struktur noch ein Stück weit wider. Das Gute daran ist, dass es eine Auswahl der unterschiedlichen Freimaurersysteme gab und es heute auch noch gibt, allerdings nicht mehr in diesem Ausmaß.

Es lohnt sich, einen Blick auf zwei besondere Entwicklungen im 18. Jahrhundert innerhalb der deutschen Freimaurerei zu werfen: die Strikte Observanz und die Illuminaten.

STRIKTE OBSERVANZ UND ILLUMINATEN

Die Strikte Observanz und die Illuminaten stellen besondere Strömungen in der deutschen Freimaurerei des 18. Jahrhunderts dar, um die sich nach wie vor zahlreiche Mythen und Legenden ranken.

Die sichtbaren Anfänge der Strikten Observanz liegen in der Mitte des 18. Jahrhunderts und sind eng mit der Person des schlesischen Barons *Karl Gotthelf von Hund und Altengrotkau* verbunden. Der offizielle Name lautete »Hoher Orden der Ritter des Heiligen Tempels zu Jerusalem«. Der Name Strikte Observanz wurde erst ab 1764 verwendet und spielt auf die unbedingte Gehorsamspflicht gegenüber den Ordensoberen an.*

1741 war Hund anlässlich der Kaiserkrönung Karls VII. in Frankfurt am Main und wurde dort in die französisch sprechende Loge »Zu den drei Disteln« in den Freimaurerbund aufgenommen. 1742 wurde er seinem Bericht zufolge in Paris von schottischen Rittern in den Orden der Tempelherren aufgenommen.** Bei späteren Befragungen erklärte Hund, er sei in den geheimen in Schottland weiterlebenden Templerorden aufgenommen und dem geheimen Oberen des Ordens vorgestellt worden. Tatsächlich handelte es sich wohl um den Erhabenen Orden der Auserwählten Ritter. Den »Eques a Penna Rubra«, den »Ritter von der Roten Feder«, habe er für den Prätendenten *Charles Edward Stuart* gehalten.***

Das System der Strikten Observanz beruhte auf der Behauptung, der 1312 aufgelöste Templerorden habe im Geheimen weiter existiert und sei dann rund 400 Jahre später als Freimaurerei wieder aufgelebt, geleitet werde er von geheimen Oberen – eine Vorstellung, die man auch bei den *Rosenkreuzern* findet. Dabei soll Hund angeblich von diesen »unbekannten Oberen« der Tempelherren als »Heermeister« oder Provinzial-Großmeister der VII. Ordensprovinz, also Deutschland, eingesetzt worden sein.**** Nach

---

* https://freimaurer-wiki.de/index.php/Strikte_Observanz

** https://de.wikipedia.org/wiki?curid=3935938

*** Vgl. Lennhoff, Posner: Internationales Freimaurer-Lexikon

**** Vgl. Lennhoff, Posner: Internationales Freimaurer-Lexikon

mehreren vergeblichen Versuchen, mit dem Hofe des Thronprätendenten Charles Edward Stuarts in Kontakt zu treten, beschloss er, die Ausgestaltung der siebenten Provinz des Tempelordens selbst in die Hand zu nehmen. Ab 1751 begründete er den Ritus der Strikten Observanz innerhalb der Freimaurerei. Dabei propagierte er stets die Idee einer Entwicklungslinie von den Tempelrittern zu den Freimaurern. 1755 erstellte er einen Operationsplan zur Gewinnung möglichst vieler Personen hohen Standes.* Die Organisation entwickelte sich schnell, und bald gehörte ein Großteil der damaligen Freimaurerei auch der Strikten Observanz an, darunter Personen aus Adelsfamilien und hohe Verwaltungsbeamte. Natürlich bot die Organisation ihren Mitgliedern auch ein Netzwerk, das Kontakte und Unterkunft bei kleindiplomatischen Reisen ermöglichte. Aber auch regierende Fürsten entdeckten ihren Bedarf an so einem Vernetzungsinstrument. Die starke politische Nutzung und die Unzufriedenheit der Brüder führten zu einer schweren Krise, insbesondere nachdem Hund, der die große Triebfeder hinter dem Orden gewesen war, abgesetzt wurde. Nach seinem Tod 1776 sollte mit dem Wilhelmsbader Konvent von 1782 der Zerfall gestoppt und wieder Ordnung in die Strikte Observanz gebracht werden, was aber nicht gelang.**

Walter Hess schreibt in seiner »Geschichte des *Rektifizierten Schottischen Ritus* zur Strikten Observanz«: »Man hat an der Strikten Observanz mit Recht scharfe Kritik geübt …« und »Es lässt sich aber nicht übersehen, dass sie über fast 20 Jahre das deutsche und weite Teile des europäischen Maurertums beherrscht hat. Trotz aller unerfreulicher Aspekte leisteten vor allem die symbolischen Logen

* https://de.wikipedia.org/wiki?curid=3935938

** https://freimaurerwiki.de/index.php/Strikte_Observanz#Wilhelmsbader_Konvent_und_Zerfall

gute maurerische Arbeit und waren in der Lage, die geistige Elite in Staatsverwaltung, Heer, Adel und Politik für sich zu gewinnen, zum Beispiel die späteren Könige von Preußen und Bayern, Friedrich Wilhelm II. und Maximilian Joseph von Pfalz-Zweibrücken. Die zum Teil närrischen Auseinandersetzungen fanden vorwiegend in den Inneren Orden statt. Die Freimaurerei erfuhr in diesen Jahren eine große Ausdehnung. Zwischen 1760 und 1780 vervierfachte sich die Zahl der Logen und der Freimaurer in Deutschland und erreichte wahrscheinlich mehr als 10.000 Mitglieder, von denen die meisten auch in der Strikten Observanz Mitglied waren. Die symbolischen Logen arbeiteten kaum anders als zuvor und später und blieben offensichtlich von den Auseinandersetzungen in den Inneren Orden unberührt. Diese waren immer relativ klein und umfassten 1780 nur 1375 Personen. Es waren nicht nur kritiklose Männer, die sich zum Orden hingezogen fühlten.«* Und so ist es nicht verwunderlich, dass manche Ideen und Fragmente auch nach dem Wilhelmsbader Konvent in einigen Hochgradsystemen ihre Fortsetzung fanden.

Adam Weishaupt, Professor für Kanonisches Recht in Ingolstadt und 1776 Stifter des Illuminatenordens, soll zuerst in einer Loge der Großloge Royal York Freimaurer geworden sein. Danach soll er seine eigene Loge in Ingolstadt gegründet und diese dann zum Illuminatenorden umgewandelt haben. Ob dies historisch genauso geschah, ist nicht gesichert. Sicher ist aber, dass der Illuminatenorden seinerzeit in der Freimaurerei fest verwurzelt war. Weishaupt hatte sein Leben lang Ressentiments gegenüber den Jesuiten, die damals häufig Gegner von Wissenschaft und Fortschritt waren.

Freiherr Adolph von Knigge, Autor der Benimmregeln, trat dem Orden 1780 bei. Er war zu diesem Zeitpunkt Mitglied der Strikten

* https://freimaurer-wiki.de/index.php/Strikte_Observanz

Observanz, dem damals mitgliederstärksten freimaurerischen System, das auch einige sogenannte Hochgrade kannte. Knigge entwarf jetzt – neben den ersten drei von Weishaupt entworfenen Graden – ein komplexes Hochgradsystem für den Illuminatenorden, was den Orden noch freimaurerischer machte. Knigge war auch derjenige, der im Auftrag von Weishaupt 1781 die Verschwörungstheorie anonym verbreitete, dass die Strikte Observanz und die Rosenkreuzer in Wahrheit Instrumente des 1773 aufgelösten Jesuitenordens seien, um gegenaufklärerische Ziele zu verfolgen. Wie gesagt war Knigge zuerst Mitglied der Strikten Observanz, aber aus finanziellen Gründen konnte er dort nicht in den engeren Führungszirkel aufsteigen.*

Nach dem Zusammenbruch der Strikten Observanz im Jahr 1782 zogen die Illuminaten eine ganze Reihe prominenter Freimaurer als neue Mitglieder an, unter anderem Johann Joachim Christoph Bode, Johann Wolfgang von Goethe und *Herzog Ernst II. von Sachsen-Gotha-Altenburg*. Letztgenannter wandelte später auch eine Reihe von Logen der ehemaligen Strikten Observanz in »Minervalkirchen« der Illuminaten um.

Die französische Freimaurerei, die sich über ganz Europa verbreitet hatte, war spätestens seit den 1740er-Jahren stark utopisch orientiert. Sie war davon überzeugt, dass die Göttin der Gerechtigkeit, Astrea, die – gemäß Ovids »Metamorphosen« – die Erde am Anfang des Eisernen Zeitalters verlassen hatte. Sie hatte versprochen, am Ende dieses Zeitalters auf die Erde zurückzukehren, um ein neues Goldenes Zeitalter zu gründen. Jetzt war sie zurückgekehrt, weil die Freimaurer die Tugend wieder praktizierten.** Dieser

---

* https://de.wikipedia.org/wiki/Adolph_Knigge

** Vgl. Snoek, Jan: Einführung in die westliche Esoterik, für Freimaurer, Modestia cum Libertate, Zürich 2011

Utopismus war auch charakteristisch für die deutsche Strikte Observanz, die nach dem Beispiel der Jesuitenrepublik in Paraguay, des klassenlosen Idealstaates, einen freimaurerischen Staat in Labrador, Kanada, gründen wollte. Es ist also nicht verwunderlich, dass auch der Illuminatenorden einen Idealstaat anstrebte. Es ging dabei niemals darum, die Welt durch eine gewalttätige Revolution zu reformieren, sondern durch Erziehung eine Elite zu schaffen, die die Welt reformieren sollte, und zwar in aufklärerischem Sinne: Religion und autokratische Fürsten sollten auf Dauer verschwinden und ersetzt werden durch Vernunft und vernünftige Führer. Dabei war unter anderem Goethes »Egmont« Pflichtliteratur für die Novizen.

Was für uns moderne Menschen schwer nachvollziehbar ist, ist, dass der Illuminatenorden alles andere als demokratisch war: Er war ganz im Gegenteil starr hierarchisch organisiert, und es gab Regeln, dass jedes Mitglied von einem Mitglied, das eine höheren Klasse als er selbst innehatte, überwacht werden sollte. Hier zeigt sich, wie sehr dieser Orden ein Produkt seiner Zeit war, auf dem Übergang vom »Ancien Régime« zur Moderne. Auch sollte ihr erklärtes Ziel durch Unterwanderung höchster politischer Kreise umgesetzt werden, was auch schon teilweise geschehen war. Es ist daher auch nicht verwunderlich, dass er in Bayern nur neun, und im übrigen Deutschland nur elf Jahre existierte, bevor er verboten und offiziell aufgehoben wurde.

Aber ein so erfolgreicher Bund – er zählte ungefähr 1100 Mitglieder –, der so viele Mitglieder der deutschen Elite zu seinen Anhängern zählte, war kaum durch einen bürokratischen Beschluss aufzuheben. Weishaupt war zwar nicht mehr handhabbar, aber die weimarisch-gothaische Gruppe dachte keineswegs daran aufzuhören. Neues Oberhaupt des Ordens wurde nun Herzog Ernst II. von Sachsen-Gotha-Altenburg. Aber die eigentliche Leitung hatte eine kleine

Gruppe, darunter namentlich Johann Joachim Christoph Bode, Karl Leonhard Reinhold, Johann Wolfgang von Goethe, und später Johann Gottfried Herder und *Friedrich Ludwig Schröder*. Auch diese Gruppe verstand sich als freimaurerisch, und so wurde ihr erstes Ziel die Abschaffung aller Hochgrade und die Reform der ersten drei freimaurerischen Grade. Das rituelle Erleben wurde dadurch mehr auf ein verstandesmäßiges Durchdringen reduziert und der Schwerpunkt auf moralische und ethische Aspekte gelegt. Es wurde dem weniger Beachtung geschenkt, dass Rituale eben kaum mit verstandesmäßigem Erfassen zu tun haben, sondern mit innerer Berührung, die sich kaum in Worte fassen lässt und weshalb man Symbole, auch wenn sie nicht erklärbar sind, nicht einfach weglassen sollte.

Das Produkt dieses Projekts, das anfänglich von Bode geleitet wurde, sollte letztendlich seine Endredaktion von Herder und Schröder bekommen und wurde ab 1801 bekannt als die Schröder'schen Rituale. Dieses aus den Illuminaten entstandene Ritualsystem ist in Deutschland heute als eine Strömung innerhalb der deutschen Freimaurerei zu verstehen.

ENTWICKLUNG DER FREIMAUREREI IN DEUTSCHLAND AB DEM 19. JAHRHUNDERT

Anfang des 19. Jahrhunderts veränderte sich die Freimaurerei nachhaltig – und das nicht nur in Deutschland. Durch die Französische Revolution und den Aufstieg Napoleons hatte sich die Kultur Europas völlig verändert. Waren die Rituale bis dahin christlich-mystisch, so wurden sie jetzt humanistisch-moralistisch und romantisch.* Man

* Snoek, Jan: Festvortrag für das Stiftungsfest der Johannis-Loge »Zum Ölzweig« am 04.09.2004

kann auch sagen, dass eine »Verbürgerlichung« in der Freimaurerei stattfand, was sowohl die Aufnahme Nicht-Adeliger betraf als auch die Gesinnung, die bourgeoiser wurde.

Bis 1933 hatten sich in Deutschland elf Großlogen gebildet mit 80.000 Mitgliedern. An Mitgliedern am stärksten waren die Altpreußischen Großlogen der sogenannten christlichen Ausrichtung. Nach dem Ende des Zweiten Weltkrieges bildeten die sogenannten humanitären Freimaurerlogen die Mehrzahl. Die Unterscheidung in »christlich« und »humanitär« ist im Grunde eine irreführende: In allen Logen können Menschen jeglicher oder keiner Konfession aufgenommen werden, alle Logen haben den Humanismus als Grundpfeiler. Es gibt aber natürlich eine gewisse Gewichtung – diese Varietät ist auch gut so.

Am 15.8.1935, zwei Jahre nach der Machtübernahme der Nationalsozialisten, wurde die Freimaurerei endgültig verboten, Logen und Großlogen wurden aufgelöst und ihr Vermögen beschlagnahmt.

Nach dem Krieg gab es eine kurze Wiederbelebung des Logenlebens in der Sowjetischen Besatzungszone bis zum Herbst 1946; in der DDR wurde die Freimaurerei aber nicht mehr zugelassen, was im Grunde einem Verbot gleichkam.

Deshalb kann man sagen, dass das Logenleben nach dem Krieg ausschließlich in Westdeutschland stattfand. Die meisten Großlogen in Deutschland fanden sich zur Großloge *AFAM* (Großloge der Alten Freien und Angenommenen Maurer von Deutschland) zusammen. Die Große Landesloge der Freimaurer von Deutschland und die Große National-Mutterloge »Zu den drei Weltkugeln« sind bis heute eigenständige Großlogen. Mit der Gründung der *Vereinigten Großlogen von Deutschland* (VGL) 1958 schlossen sich alle Großlogen von Deutschland unter einem bundesweiten Dachverband zusammen. Auch die in Deutschland arbeitenden englischsprachigen Großlogen haben sich unter diesem Dachverband versammelt. Insgesamt zählt die VGL heute ungefähr 15.000 Mitglieder.

ENTWICKLUNG DER FRAUEN-FREIMAUREREI

Ab Anfang 20. Jahrhundert kann man von der Entstehung der femininen Freimaurerei in Europa sprechen. In den unterschiedlichen Ländern entwickelte sich diese auch entsprechend sehr heterogen, auch wegen der beiden Weltkriege. In Frankreich wurde ab 1945 die Grande Loge Féminine de France gegründet und diese rief 1964 in Genf die reine feminine Freimaurerei in der Schweiz, die Grande Loge Féminine de Suisse oder Schweizer Frauen Grossloge, ins Leben. In England gründeten sich Anfang des 20. Jahrhunderts zwei feminine Großlogen, die Order of Women Freemason und die Honorable Fraternity of Antient Freemasons. Auch in der femininen Freimaurerei lassen sich exotische Systeme finden. 1916 wurde in Skandinavien der erste Maria Orden gegründet, der sehr christlich orientiert ist und mit dem freimaurerischen Ritual nur noch wenig gemein hat; in den Niederlanden bildeten 1947 die Weberinnen Vita Feminae Textura – das System ist hier auch ein abgewandeltes, welches mit der Symbolik des Webens arbeitet.

In Deutschland kann man von der Entstehung der rein femininen Freimaurerei ab 1949 sprechen, als sich der Zirkel *Zur Humanität* als Freimaurerorganisation für Frauen gründete. Die feminine Maurerei hatte neben großen Unterstützern unter den Freimaurer-Brüdern, ohne die die Gründung nicht möglich gewesen wäre, auch ganz klare Gegner, die eine Gründung verhindern wollten. Der ursprünglich gegründete Zirkel von 1949 wurde 1951 in ein erstes Frauen-Kapitel umgewandelt. Die Frauen wurden damals von Brüdern mit einem von Männern geschriebenen Ritual initiiert. Erst 1989 wurden die Kapitel in Logen und das Großkapitel in die Großloge von Deutschland umgewandelt. 2003 wurde der Name der Großloge in *Frauen-Großloge von Deutschland* geändert. Heute gibt es in Deutschland 28 feminine Logen und vier Arbeitskreise.

Es herrscht bei den rein männlich und rein weiblich arbeitenden Logen eine getrennte Auffassung darüber, ob sich Brüder und Schwestern gegenseitig besuchen sollen oder dürfen. Für die gemischt arbeitenden Logen stellt sich diese Frage natürlich nicht. Die Frage ist hier eher, ob die gleichgeschlechtlichen Logen nicht endlich aufzulösen wären, da sie schlicht überkommen sind und dem Zeitgeist nicht entsprechen. Das Gute an der Vielfalt der unterschiedlichen Systeme ist eben, dass man frei wählen kann. Möglicherweise fühlt man sich nur unter Frauen oder nur unter Männern besser aufgehoben, weil es eben doch um ein intimes Erleben geht, oder man meint, ein Austausch sei umfassender, wenn beide Geschlechter am Erleben teilhaben. Jeder kann es sich aussuchen, in welcher Art von Gemeinschaft er oder sie am besten den Weg zur Selbsterkenntnis gehen möchte.

Aber es gibt doch einen Unterschied: Während es den sogenannten regulären Männerlogen grundsätzlich untersagt ist, an Arbeiten bei femininen oder gemischt geschlechtlichen Logen teilzunehmen oder sich mit ihnen über freimaurerische Geheimnisse auszutauschen, ist das bei Letzteren nicht so. Da sie als »irregulär« gelten, können sie sich somit ihre eigenen Regeln machen und sich gegenseitig anerkennen.

LITERATUR

Ammen, Michael, Bettag, Klaus, Snoek, Jan: Wurzeln der Freimaurerei, Freimaurerische Forschungsvereinigung Frederik e. V. 2016

Anderson, James: Constitutions »Alte Pflichten« 1738, https://freimaurer-wiki.de/index.php/Die_»Alten_Pflichten«_von_1738

Die Alten Pflichten, Zeitschrift der Symbolischen Großloge von Deutschland, Dezember 1931

Armin, Gabriele von: Politiklust, Droemersche Verlagsanstalt Th. Knaur, München 1994

Altner, Günter: Die Überlebenskrise in der Gegenwart, Wissenschaftliche Buchgesellschaft, Darmstadt 1987

Assmann, Jan: Ma'at. Gerechtigkeit und Unsterblichkeit im Alten Ägypten, Becksche Reihe, München 2000

Assman, Jan: Exodus. Die Revolution der Alten Welt, Verlag C. H. Beck, München 2015

Assmann, Jan: Weisheit und Mysterium. Das Bild der Griechen von Ägypten, Verlag C. H. Beck, München 2000

Assman, Jan: Religio duplex, Verlag der Weltreligionen, Frankfurt am Main, 1. Auflage 2017

Assmann, Jan: Das kulturelle Gedächtnis. Schrift, Erinnerung und politische Identität in frühen Hochkulturen, Verlag C. H. Beck, München 1992

Avila, Teresa von: Die Seelenburg, Anaconda Verlag, Köln 2012

Bailey, Foster: Der Sinn der Freimaurerei, Association Lucis Trust, Genf 1990

Bettag, Klaus und Sommer, Dieter: Freimaurerpersönlichkeit und Ritual-Erleben, Freimaurerische Forschungsvereinigung Frederik, Bremen 2014

Boos, Heinrich: Geschichte der Freimaurerei, Dr. Martin Ständig, Wiesbaden 1969

Cassier, Ernst: Wesen und Wirken des Symbolbegriffs, Wissenschaftliche Buchgesellschaft, Darmstadt 1994

Chardin, Pierre Teilhard de: L'Avenir de l'homme (»Die Zukunft des Menschen«), Paris 1959

Dahrendorf, Ralf: Auf der Suche nach einer neuen Weltordnung, Verlag C. H. Beck, München (4) 2007

De Chardin, Pierre Teilhard: Der Mensch im Kosmos, Beck, München 1959, Neuauflage 2010

De Marchi, Luigi: Der Urschock, unsere Psyche, die Kultur und der Tod, Luchterhand Literaturverlag, Darmstadt 1988

Di Bernardo, Giuliano: Die Freimaurer und ihr Menschenbild, Passagenverlag, 3. Auflage 2010

Dóczi, György: Die Kraft der Grenzen. Harmonische Proportionen in Natur, Kunst und Architektur, Engel & Co., Stuttgart 1996

Dürckheim, Karlfried Graf: Meditieren – wozu und wie, Johanna Nordländer Verlag, Rütte 2009

Endres, Franz Carl: Das Geheimnis des Freimaurers, Die Bauhütte Bonn, 1999

Fabian, Franz: Steuben. Ein Preuße in Amerika, Vision Verlag, Berlin 1996

Fichte, Johann Gottlieb: Die Bestimmung des Menschen, Herausgegeben von Karl-Maria Guth Berlin 2014, Sammlung Hofenberg

Fichte, Johann Gottlieb: Zurückforderung der Denkfreiheit, Herausgegeben von Karl-Maria Guth Berlin 2014, Sammlung Hofenberg

Fichte, Johann Gottlieb: Rede an die deutsche Nation, Herausgegeben von Karl-Maria Guth Berlin 2014, Sammlung Hofenberg

Fleischer, Margot: Philosophie des 20. Jahrhunderts, Wissenschaftliche Buchgesellschaft, Darmstadt, 1992

Forrestier, René Le: Die templerische und okkulte Freimaurerei, Werner Kristkeitz Verlag, Leimen 1987

Goethe, Johann Wolfgang von: Faust. Der Tragödie erster und zweiter Teil, Verlag C.H. Beck, München, unveränderter Nachdruck von 1986, 2014

Goethe, Maximen und Reflexionen. Aphorismen und Aufzeichnungen. Hrsg. Max Hecker, Verlag der Goethe-Gesellschaft, Weimar 1907. Band 4, 2. Heft, 1823

Goethe, Maximen und Reflexionen. Aphorismen und Aufzeichnungen. Hrsg. Max Hecker, Verlag der Goethe-Gesellschaft, Weimar 1907. Band 21

Grau, Alexander: Es gibt keine Kultur ohne Religion: https://cicero.de/kultur/christentum-es-gibt-keine-kultur-ohne-religion

Haid, Josef: Das Richtmaß für ein optimales Leben, Verlag Asama, Chur 1994

Heine, Heinrich: Die Nordsee. 1826 VII »Fragen« aus: Sämtliche Gedichte, Insel Verlag, Frankfurt am Main, 10. Auflage 2015,

Herrhausen, Alfred: *Weiter.*Denken.Ordnen.Gestalten, Siedler Verlag, München 2019

Hippchen, Christoph: Zwischen Verschwörung und Verbot, Böhlau Verlag, Köln 1998

Hoskin, Michael: William and Caroline Herschel Pioneers in Late 18th Century Astronomy, Springer Verlag, London 2014

Jaynes, Julian: Der Ursprung des Bewusstseins durch den Zusammenbruch der bikameralen Psyche, Rowohlt Verlag, Hamburg, 1. Ausgabe 1988

Jaspers, Karl: Gesamtausgabe, Vom Ursprung und Ziel der Geschichte, Herausgegeben im Auftrag der Heidelberger Akademie der Wissenschaften und der Akademie der Wissenschaften zu Göttingen. Hrsg. Kurt Salamun, Schwabe AG Verlag, Basel 2017

Jens, Walter: Einspruch. Reden gegen Vorurteile, Kindler Verlag, München 1992

Jessen, Elsje: »Feminine Freimaurerei damals und heute«, Vortrag vom 10.04.2014

Jung, C. G.: Psychologie und Religion, Rascher Verlag, Zürich 1940

Keenley, Brian: Humankapital. Wie Wissen unser Leben bestimmt, Schriftenreihe Band 1014, Bundeszentrale für politische Bildung bpb, Bonn 2010

Kidd, Karen: Haunted Chambers: The Lives of Early Women Freemasons, Cornerstone Book Publishers, New Orleans 2009

Kramer, Hermann-Friedrich: »Das freimaurerische Menschenbild: Der freie Mann von gutem Ruf – Wissen, Gewissen und die Entfaltung menschlicher Freiheit«, Vortrag im Rahmen der Heidelberger Gespräche Gesellschaft (www.heidelberger-gespraeche.org) am 14.03.2019

Lamprecht, Harald: Neue Rosenkreuzer, Vandenhoeck & Ruprecht, Göttingen 2004

Lennhoff, Eugen; Posner, Oskar: Internationales Freimaurer-Lexikon, Amalthea-Verlag, Wien/München, unveränderter Nachdruck 1975 von 1932

Lessing, Gotthold Ephraim: Gespräche für Freymäurer, Wolfenbüttel 1778

Lessing, G. E.: Nathan der Weise, Philipp Reclam jun., Stuttgart 2000

Loewenstein, Bedrich: Der Entwurf der Moderne. Vom Geist der bürgerlichen Gesellschaft und Zivilisation, Wissenschaftliche Buchgesellschaft, Darmstadt 1990

Lundquist, John M.: The Temple of Jerusalem, Praeger Publishers, Westport 2008

Meister Eckhart: Deutsche Predigten und Traktate, Carl Hanser Verlag, München, 7. Auflage 1995

Mellor, Alec: Die unbekannte Grundurkunde der christlichen Freimaurerei, Verlag Wilhelm Schröder, Uetersen 1968

Möller, Johann Philipp: Ausflüge in die Freimaurerei, Hyperbole Ltd., Berlin 2017

Moritz, Karl Philipp: Anton Reiser, Insel Taschenbuch, Frankfurt am Main 1979

Moritz, Karl Philipp: Die große Loge, oder der Freimaurer mit Waage und Senkblei, https://archive.org/details/diegrosselogeode01mori/page/142

Nagy Töhötöm: Jesuiten und Freimaurer, Wilhelm Frick Verlag, Wien 1969

Novalis: Hymnen an die Nacht, Anaconda Verlag, Köln 2006

Oelckers, Karsten: Großmeister Leo Müffelmann, Richtungskämpfe innerhalb der deutschen Freimaurerei in den Jahren 1923–1934, Salier Verlag, Leipzig, 1. Auflage 2014

Oppermann, Hans (Hrsg.): Humanismus, Wissenschaftliche Buchgesellschaft, Darmstadt 1977

Pinker, Steven: Aufklärung Jetzt. Für Vernunft, Wissenschaft, Humanismus und Fortschritt. Eine Verteidigung, S. Fischer Verlag, Frankfurt am Main 2018

Platon: Sämtliche Werke, Band 1 – 4, Rowohlt Enzyklopädie, 29. Auflage Februar 2004

Ploncard d'Assac, Jacques: Das Geheimnis der Freimaurer, Sarto, Bobingen 1983

Popper, Karl R.: Das Leben ist Problem-Lösen, Wissenschaftliche Buchgesellschaft, Darmstadt 1994

Postman, Neil: Die zweite Aufklärung. Vom 18. ins 21. Jahrhundert, Berlin Verlag, Berlin 2000

Prescott, Andrew und Sommers, Susan Mitchell: »Searching for the Apple Tree: Revisiting the Earliest Years of English Organized Freemasonry« in: J. S. Wade (Hg.): Reflections on 300 Years of Freemasonry. Papers Delivered to the Quatuor Coronati Lodge Tercentenary Conference on the History of Freemasonary, Queen's College, Cambridge, 9-11 September 2016, Lewis Masonic, London

Rahner, Karl: Frömmigkeit heute und morgen. In: Geist und Leben 39, 1966

Reinalter, Helmut: Aufklärung und Geheimgesellschaften, R. Oldenbourg Verlag, München 1989

Reinhalter, Helmut: Freimaurerei, Politik und Gesellschaft. Die Wirkungsgeschichte des diskreten Bundes, Böhlau Verlag, Wien / Köln / Weimar 2018

Reuchlin, Johannes: Sämtliche Werke, Band 1 (Das wundertätige Wort 1494), frommann-holzboog, Stuttgart/Bad Cannstatt 2010

Reuchlin, Johannes: Sämtliche Werke, Band 2 (Die Kabbalisik), frommann-holzboog, Stuttgart/Bad Cannstatt 2010

Rziha, Franz: Studien über Steinmetzzeichen, Zentralantiquariat der DDR, Leipzig 1989

Safranski, Rüdiger: Wieviel Wahrheit braucht der Mensch? Fischer Taschenbuch, Frankfurt am Main 13. Auflage März 2014

Schings, Hans-Jürgen: Die Brüder des Marquis Posa, Max Niemeyer Verlag, Tübingen 1996

Schmidt, Jochen (Hrsg.): Aufklärung und Gegenaufklärung in der europäischen Literatur, Philosophie und Politik von der Antike bis zur Gegenwart, Wissenschaftliche Buchgesellschaft Darmstadt, Darmstadt 1989

Scholem, Gershom: Die jüdische Mystik in ihren Hauptströmungen, Suhrkamp, Frankfurt am Main 2000

Scholem, Gershom: Ursprung und Anfänge der Kabbala, Verlag de Gruyter, Berlin 1962

Schröder, Hans-Christoph: Die Amerikanische Revolution. Eine Einführung, Verlag C. H. Beck, München 1982

Schulin, Ernst: Die Französische Revolution, Verlag C. H. Beck, München 2004

Snoek, Jan A.M.: Einführung in die westliche Esoterik, für Freimaurer, Modestia cum Libertate, Zürich 2011

Snoek, Jan: Festvortrag für das Stiftungsfest der Johannis-Loge »Zum Ölzweig« am 04.09.2004

Snoek, Jan: Formen und Inhalte freimaurerischer Rituale, Festschrift zum 70. Geburtstag, Quator Coronati, 2017

Snoek, Jan: Initiating Women in Freemasonry. The Adoption Rite, Brill, Leiden & Boston 2012

Steffens, Manfred: Freimaurer in Deutschland, Christian Wolf Verlag, Flensburg 1964

Wald, Wilhelm: Geschichte der Großen Landesloge, E. S. Mittler & Sohn, Berlin 1922

Tönnies, Sybille: Die Menschenrechtsidee. Ein abendländisches Exportgut. VS-Verlag für Sozialwissenschaften, Wiesbaden 2011

Wenng, Wolfgang: Freimaurerei, eine Philosophie der Menschlichkeit, Bauhütten-Verlag, Münster 1987

Wernekke, Hugo: Goethe und die Königliche Kunst, Alfred Unger, Berlin 1923

Wolf, Ingeborg: Mystik, Edition Logos, Frankfurt am Main 2000

Žižek, Slavoj: Wie ein Dieb bei Tageslicht, S. Fischer, Frankfurt am Main, 1. Auflage 2019

STICHWÖRTER

K

L

M

N

O

P

R

S

GLOSSAR

AASR: Alter und angenommener Schottischer Ritus. Eine bestimmte Tradition, die zuerst in Amerika und dann auch in Frankreich zu Beginn des 19. Jahrhundert entwickelt wurde. Nach dieser arbeiten einige Großlogen, in Deutschland gibt es diese Tradition vor allem ab den Hochgraden.

AFAM: seit 1970 Großloge der Alten und freien angenommenen Maurer von Deutschland (ehemals Vereinigte Großloge von Deutschland bis 1958).

Achsenzeit, ein von Karl Jaspers geprägter Begriff. In der Zeitspanne von ca. 800 bis 200 v. Chr. entstanden in voneinander unabhängigen Kulturräumen synchron die wichtigsten philosophischen und religiösen Systeme, die bis zum heutigen Tag prägend für die Menschheit sind.

Adoptionslogen: gemischte Logen, die im 18. Jahrhundert, tatsächlich schon ab 1744, mit einem speziellen Ritual arbeiteten. Adoption ist in diesem Zusammenhang als »Annahme« im Sinne von »Initiation« zu verstehen. Nach der Französischen Revolution waren sie etwa zehn Jahren inaktiv. Ab etwa 1800 lebten sie wieder auf. Kaiserin Josephine wurde dann ihre Großmeisterin. Ab 1901 gab es Adoptionlogen innerhalb der Grande Loge de France, aus denen die feminine Freimaurerei in Frankreich und in Folge in der Schweiz hervorgingen.

Alte Pflichten: Die Alten Pflichten sind ein Teil der von James Anderson im Auftrag von der Ersten Großloge von England verfassten Constitutions 1723. 1738 erschien eine überarbeitete Neuauflage. Als ihr geistiger Vater gilt John Desaguliers.

Altpreußische Großlogen: Die Altpreußischen Großlogen sind die Große Landesloge der Freimaurer von Deutschland (GLL), auch Freimaurerorden, die Große National-Mutterloge »zu den drei Weltkugeln« und die Große Loge Royal York zur Freundschaft.

Amerikanische Revolution (1763–1783): Der Zeitraum ist gekennzeichnet vom Ende des Siebenjährigen Krieges 1763 (bei dem Preußen neben Großbritannien als Sieger hervorging und Frankreich neben Russland und dem Heiligen Römischen Reich Deutscher Nation und der österreichischen Habsburgmonanchie als Verlierer), nachdem Großbritannien dadurch die Verwaltung und Besteuerung der nordamerikanischen Kolonien reformierte, was zu erheblichen Protesten führte. Am 4. Juli 1776 wurde die Unabhängigkeiterklärung einstimmig vom Kongress angenommen. Kriegerische Auseinandersetzungen fanden von 1775 bis 1782 statt. Die Revolution endete mit dem Frieden von Paris am 3. September 1783.

Ancients oder Antients (Altmaurer): Die Atholl Grand Lodge, die nach der Tradition der Antients arbeitete, wurde um 1751 gegründet. Obwohl die Großloge erst nach der Ersten Großloge von England gegründet wurde, behauptete sie (nur zum Teil zurecht), dass ihr Ritus älter sei als der der Ersten Großloge, welchen sie abwertend den der Moderns nannte.

Anderson, James oder **Jakob (1680–1739):** Prediger der schottischen Presbyterianer in London, Verfasser der Constitutions (mit den darin enthaltenen Alten Pflichten) von 1723 und 1738 im Auftrag der Ersten Großloge von England.

Arkandisziplin, von lat. arcanum (Geheimnis). Verpflichtung, ein Geheimnis zu wahren. Betrifft Rituale und Kulte im religiösen Sinne.

Bauhütten, ursprüngl. nur Hütten, Werkstattverband des gotischen Kathedralenbaus. Offiziell 1731 durch Kaiser Karl VI. verboten, wurden schon ab dem 16. Jahrhundert durch die Zünfte vereinnahmt.

Bernhard von Clairvaux (1090–1153) war Abt, Kirchenlehrer und Mystiker. Gilt als bedeutendster Zisterziensermönch für die Ausbreitung des Ordens. Er verfasste die Regeln der Tempelritter.

Blaue Logen werden heute in Deutschland die Grade 1-3 (Drei-Grad-System) bezeichnet (s. auch Johannis-Logen).

Buber, Martin (1878–1965), österreichischer Religionsphilosoph jüdischen Glaubens.

Cagliostro, Alessandro, Graf von, Pseudonym von Josef Balsamo (1743–1795), aus Sizilien stammender Esoteriker, Alchemist und Freimaurer. Oft als Hochstapler bezeichnet, was nur zum Teil zutrifft. Begründer der »ägyptischen Freimaurerei«, ein eigenes System, das er selber zusammengestellt hatte. Es ist nicht klar, ob er jemals selber in eine Loge aufgenommen wurde, aber er wurde bei allen Logen, die er besuchte, zugelassen und als Bruder betrachtet.

Charles Edward Stuart, auch »Bonnie Prince Charlie« (1720–1788), Young Pretender, war Thronanwärter des schottischen und englischen Throns im Exil. 1745 stach er von Frankreich aus in See, um die schottische und englische Krone zurück zu gewinnen, was letztlich nicht gelang.

Constitutions, s. Konsitutionen

Deraismes, Maria (1828–1894), französische Feministin und Freimaurerin, hat mit Georges Martin den gemischten Orden Le Droit Humain gegründet.

Desaguliers, John Theophilus (1683–1744), hugenottischer Prediger und Physiker, der mit elf Jahren von Frankreich (aufgrund des Widerrufs des Ediktes von Nantes durch Ludwig XIV., welches bis dahin allen Franzosen Glaubensfreiheit zugestanden hatte) nach England auswanderte. Studierte Philosophie, Theologie, Jura (promoviert) und experimentelle Physik. Er gab Vorlesungen in Physik und erfand u.a. das Planetarium. Er war maßgeblich an der Gründung der Ersten Großloge von England beteiligt. Er wird als Großmeister 1719 und als zugeordneter Großmeister 1722, 1723, und 1726 aufgelistet und ist höchstwahrscheinlich der geistige Vater der Constitutions.

Eckleff, Karl Friedrich (1723–1784), schwedischer Kanzleirat schlesischer Abstammung. Er begründete das System des »Schwedischen Ritus«, das auf den »Eckleff'schen Akten« basiert, welche aus dem französisch sprechenden Ausland kamen.

Erhabener Orden der Auserwählten Ritter (L'Ordre Sublime des Chevaliers Elus), wurde wahrscheinlich um 1730 von Michael Ramsay gegründet.

Herzog Ernst II. von Sachsen-Gotha-Altenburg (1745–1804), Landesfürst des Herzogtums Sachsen-Gotha-Altenburg, Freimaurer der GLL seit 1774, war 1775 Landesgroßmeister. Wurde 1783 Mitglied der Illuminaten.

Erste Großloge von England (als Erste Großloge von London und Westminster gegründet), gegründet von vier Londoner Logen, sehr wahrscheinlich am 24.06.1721 (nicht 1717). Sie arbeiteten in der Tradition, welche durch die späteren sich Antients nennende Großloge abwertend die Großloge der Moderns genannt wurde.

Faivre, Antoine (*1934), französischer Religionswissenschaftler.

Fichte, Johann Gottlieb (1762–1814), Deutscher Philosoph, Theologe und Freimaurer.

Frankl, Viktor (1905–1997), österreichischer Neurologe und Psychiater.

Franklin, Benjamin (1706–1790), amerikanischer Verleger, Schriftsteller, Erfinder und Staatsmann, einer der Gründerväter der Vereinigten Staaten von Amerika und Freimaurer.

Französische Revolution von 14. Juli 1789–1799 (Staatsstreich unter Napoleon): Am 26. August 1789 wurden die Menschen- und Bürgerrechte (französisch: »les droits de l'homme et du citoyen« – gemeint war damals wohl eher folgende Übersetzung: »die Rechte des Mannes und des Stadtbürgers«) in der französischen Nationalversammlung verkündet. Damit wurden Demokratie und Freiheit in Frankreich verankert, was die letztlich gesellschafts- und machtpolitischen Verhältnisse ganz Europas nachhaltig verändern sollte. Gekennzeichnet von innen- und außenpolitischen Verwerfungen und kriegerischen Auseinandersetzungen, durchlief die Revolution drei Phasen: 1789–1791 als konstitutionelle Monarchie mit bürgerlichen Freiheitsrechten, die zweite Phase 1792–1794 Republik mit radikaldemokratischen Zügen und der Direktorialzeit 1795–1799, beendet durch Napoleons Staatsstreich und seine Einsetzung als erster Konsul – und damit einhergehender Auflösung demokratischer Strukturen, aber auch Stabilisierung.

Frauen-Großloge von Deutschland (FGLD), wurde 1949 als Zirkel »Zur Humanität« in Berlin gegründet 1951 wurde die Bezeichnung »Zirkel« in »Kapitel« umgewandelt. 1982 gründen sich zwei weitere Kapitel in Düsseldorf und Wetzlar, danach das Großkapitel. 1989 wurden die Bezeichnungen »Kapitel« in »Logen«, und »Großkapitel« in »Großloge« geändert. Im gleichen Jahr wurden der 2. und 3. Grad eingeführt. 2003 wurde der Name (Zur Humanität) umgewandelt in FGLD.

Freimaurerorden: siehe Große Landesloge der Freimaurer von Deutschland (GLLdFvD).

Friedrich der Große (1712–1786), ab 1740 König in Preußen, seit 1738 Freimaurer. Er unterstützte sein Leben lang die Freimaurerei und stellte die Große Landesloge der Freimaurer von Deutschland unter sein Protektorat.

Gentleman Masons: rein spekulativ arbeitende Freimaurer.

Goethe, Johann Wolfgang von (1749–1832), deutscher Dichter der Weimarar Klassik, Naturforscher und Freimaurer seit 1780. Mitglied des Illuminatenordens.

Gotik, Architektur und Kunstform des Mittelalters, erstreckte sich von Mitte des 12. Jahrhunderts (Frühgotik) bis um 1500 (Spätgotik).

Grade: In der freimaurerischen Tradition Einteilung von Erkenntnisstufen, bei denen von Stufe zu Stufe neues und aufbauendes Wissen vermittelt wird.

Großloge Humanitas, Freimaurergroßloge für Frauen und Männer in Deutschland seit 1959.

Großloge von Schottland, Grand Lodge of Scotland, wurde mit 33 Logen 1736 in der St. Mary's Chapel in Edinburgh gegründet.

Große Landesloge der Freimaurer von Deutschland (GLL): auch Freimaurerorden. Wurde 1770 von Zinnendorf gegründet.

Große Loge Royal York zur Freundschaft, zählt zu den Altpreußischen Großlogen, gegr. 1798.

Große National-Mutterloge »Zu den drei Weltkugeln« (3WK), zählt zu den Altpreußischen Großlogen, gegr. 1744.

Herder, Johann Gottfried (1744–1803), deutscher Dichter, Übersetzer, Theologe und Philosoph der Weimarer Klassik. Seit 1766 Freimaurer. Er beteiligte sich nach dem Tod von Bode maßgeblich an der Vollendung dessen Ritualreform. Das Herder-Ritual wurde dann von Friedrich Ludwig Schröder herausgegeben. Heute wird es meist (zu unrecht) das Schröder-Ritual genannt. Herder war Mitglied des Illuminatenordens.

Hermetik (oder Hermetismus), antike religiös-philosophische Offenbarungslehre, die in der Renaissance wieder aufkam.

Hochgrade, freimaurerische Grade, die ab dem 4. Grad beginnen. Während Hochgrade im Ritus der GLL integriert sind, handelt es sich beim Hochgradritus des AASR eher um eine Ritualsammlung. Der Rektifizierte Schottische Ritus beinhaltet auch integrierte Hochgrade.

Humanismus, theoretischer, philosophischer Überbau von Humanität. Das Weltbild ist am Menschen ausgerichtet. Zentral ist die Würde des Menschen, dabei ist nicht die Befriedigung seiner egoistischen Bedürfnisse gemeint, sondern der Mensch als verantwortlich Handelnder zum Wohle seiner Mit- und Umwelt.

Humanität, Menschlichkeit, resultiert aus dem Humanismus, ist ein Teil von diesem und dessen praktische Umsetzung.

humanitär, bedeutet menschenfreundlich, wohltätig, mildtätig.

Hund und Altengrotkau, Karl Gotthelf von, (1722–1776), begründete die Strike Observanz in Deutschland, nachdem er, seinen eigenen Angaben zufolge, in Paris 1743 im Templer Orden aufgenommen wurde. Heute wissen wir, dass es sich dabei um den Erhabenen Orden der Ausgewählten Ritter gehandelt haben muss.

Hutten, Ulrich von (1488–1523) war ein deutscher Renaissance-Humanist, Dichter, Kirchenkritiker und Publizist.

Illuminatenorden, wurde 1776 von Adam Weishaupt in Ingolstadt gegründet. Ziel war es, im aufklärerischen Sinn die Gesellschaft zu verändern und die gegenaufklärerischen und jesuitischen Strömungen in der Freimaurerei zu bekämpfen. 1785 wurde er in Bayern und 1787 in ganz Deutschland verboten.

Jakob (James) I. König von England und VI. von Schottland (1600–1649), löste durch seine Amtsführung den englischen Bürgerkrieg aus, der mit seiner Hinrichtung endete.

Jakob (James) II. König von England und VII. von Schottland (1633–1701), 2. Sohn Jakobs I. und Nachfolger seines älteren Bruders Charles II. Er konvertierte zum Katholizismus, da er nicht der Thronfolger war. Als sein Bruder kinderlos blieb, wurde er 1685 zum König von England, Schottland und Irland gekrönt. In Folge seiner pro-katholischen und absolutistischen Politik wurde er durch die »Glorious Revolution« abgesetzt und ging nach Frankreich ins Exil.

Jakobiten (abgeleitet von König Jakob II.), waren die Anhänger des im Exil lebenden Thronanwärtern (Prätendenten) aus dem Haus Stuart, deren Ziel es war, das Haus Stuart wieder auf den englischen und schottischen Thron zu setzen.

James Francis Edward Stuart (1688–1766), Sohn Jakobs II., genannt der Old Pretender, lebte ab 1688 bei Paris (in Saint-Germain-en-Laye) im Exil in Paris, später in Rom. Von seinen Anhängern, den Jakobiten, wurde er als Jakob III. von England und Jakob VIII. von Schottland angesehen.

Jaspers, Karl (1883–1969), deutscher Philosoph und Psychiater, prägte den Begriff »Achsenzeit«.

Johannis-Logen, moderne deutsche Bezeichnung des freimaurerischen Drei-Grad-Systems (s. Blaue Logen).

Kabbala, überlieferte mystische Tradition des Judentums. Johannes Reuchlin definierte die christliche Kabbala.

Konstitutionen: 1723 bzw. 1738 verfasstes Regelwerk für Freimaurer. Basierend auf ältere Schriften (Manuscript Constitutions), wurden sie von James Anderson, unter der Federführung von John Desaguliers, verfasst. Teil der Konstitutionen sind die Alten Pflichten

Kreuzfahrer, auch Kreuzritter, waren ganz allgemein Teilnehmer der Kreuzzüge.

Kues, Nikolaus von (1401–1464), deutscher Philosoph, Theologe und Mathematiker, wird zu den ersten deutschen Humanisten gezählt.

Le Droit Humain, gemischt geschlechtlich arbeitende Großloge, die 1893 von Maria Deraismes und Georges Martin gegründet wurde als erste Loge, die offiziell Männer und Frauen aufnahm.

Lessing, Gotthold Ephraim (1729–1778), Dichter der deutschen Aufklärung und Freimaurer.

Loge, kommt von engl. lodge (Hütte), als Freimaurerloge Bezeichnung von sowohl dem Ort als auch der Vereinigung der Freimaurer.

Logenmeister, ältere Bezeichnung für den Meister vom Stuhl, wird in Deutschland noch immer im Freimaurerorden (GLL) verwendet.

Ludendorff, Erich Friedrich Wilhelm (1865–1937), deutscher General im 1. Weltkrieg und Politiker. War einer der Väter der Dolchstoßlegende. Er beteiligte sich am Kapp-Putsch und am Hitler-Putsch und legte in Deutschland den Grundstein für die noch heute verbreiteten Verschwörungstheorien über Freimaurer.

Manuscript Constitutions, auch Old Charges und gotische Konstitutionen genannt: Regeln für Steinmetzbruderschaften. Es handelt sich um Verhaltensregeln und Pflichten, Gebet, legendenhafte traditionelle Geschichte, Verfahren der Aufnahme und der Rechtssprechung. Überliefert sind u.a. das Regius-Manuscript, das Cooke Manuscript (beide aus etwa 1400–1425), die Schaw-Statuten (1598 & 1599), und das York Manuscript (1693).

Maslow, Abraham Harold, Psychologe, einer der Gründerväter der Humanistischen Psychologie.

Medici, vollständig: de' Medici, wohlhabende Kaufmannsfamilie, die durch ihr Mäzenatentum die Renaissance in Florence ermöglichte und förderte.

Meister Eckhart (1260–1328), deutscher Theologe, Philosoph und Hauptvertreter der »deutschen Mystik«. Sein Gedankengut hatte großen Einfluss auf die Spiritualität des Spätmittelalters. Eckharts Lehren basieren vor allem auf dem Neuplatonismus. Die Schöpfung sieht er als immerwährenden Prozess. Das Göttliche hat seinen Platz im sogenannten Seelengrund, einem Ort in der menschlichen Seele, wo das Göttliche erfahren werden kann, der raum- und zeitlos, also gegenwärtig, ist. Zentrales Anliegen ist der Praxisbezug, die Einsicht mittels Selbst- und Gotteserfahrung; sie sind für ihn wichtiger als die Berufung auf kirchliche Autoritäten.

Meister vom Stuhl: spezifisch deutsche Bezeichnung eines Vorsitzenden Meisters einer Loge.

Mendelssohn, Moses (1729–1786), Deutscher Philosoph, Wegbereiter der jüdischen Aufklärung, Großvater von Felix Mendelssohn Bartholdy.

Mirandola, Giovanni Pico della, auch Giovanni, Graf von Mirandola, (1463–1499): Humanist, Verfasser unter anderem der Rede »Über die Würde des Menschen«.

Moderns: abwertende Bezeichnung der Mitglieder der Ersten Großloge von England. Neuerungen in ihrem Ritus wurden damals vor allem von Anderson und Desaguliers eingeführt.

Mops-Orden: wahrscheinlich gegründet um 1740 von Clemens August Herzog von Bayern als Reaktion auf die päpstliche Bannbulle gegen die Freimaurer von 1738. Gemischter Orden, der nicht lange Bestand hatte, aber sich trotzdem über ganz Europa verbreitete. Aufgenommen wurden nur Adlige.

Neuplatonismus: Plotin (205–270) gilt als der Begründer des Neuplatonismus. Galt als jüngste Stilrichtung des antiken Platonismus, die sich auch in Auseinandersetzung mit dem Christentum definierte.

Müffelmann, Leo (1881–1934), Gründer der Symbolischen Großloge von Deutschland 1930, trat als Patriot immer für den internationalen Austausch unter den Freimaurern ein.

Old Pretender, s. James Francis Edward Stuart.

Operative Freimaurerei: handwerkliches Arbeiten, ein operativer Freimaurer ist ein hochqualifizierter Steinmetz/Bildhauer.

Platon (428–384 v.Chr.), griechischer Philosoph und Schüler Sokrates'. Wegweisende Leistungen erbrachte er in den Bereichen Metaphysik und Erkenntnistheorie, auch in der Staatstheorie, Ethik, Sprachphilosophie, Kosmologie und Anthropologie.

Rahner, Karl (1904–1984), deutscher katholischer Theologe, entwickelte Transzendentaltheologie auf Grundlage transzendentaler Erfahrung.

Ramsay, Andrew Michael (1686–1743), konvertierte 1709 zum Katholizismus, war Mitglied des Lazaristenordens und Erzieher in adligen Familien Frankreichs und von Charles Edward Stuart in Rom. Wahrscheinlich war es er, der um 1730 in Frankreich den Erhabenen Orden der Auserwählten Ritter gründete. Er wollte die Freimaurerei von den Leuten befreien, die diese für ihre Geschäfte nutzten. Der Erhabene Orden der Auserwählten Ritter gilt als Vorlage der Strikten Observanz.

Regius Poem, Steinmetz-Regeln aus dem ersten Viertel des 14. Jahrhunderts.

Rektifizierter Schottischer Ritus (RSR), wurde 1778 von Jean-Baptiste Willermoz in Frankreich gegründet. Es ist seit 1782 ein Ritus von sechs Graden, wird aber im deutschen Sprachraum meist erst ab dem 4. Grad bearbeitet.

Renaissance, Kulturepoche im 15.–16. Jahrhundert zwischen Mittelalter und Neuzeit. Nach dem Fall Konstantinopels 1453 flüchteten zahlreiche Gelehrte in westeuropäische Städte und brachten neben naturwissenschaftlich-technischem Wissen auch alte Schriften griechischer Philosophen mit. Somit konnte sich die Epoche der Renaissance entwickeln.

Reuchlin, Johannes (1455–1522) war ein deutscher Philosoph, Humanist, Jurist und Diplomat und erster deutscher Hebraist christlichen Glaubens.

Ritus: Bei den Freimaurern gibt es unterschiedliche Traditionen, was den verschiedenen Einflüssen und Herkunftslinien geschuldet ist. Dementsprechend haben sich unterschiedliche Riten ausgebildet, die die unterschiedlichen Großlogen pflegen. Das Wort »Ritus« bedeutet im Allgemeinen die gesammten Rituale, die eine Organisation praktiziert (beispielsweise der Griechisch-Orthodoxe Ritus).

Rosenkreuzer, tauchen das erste Mal als protestantische Reformbewegung in Tübingen im 17. Jahrhundert in Form von gesellschaftskritischen und politischen Programmschriften auf. War damals wahrscheinlich gar nicht als Gruppe organisiert, heute verschiedene spirituelle Gemeinschaften, die esoterische Themen (Lichtsymbolik, Gnosis, Alchemie) zum Inhalt und somit Überschneidungen zur Freimaurerei haben. Innerhalb der Freimaurerei gibt es einen englischen und einen französischen Rosenkreuzer-Grad und es gab den Orden der Gold- und Rosenkreuzer, der in der letzten Phase seiner Existenz freimaurerisch war.

Schaw-Statuten: schottische Steinmetz-Regeln von 1598 und 1599.

Schaw, William: oberster Baumeister unter Jakob VI. von Schottland.

Schacht, Hjalmar (1877–1970), deutscher Politiker, Reichsbankpräsident (1923–1930 und 1933-1939), Reichswirtschaftsminister (1934–1937) und Freimaurer. KZ-Aufenthalt 1944–1945. Wurde 1946 bei den Nürnberger Prozessen in allen Anklagepunkten freigesprochen. Schacht war freimaurerischer Pate von Leo Müffelmann.

Schröder, Friedrich Ludwig (1744–1816), deutscher Schauspieler, Theaterdirektor und Dramatiker, seit 1774 Freimaurer und später Mitglied der Illuminaten. Publizierte die hauptsächlich von Bode und Herder geschriebenen Rituale als sein eigenes Ritualwerk, das als das »Schröder'sche Ritual« auch im Ausland bekannt ist.

Schwedischer Ritus, wurde von Karl Friedrich Eckleff und in Folge von dem Herzog von Södermannland begründet. Mit diesem System wird in der Freimaurerei in ganz Skandinavien gearbeitet.

Spekulative Freimaurerei: die rituelle und symbolische Arbeit in den Logen.

Steuben, Friedrich Wilhelm von (1730–1794), preußischer Offizier und US-amerikanischer General. Er baute die amerikanische Armee auf.

Strikte Observanz, wurde 1751 von Karl Gotthelf von Hund und Altengrotkau gegründet. Der Orden beinhaltete sowohl die ersten drei Grade als auch ein Hochgradsystem und leitete sich den eigenen Angaben gemäß von den Orden der Tempelritter ab. In seiner kurzen Zeit hatte der Orden sehr großen Zulauf und zählte die meisten Mitglieder unter den Freimaurern. 1782 wurde der Orden aufgelöst.

Suger, Abt von Saint-Denis (1081–1151), zeitweise Regent von Frankreich und Begründer der Gotik.

Symbolische Großloge von Deutschland: wurde 1930 maßgeblich von Leo Müffelmann gegründet, als Alternative zu den teilweise extremen nationalsozialistischen Tendenzen der anderen Großlogen. Wurde 1933 aufgehoben und hat in Palästina als Symbolische Großloge von Deutschland im Exil ab 1933 weiter existiert, von wo das maurerische Licht 1949 zur Gründung in die Vereinigte Großloge von Deutschland (später AFAM) wieder eingebracht wurde. Trug maßgeblich zur Entwicklung der Freimaurerei in Israel bei.

Templerorden (1118–1312), eigentlich »Arme Ritterschaft Christi und des Salomonischen Tempels zu Jerusalem«: Wertelite als geistlicher Ritterorden, der direkt dem Papst unterstand. Multinational aufgestellt mit Wirkungsgeschichte in militärischer, finanzieller und politischer Hinsicht. Die Verbindung aus bewaffnetem Glaubenskampf und Mönchtum verkörperte das Ideal christlicher Ritterschaft. Bernhard von Clairvaux gilt als der »geistige Vater«.

Unio mystica, auch mystische Hochzeit, mystische Erfahrung der Vereinigung von Gott und Mensch.

United Grand Lodge of England (UGLE), die 1813 gegründete Vereinigte Großloge von England ist die Dachorganisation der Freimaurerei in England und Wales.

Vereinigte Großloge von Deutschland, wurde am 19.06.1949 gegründet, später AFAM.

Vereinigte Großlogen von Deutschland (VGL): Zusammenschluss von der Großloge AFAM und der Großen Landesloge der Freimaurer von Deutschland (GLL) zu einem Dach 1958. 1970 folgten die Große National-Mutterloge »Zu den drei Weltkugeln« (3WK), die American-Canadian Grand Lodge of Germany und die Grand Lodge of British Freemason in Germany. Von der UGLE anerkannt.

Vereinigte Großloge von England, s. United Grand Lodge of England.

Voltaire, eigentlich **François-Marie Arouet** (1694–1778), französischer Philosoph und Schriftsteller. Einer der einflussreichsten und meistgelesenen Autoren der Aufklärung. Verkehrte in Versailles und am Hofe Friedrich des Großen. Wurde in seinem Todesjahr 1778 in der Freimaurerloge »Les Neuf Sœurs« in Paris geehrt, wobei er von Benjamin Franklin in den Logeraum geführt wurde.

Washington, George (1732–1799), einer der Gründerväter der USA, erster Präsident der Vereinigten Staaten von Amerika und Freimaurer.

Weishaupt, Adam (1748–1830), Philosoph und Professor für Kirchenrecht, Gründer der Illuminatenorden und Gegner der Jesuiten.

York Manuscript, s. Manuscript Constitutions.

Young Pretender, s. Charles Edward Stuart, »Bonnie Prince Charlie«.

Zinnendorf, Johann Wilhelm Kellner von (1731–1782), Generalfeldstabsmedikus und Gründer der Großen Landesloge der Freimaurer von Deutschland (Freimaurerorden). War in leitender Funktion bei der Striken Observanz, bevor er dort 1766 austrat. 1770 gründete er die Großen Landesloge der Freimaurer von Deutschland nach dem Schwedischen System (besser: Zinnendorf'sches System), die 1773 von der Ersten Großloge von England anerkannt wurde.

Žižek, Slavoj (*1949), slowenischer Philosoph und Kulturkritiker.

Zur Humanität: siehe Frauen-Großloge von Deutschland.

AUTOREN

Die Autoren sind unter www.freimaurer-denkfabrik.de und per E-Mail unter autoren@freimaurer-denkfabrik.de erreichbar.

Werner H. Heussinger, Jahrgang 1970, hat als Mitgründer und Vorstand einer börsennotierten Unternehmensgruppe, als »Manager Magazin«-Bestsellerautor und als Lehrbeauftragter die Finanzmärkte aus den verschiedensten Blickwinkeln betrachtet. Für ihn fallen Systeme und Wertvorstellungen nicht vom Himmel, sondern werden von Menschen gemacht und erlebt. Er ist Freimaurer seit 1997 und Vorsitzender Meister einer Freimaurerloge.

Prof. Dr. Jan Snoek ist einer der weltweit renommiertesten und profiliertesten Freimaurer-Forscher. Am Institut für Religionswissenschaft der Universität Heidelberg lag sein Forschungsschwerpunkt in den Bereichen Ritualtheorien und Initiationen. Snoek wurde 1946 in Amsterdam geboren und ist seit 1971 Freimaurer. Er ist unter anderem Mitglied der Forschungslogen »Ars Masonica«, »Frederik« und »Quatuor Coronati«.

Heike Görner, Jahrgang 1969, ist aktive Freimaurerin in einer Schweizer Freimaurerloge, Mitglied des Vorstandes der Heidelberger Gespräche Gesellschaft e. V. und im Beirat einer gemeinnützigen Stiftung tätig. Als Lehrerin hat sie am Aufbau und in der Schulleitung von Privatschulen mit alternativen pädagogischen Konzepten gestaltend mitgewirkt.

Ralph-Dieter Wilk, Jahrgang 1952, ist geschäftsführender Vorstand einer Stiftung. Er gestaltete und arbeitete maßgeblich am Aufbau zweier deutschlandweit tätiger Suchthilfe-Institutionen mit. Am Grundgesetztag 1986 verlieh ihm der damalige Bundespräsident Richard von Weizsäcker für sein Engagement persönlich das Bundesverdienstkreuz am Bande. Er ist Freimaurer seit 1985 und in leitender Funktion einer deutschen Großloge aktiv.